财经类专业"十四五"规划教材

财务大数据分析

CAIWU DASHUJU FENXI

主　编／余畅　余晖文　刘玥

副主编／毕岚　　陈晓鸣　　王坤

组　编／厦门网中网软件有限公司

立信会计出版社

LIXIN ACCOUNTING PUBLISHING HOUSE

图书在版编目(CIP)数据

财务大数据分析/余畅,余晖文,刘玥主编.
上海:立信会计出版社,2024.11. -- ISBN 978-7
-5429-7650-5

Ⅰ. F275

中国国家版本馆 CIP 数据核字第 20240ZJ664 号

策划编辑　　王斯龙
责任编辑　　汤　晏
美术编辑　　吴博闻

财务大数据分析

CAIWU DASHUJU FENXI

出版发行	立信会计出版社		
地　　址	上海市中山西路 2230 号	邮政编码	200235
电　　话	(021)64411389	传　　真	(021)64411325
网　　址	www.lixinaph.com	电子邮箱	lixinaph2019@126.com
网上书店	http://lixin.jd.com	http://lxkjcbs.tmall.com	
经　　销	各地新华书店		

印　　刷	常熟市人民印刷有限公司	
开　　本	787 毫米×1092 毫米	1/16
印　　张	18.25	
字　　数	398 千字	
版　　次	2024 年 11 月第 1 版	
印　　次	2024 年 11 月第 1 次	
书　　号	ISBN 978-7-5429-7650-5/F	
定　　价	49.00 元	

如有印订差错,请与本社联系调换

前　言

在数字化浪潮的推动下,财务大数据分析已经成为企业经营决策不可或缺的一环。为了帮助读者更好地掌握这一关键技能,我们精心编写了这本《财务大数据分析》教材。本教材不仅深入剖析了大数据财务分析的基础知识,还详细介绍了 Power BI 等商务数据分析工具的实践应用,更围绕企业价值与分析展开了全面的探讨。

本教材内容涵盖认知大数据财务分析、基于 Power BI 的财务分析快速实践、企业价值与分析、资产负债表分析、利润表分析、现金流量表分析、盈利能力分析、营运能力分析、偿债能力分析、发展能力分析、综合分析及大数据财务分析报告撰写十二个项目,这些项目构成了一个系统且完整的学习框架。通过这些内容的学习,学生能够基于大数据对企业财务报表进行全方位、多角度、深层次的探索和分析。

本教材的特色主要有以下四点:

(1)教学设计创新性和前沿性。我们融合了课程思政元素,旨在使读者在提升专业技能的同时,也能深刻理解企业价值、可持续发展、诚信经营、自主创新等核心理念。此外,我们还与厦门网中网科技有限公司紧密合作,共同开发了以财务报表分析为核心、以 Power BI 数据可视化软件为技术手段的"财务大数据"系列教材。这种校企合作模式确保了教材内容的前沿性、实用性,以及教学设计的创新性。

(2)案例资源真实性和丰富性。在案例资料方面,我们精选了真实且具代表性的企业案例,实现了以案说法、精准透彻的教学效果。此外,本教材对企业案例的基本资料、报表、附注以及宏观经济指标数据进行解读,为读者提供了极为丰富的学习和分析素材。

(3)分析技术先进性和及时性。在案例分析可视化方面,我们充分利用了 Power BI 技术的优势,将财务报表分析知识要点以图解方式清晰明了地呈现出来。同时,我们的大数据财务分析平台数据会定期更新,确保教材内容始终与时代发展保持同步。

(4)财务分析多样性和价值性。在财报分析的多角度方面,我们分别从投资人和管理层的视角出发,深入探讨了财务报表的投资价值和价值创造。同时,我们还从财务报表分析的视角引导读者理解企业价值、可持续发展、诚信经营、自主创新等思政理念,旨在培养既具备专业技能又具备良好职业素养的复合型人才。

本教材由余畅、余晖文、刘玥担任主编,毕岚、陈晓鸣、王坤担任副主编。本教材主要适用于高等职业院校和应用型本科院校大数据与会计、大数据与财务管理等专业,也可以作为企业培训、技能大赛的使用教材。我们期待通过本教材的学习,读者能够在财务大数据分析的道路上越走越顺畅,为企业和社会的持续发展贡献自己的力量。

由于编者水平有限,本教材难免存在疏漏,恳请广大读者和专家批评指正(邮箱:zhangyx@netinnee.cn)。

编者
2024 年 12 月

目 录

Contents

项目一

认知大数据财务分析

知识目标

1. 了解大数据的概念。
2. 了解大数据的定位与发展规划。
3. 了解大数据及其技术对财务分析的影响。

能力目标

1. 能够描述大数据在实际生活中的应用案例。
2. 会辨识常用的数据分析工具。
3. 能够描述大数据在财务分析的具体作用。

素养目标

1. 了解财务分析岗位职能,坚守职业道德。
2. 培养数据思维,建设数字中国。

知识导图

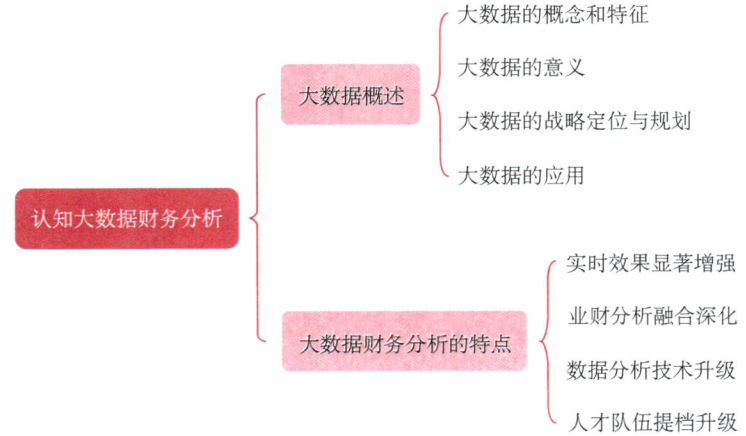

 **思政园地**

建设数字中国,数字化点亮新生活

"数字"触角日益延伸至神州大地的每一个角落,助力绘就了一幅生机盎然、欣欣向荣的发展新画卷,深刻改变了中国老百姓的生活。打开导航软件,出行路线一目了然,软件还能实时分析路况、预估出行时间;在电商平台上选购衣物,通过线上试衣功能,可以直观感受衣服搭配是否合适……对许多人而言,这些场景早已成为日常生活的一部分。随着数字中国建设的深入推进,数字技术得到广泛应用,越来越多人享受到了数字红利。

万物互联,点亮数字生活。习近平总书记强调:"当今世界,信息技术创新日新月异,数字化、网络化、智能化深入发展,在推动经济社会发展、促进国家治理体系和治理能力现代化、满足人民日益增长的美好生活需要方面发挥着越来越重要的作用。"数字经济规模从2012年的11万亿元增长到2021年的45.5万亿元,数字产业化基础更加坚实,产业数字化步伐持续加快。

资料来源:节选自《人民日报》2022年09月08日第5版的新闻《建设数字中国,数字化点亮新生活》。

 **案例导读**

让数据存起来、跑起来、用起来

近年来,贵州依托地形、气候、能源等优势,加快做大做强数据中心集群,着力完善算力服务运营模式,打造面向全国的算力保障基地。通过建链延链补链,创新数据应用场景,贵州全力培育产业生态,不断挖掘数据价值,推动大数据产业高质量发展。

通过平台,即时配送、在线教育、网络主播等将用工需求精准匹配到灵活就业者,社会招聘、技能培训、金融支持等就业服务也第一时间推送给潜在需求方。位于贵州省贵阳市乌当区的好活(贵州)网络科技有限公司,是一家以大数据、云计算等数字技术为驱动的数字化就业平台。就业者登录"好活云"系统后,后台根据上传的信息,为个人标注技能、位置、年龄等相应信息标签,通过算力支持,精准匹配企业和岗位。自2020年8月落地以来,公司服务灵活就业者约29万人次,与之合作的全国平台经济生态企业突破1 000家。

既要数据,又要算力。作为8个获批建设全国一体化算力网络国家枢纽节点之一,贵州正积极打造面向全国的算力保障基地,推动数据变为资源,让数据"存起来、跑起来、用起来"。

资料来源:节选自《人民日报》2023年06月03日第6版的新闻《让数据存起来、跑起来、用起来》。

任务一　　大数据概述

任务描述

通过本任务的学习,学生可以了解大数据的基本特征,明确大数据技术对现代社会发展的意义,并通过了解大数据技术的发展历程,掌握大数据技术在现实生活中的广泛应用。

什么是大数据

知识储备

一、大数据的概念和特征

大数据是指无法在一定时间内用常规软件工具对其内容进行抓取、管理和处理的数据集合。大数据被定义为规模庞大、种类繁多且增长迅速的数据集合,这些数据通常难以用传统的数据处理工具进行管理和分析。大数据的特点包括规模大(volume)、高速性(velocity)、多样性(variety)以及价值密度低(value),这四个特点通常被称为大数据的"4V"特征,如图 1-1 所示。

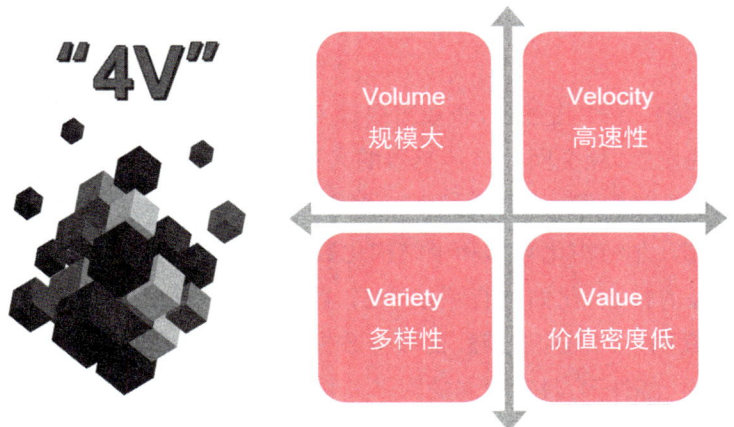

图 1-1　大数据"4V"特征

(一)规模大

随着科技的迅速发展,互联网时代早已到来,与此同时数据规模也呈爆发式扩大,对数据的衡量标准也早已由 GB、TB 发展到现在的 PB(1 PB＝1 024 TB)、EB(1 EB＝1 024 PB)、ZB(1 ZB＝1 024 EB)。日常生活中,我们的行为随时随地在产生数据,形成了极其庞大的数据,如图 1-2 所示。

图 1-2　规模巨大的大数据

(二) 多样性

在信息化时代,大批用户涌入互联网,数据的来源越来越广泛,大数据的类型也越来越多样,如图 1-3 所示。

图 1-3　类型多样的大数据

(1) 数据的来源广泛。在过去,企业需要面对的只是传统数据,即交易数据。但随着互联网和物联网的发展,社交网站与传感器的兴起,使得数据的来源更为广泛。不同应用系统和不同设备产生的数据,是大数据形式多样性的重要因素。大数据主要可以分为三种类型:结构化数据、非结构化数据和半结构化数据。结构化数据,也就是系统数据,具有数据因果关联性强的特点,比如教育系统数据、医疗系统数据等系统数据;非结构化的数据,一般指的是互联网上的图片、音频、视频等数据,具有无因果关联性的特点;半结构化数据,一般指的是网页、邮件等,具有较弱的因果关联性特点。

(2) 大数据类型众多,在大数据中,非结构化数据占比最大。一些企业的数据多以表格文档的形式系统化保存,但在大数据中,图片、音频等非结构化数据以及链接信息等半结构化数据的占比高达 70%。

(3) 大数据之中,数据的规模扩大使得密度降低,关联性也得以增强。例如,旅游时上传互联网的照片,与游客的其他信息如位置、行程关联性极强。

(三)高速性

传统数据,无论是传播速度还是信息量都无法与大数据相比,这也是区分两者的显著特征。同时,大数据也不等于海量数据,这两者的区别体现在数据规模以及对数据的处理上。大数据的数据规模更大,对数据的处理也有区别,大数据严格要求数据具有高速的响应速度,对大数据的分析应该实时而不是批量进行,大数据的数据输入、处理与丢弃都应无延迟、即刻见效,具有极强的时效性。大数据的高速性主要体现在数据的增长速度和处理速度。

(四)价值密度低

大数据具有极大的隐藏价值,表面上一些企业拥有大量数据,事实上发挥价值的只是其中一小部分。

在大数据中真正有价值的数据量极少,这一小部分具有价值的数据正是大数据真正的价值。大量相互之间无关联的数据是大数据价值的真正体现。大数据中蕴含着具有未来趋势的高价值数据,我们应运用机器以及人工智能将其挖掘出来,深度分析运用于医学、金融、农业等领域,进而使其发挥、创造更多价值。

二、大数据的意义

大数据主要有以下四个层面的意义。

(1)社会经济层面:大数据被视为重要的战略资源,能够帮助政府提升社会治理能力和公共服务水平。此外,大数据还为企业发展提供了支持,帮助管理者做出更准确的决策,从而提升社会效益和经济效益。

(2)科技创新层面:大数据作为新一代信息技术的核心组成部分,正在深刻改变我们的生活方式和工作模式。它使得决策和分析过程变得更加快速和高效,为实现个性化服务和智能化产品设计提供了可能。大数据的应用已经渗透到云计算、社交网络、物联网等多个领域,推动了科技的创新和发展。

(3)用户体验层面:大数据为用户提供了更加个性化的服务和体验。例如,电子商务平台可以根据用户的购物习惯和喜好推荐商品,医疗服务机构可以通过数据分析提前预警健康风险,旅游服务平台则可以帮助用户规划行程并提供便利的服务。

(4)思维方式和决策制定:大数据的使用改变了传统的决策分析和因果关系认知模式。它强调的是相关关系而非确切的因果关系,这种变化对我们理解和应对现实的方式提出了挑战。

综上所述,大数据的意义在于它的广泛应用和带来的技术变革,无论是在社会治理、经济发展、科技创新还是在用户体验、思维方式和决策制定上,大数据都在扮演着至关重要的角色。

三、大数据的战略定位与规划

2020年4月,中共中央、国务院发布《关于构建更加完善的要素市场化配置体制机制的意见》，将"数据"与土地、劳动力、资本、技术并称为五种生产要素，提出"加快培育数据要素市场"，数据成为经济社会发展的基础性、战略性资源，如图1-4所示。

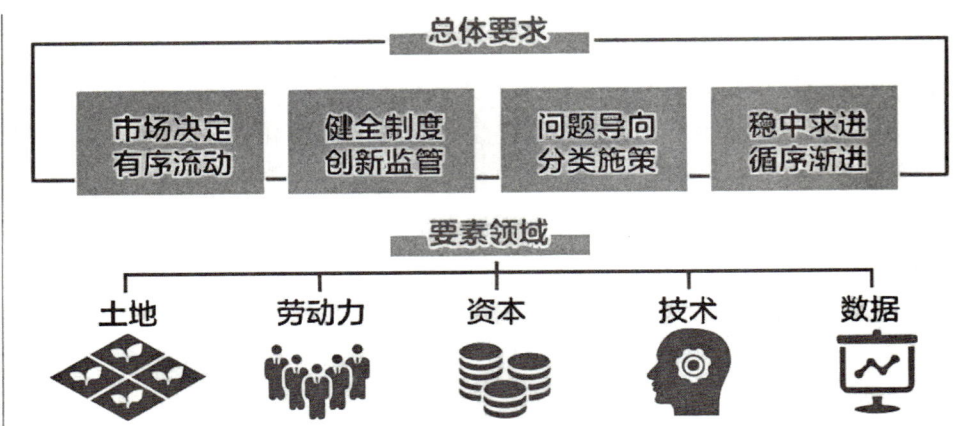

图1-4 《关于构建更加完善的要素市场化配置体制机制的意见》政策内容

2021年11月，《"十四五"大数据产业发展规划》（以下简称《规划》）发布，宣布大数据发展的主要任务是加快培育数据要素市场、发挥大数据特性优势、夯实产业发展基础、构建稳定高效的产业链、打造繁荣有序的产业生态、筑牢数据安全保障防线，我国大数据产业从规模增长向结构优化、质量提升转型。同时，《规划》提出要加强隐私计算、数据脱敏、密码等数据安全技术与产品的研发应用，凸显出大数据产业发展的理念变化，从注重效率到愈加关注人的需求，如图1-5所示。

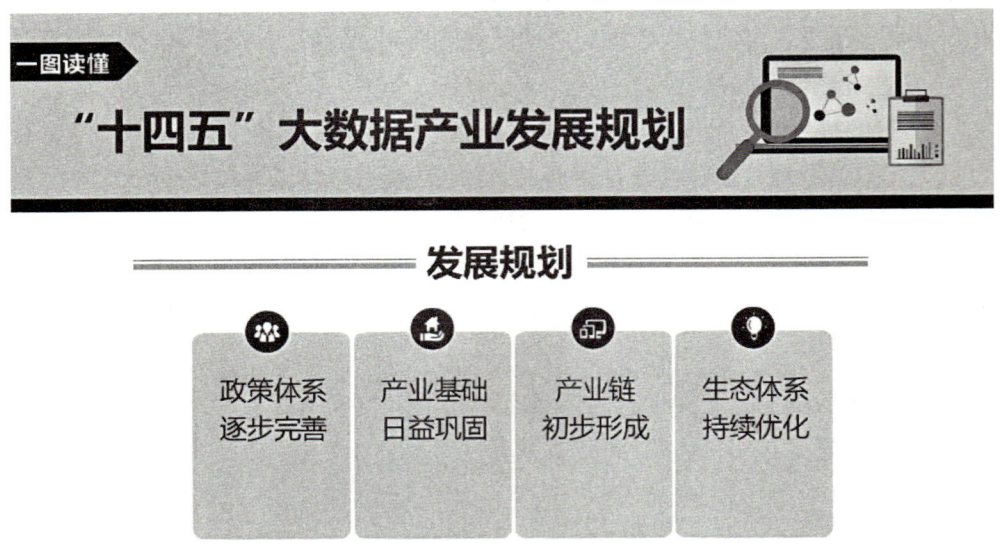

图1-5 "十四五"大数据产业发展规划

四、大数据的应用

大数据价值创造的关键在于大数据的应用,随着大数据技术的飞速发展,大数据的应用已经融入各行各业。大数据产业正快速发展成为新一代信息技术和服务业态,即对数量巨大、来源分散、格式多样的数据进行采集、存储和关联分析,并从中发现新知识、创造新价值、提升新能力。我国大数据应用技术的发展涉及机器学习、多学科融合、大规模应用开源技术等多领域。

党的二十大以来,工业、农业、服务业等各个经济领域数据化应用创新快速推进。"十四五"时期,我国大数据产业快速起步,产业规模年均复合增长率超过 30%。产业基础日益巩固,产业创新日渐活跃,专利受理总数占全球近 20%,成为全球第二大相关专利受理国。2023 年,我国大数据产业规模突破 1.3 万亿元,大数据产业链初步形成。

(一)工业大数据的应用

工业大数据通过实现生产过程的智能化和自动化,提高生产效率和产品质量。例如,通过对设备运行数据的监测和分析,企业可以实现设备故障的预测和预防,提高设备的可靠性和稳定性,减少生产停机时间和维修成本。同时,通过分析生产过程数据,企业可以优化生产流程,提高生产效率和产品质量。在智能装备领域,工业大数据的应用可以实现设备的远程监控和维护,提高设备的可靠性和安全性。通过对设备运行数据的实时分析,企业可以及时发现设备问题并进行处理,避免生产事故的发生。工业大数据还可以帮助企业实现对产品性能的实时监测和预测,通过监测产品数据,及时发现并解决问题,提高产品的质量和安全性。例如,利用大数据分析技术结合图像识别、机器学习等算法,可以对生产线上的产品进行质量控制和缺陷检测,实时发现和排除不合格品。工业大数据的应用如图 1-6 所示。

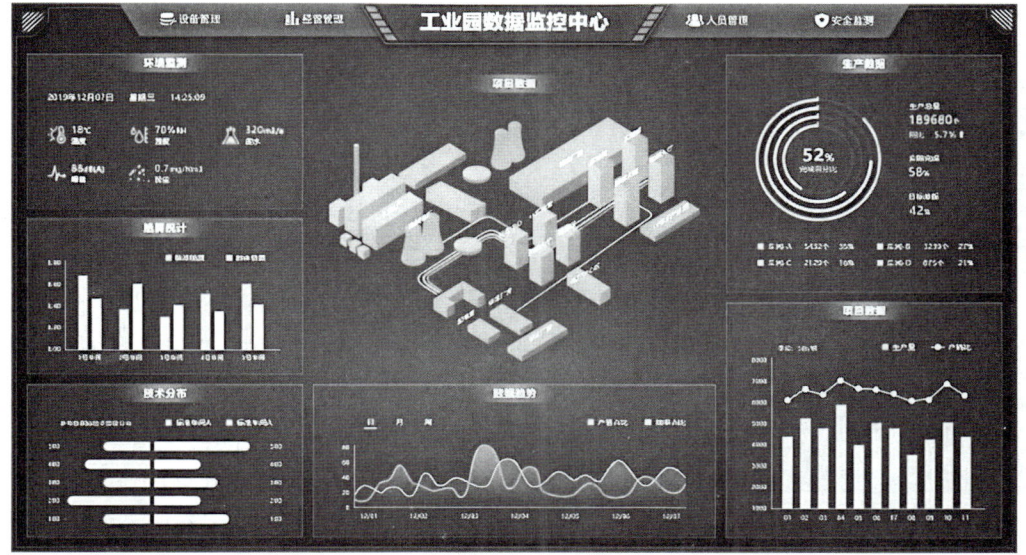

图 1-6 工业大数据的应用

（二）农业大数据的应用

农业大数据通过收集和分析土壤湿度、温度、光照等环境指标，为农民提供精准的调控方案。农民可以据此优化农田管理，提高农作物产量和质量；利用基因技术和大数据分析，收集农作物基因组数据，进行农作物品种改良和选育，培育出适应不同环境和需求的农作物新品种。此外，农业大数据通过收集和分析农作物图像数据和土壤数据，可以识别农作物叶面疾病和预测病虫害传播模式。这有助于农民提前采取防治措施，减少损失，提高农作物健康水平。利用传感器监测和大数据分析，可以优化农机设备和无人机的路径规划、任务分配和自动化操作，提高作业效率和精准度。农业大数据的应用如图1-7所示。

图 1-7　农业大数据的应用

（三）服务业大数据的应用

在服务业，大数据技术不仅能够帮助服务型企业更好地进行服务行业市场定位，实现基础业务优化升级，还同5G、区块链、云计算等技术一同催生数字经济的发展，提升了我国数字产业化与产业数字化规模，2018—2023年，我国数字经济规模从31.3万亿元发展为53.9万亿元，其中服务业数字经济规模占比最高、增长最快，在"十三五"时期达到了18.2%的年均增速。服务业大数据的应用如图1-8所示。

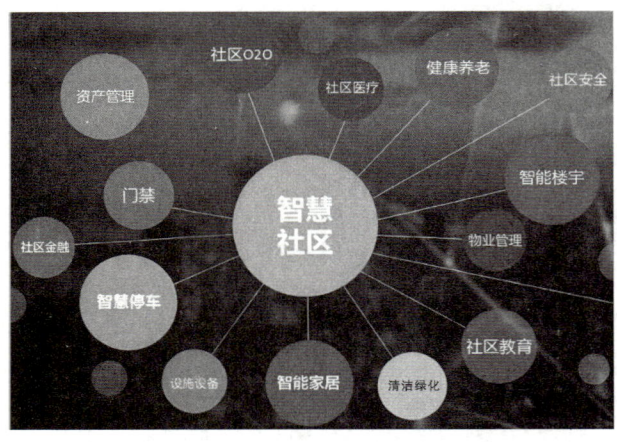

图 1-8　服务业大数据的应用

（四）政务大数据的应用

网上一体化政务服务平台的建设简化了办事流程，例如，2023年安徽省开发上线的 7×24 小时政务服务地图,推行既有空间位置又有服务事项,无需等待工作日,用户可实现查询、办事的"随时办";山东省将小学报名纳入网上政务系统中,家长无需为孩子入学报名彻夜排队,只需通过 App 便能实现孩子入学报名;浙江省机关内部"最多跑一次"实现率达 100%,71 家省级单位 895 个部门间办事事项实现"一网通办"。广州市番禺区政务大数据的应用如图 1-9 所示。

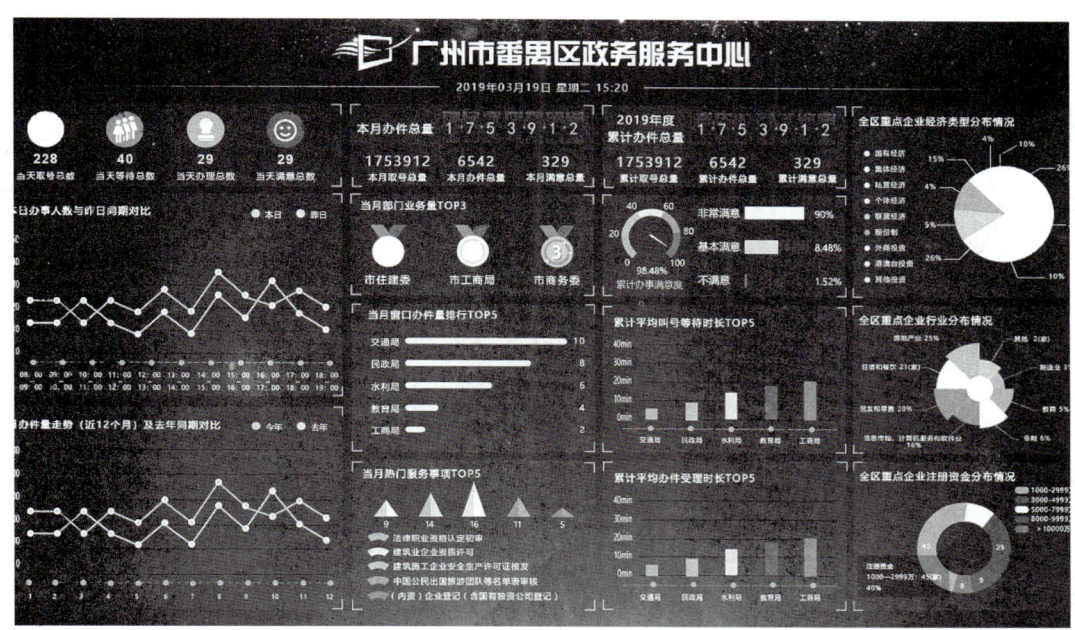

图 1-9　广州市番禺区政务大数据的应用

 **技能实战**

电商平台的用户行为分析

1. 背景介绍

某电商平台希望通过分析用户的购物行为,来优化商品推荐、提升用户体验,并最终实现销售额的增长。平台每天有数百万的活跃用户,产生了海量的用户行为数据,包括浏览记录、搜索记录、购买记录、评价信息等。

2. 任务要求

(1) 数据收集,描述如何收集电商平台上的用户行为数据,如哪些关键数据点应该被记录。

(2) 数据处理,说明在收集到原始数据后,如何进行数据清洗、转换和整合,以便进行后续的分析。

(3) 数据分析,利用大数据分析技术(如数据挖掘、机器学习等),对用户行为进行深入分析,包括但不限于以下几个方面:①用户购物路径分析,用户从浏览到购买的完整过程。②用户兴趣偏好分析,基于用户的浏览、搜索和购买记录,分析用户的兴趣偏好。③用户行为预测,预测用户未来的购物行为,如可能购买的商品类别、价格敏感度等。

（4）结果应用,根据分析结果,提出如何优化商品推荐算法、提升用户体验的具体措施,并预测这些措施对销售额的潜在影响。

3. 问题设置

（1）请列举至少三个对于分析用户购物行为至关重要的关键数据点。

（2）在数据处理阶段,可能会遇到哪些常见的问题?你将如何解决这些问题?

（3）假设你发现某类商品的浏览量很高,但购买转化率却很低,你认为可能的原因是什么?应如何优化?

任务二　大数据财务分析的特点

任务描述

通过本任务的学习,学生能够理解大数据的财务分析的复杂化和多样化,能够充分利用大数据技术的优势,整合各种数据源,运用先进的分析方法和技术,为企业提供更全面、准确、实时的财务分析和决策支持。

知识储备

一、实时效果显著增强

（一）由事后分析转为事前、事中控制

传统财务分析以事后分析为主,对事前、事中管控不足,只能对已经发生的财务数据进行归集、处理,这时分析结果的时效性和有效性已经大大降低,既不利于企业财务管理的风险控制,也不利于企业的经营决策。加之,通货膨胀等宏观经济原因的影响,企业的资产会被低估,成本偏低、收益虚增的情况时有发生,这将对企业利润表与资产负债表的真实可靠性不利。大数据财务分析转向事前、事中分析,及时根据财务实时数据动态地调整生产经营活动,可提高生产经营效率。

（二）由结果管理转为全过程管理

传统财务分析以财务报表分析为主,对非财务资料的分析不足。传统财务分析主要参考财务报表,这使得财务分析的数据和结果均有局限性。一方面,企业固定资产折旧、对外投资核算以及存货发出计价等内容可以依据企业会计准则以及自身实际情况选择不同的会计处理方法,因此,数据的处理结果往往不具有可比性。另一方面,固定资产折旧年限、固定资产净残值率以及坏账准备金比例等受到会计人员主观影响的可能性较大,这些由估算得来的数值也会对财务分析产生一定影响。大数据财务通过对企业生产经营全流程的数据收集、整理和分析,有效实现企业的在线过程控制和业务活动绩效评价。

(三)由外部监督转为内部控制

传统财务分析以应付外部监管、检查为主,参与企业管理与决策的功能不足。目前大部分传统企业的财务分析工作只是为了应付外部检查而设置的,其在企业经营管理中的地位较低,不能参与企业的管理决策。此外,财务分析对应的外部检查项目种类较多,检查方式也多为制式表格,会计人员疲于填表,无法实现对数据和信息的细致分析。大数据财务分析由于收集、存储企业生产经营全流程的数据信息,可以实时处理和反馈企业财务状况,围绕财务数据和非财务信息帮助提升企业自主管控能力。

二、业财分析融合深化

(一)业财数据的融合

传统财务分析以财务数据为主,过程分析不足。大多数企业的财务分析仅将企业最终的利润作为分析重点,即过分注重经营结果,忽略了财务管理中的先进管理分析、非会计材料分析、资金链分析等过程分析,认为只要企业盈利了就表明经营状况良好。这种分析思路对于控制企业经营成本与风险不利,不能从根本上帮助企业提高投资产出比和资本运营能力。但数智化时代的到来,业务决策和财务战略的制定需要更多的协同合作,需要更精准的数据支持和更全面的洞察力。数智化技术的飞速发展也为实现业财融合提供了强有力的支持。通过数智化技术的支持,财务可以更准确地分析财务数据,发现潜在的风险和机会,为企业提供有力的决策支持。业财融合在业界也被称为业财一体化。业务和财务要想实现比较好的融合,乃至一体化,应该让"业和财"明晰化并依靠数智化和信息技术的应用。

(二)业财流程的融合

现代企业需要通过流程、数据、智能三方面融合,从而实现真正的业财融合。其中,财务流程系统平台则是业财融合核心工具,为企业的数据服务提供精细、多维、实时的数据来源。而数据也将构成企业新的生产要素。"业财数据+BI分析"的组合,让企业迈入"数用一体"时代。从业务发生,到实时监控、偏差分析的数据加工展现全过程,企业实现了实时"洞察业务、优化业务"的管理目标。

(三)业财分析的融合

"数据"携带着企业经营的海量DNA,流淌在其发展的各个环节中。经营数据源自业务同时反哺业务,业财数据的融合,支撑着企业战略发展与经营决策。业财分析的目的在于构建精细、多维、实时的业财大数据底座,让经营数据流淌在企业经营的全环节,并形成事前预测、事中控制、事后分析的业财数据链,包括数智化场景预测、数智化经营管理、数智化评估诊断、数智化改善跟踪,循环往复推动企业逐步迈向高质量发展。与此同时,基于 Power BI 可视化分析技术,结合多维数据库技术,提升了企业应对变化的韧性。例如,企业绩效管理场景,业财融合分析方法拓展了数据分析的深度与广度,深度整合并挖掘不同领域的知识,为企业经营提供更权威的诊断性分析;同时也提升了数据预测的精准度,利用其推理能力,智能感知企业生产、销售、库存等各领域的数据关联和归因,进行推理式经营洞察,精准预测夫来企业效益。传统的财务分析与大数据财务分析多差异对比如图 1-10 所示。

图 1-10　传统的财务分析与大数据的财务分析差异对比

三、数据分析技术升级

(一)电子表格软件

电子表格软件是最常见的财务数据分析工具之一。比如,微软的 Excel 和谷歌的 Google Sheets 都是被广泛使用的电子表格软件。电子表格软件的特点是操作简单、灵活性强,可以方便地进行财务数据的录入、计算和分析。用户可以利用电子表格软件进行财务报表的编制、财务比率的计算和趋势分析等。

(二)数据可视化软件

数据可视化是将财务数据以图表的形式进行展示,帮助用户更直观地理解数据,发现潜在的规律和问题。数据可视化软件可以将财务数据转化成多种形式的图表,如柱状图、折线图、饼图等。常见的数据可视化软件有 Tableau、Power BI 等。使用数据可视化软件可以更好地展示数据,帮助企业管理层做出决策,如图 1-11 所示。

从技术角度来看,Power BI 技术具有两个与众不同的技术,第一个技术是在内存中采用阵列集合,每个字段里剔除重复值,记录之间用指针去寻址。这样使得数据能够在内存中被压缩,平均压缩比为 10：1。第二个技术是采用了"数据云",任何字段都可以作为维度和度量,可以按需随意组合成一个分析图表。同时,采用排除法过滤数据,仿真人脑的思考决策模式,快速拿到需要的数据,排除掉不相关的数据。

图 1-11　传统的财务处理软件与大数据的财务分析可视化软件对比

从用户需求角度来看,Power BI 技术可以将一些维度组合起来,形成一个钻取组合维度或旋转组合维度。钻取维度如时间维度:年→季度→月→日,地区维度:省市→地市→县市→镇→乡村,并可以在图形和表格上直接钻取。

从计算分析能力角度来看,Power BI 技术具有丰富的图表和强大的自定义分析计算能力,不仅可以提供多维分析支持所必需的同比、环比、钻取、维度切换、仪表盘等各种分析手段,而且还能提供数据的追溯、比对、预测、数学模型等高级技术,为辅助决策提供技术支持。

四、人才队伍提档升级

财务分析者要对整个企业经营生产活动的全过程进行了解。除了要精通传统企业财务会计的职业相关能力,还要全面掌握现代企业经营管理知识及应用数学、概率论、统计等多方面的知识。根据 2021 年国家人力资源和社会保障部组织制定的 35 个国家职业技能标准,其中对数据分析师岗位有如下要求。

(一)具备数据收集与整理技能

数据分析师的首要任务是收集和整理数据。他们需要与各个部门合作,了解业务需求,确定需要收集的数据类型和来源。他们负责通过各种途径获取数据,如调研、问卷、数据库等,并确保数据的准确性和完整性。此外,他们还需要对大量数据进行分类、归档和整合,以便后续的分析工作。

(二)数据清洗与质量控制

收集到的原始数据往往存在各种问题,如重复数据、缺失数据、错误数据等。数据分析师需要对数据进行清洗和质量控制,以确保数据的准确性和可靠性。他们需要使用专业的数据清洗工具和技术,识别并修复数据中的异常和错误。同时,他们还需要建立数据质量控制机制,监控数据的质量指标,并及时提出改进和优化意见。

（三）数据分析与挖掘

数据分析师需要运用各种统计分析方法和数据挖掘技术，对收集到的数据进行深入分析和挖掘。他们需要根据业务需求，运用合适的模型和算法，提取数据中的价值信息，发掘数据中隐藏的规律和趋势。通过数据分析和挖掘，他们能够为企业提供有力的决策支持，并为业务发展提供有效的策略建议。

（四）数据报告与可视化

分析完数据后，数据分析师需要将分析结果以易于理解和使用的方式进行呈现。他们需要撰写数据报告，详细地描述分析过程和结果。同时，他们还需要使用数据可视化工具，如图表、图像、仪表盘等，将分析结果可视化展示，以便决策者和其他相关人员能够更直观地理解和利用数据。

（五）业务解读与推广

数据分析师不仅需要深入理解数据，还需要了解业务的背景和需求。他们需要对分析结果进行进一步解读，将数据分析和业务结合起来，为业务决策提供更有针对性的建议。此外，他们还需要与业务部门和相关人员进行沟通和协作，推广数据分析的价值和应用，提升数据分析在企业中的重要性和影响力。

财务分析者应是数据分析师，所以最为重要的是让财务分析者下基层锻炼，通过亲身参与，熟悉公司各个环节的业务过程。但因财务人员毕竟不是业务人员，其只需要做到掌握业务循环中的关键控制点，学习在基于关键控制点上协调考核指标及控制流程即可。

 **技能实战**

某大型零售企业面临着日益激烈的市场竞争，为了提升经营效率和盈利能力，该企业决定引入大数据技术来优化财务管理。

首先，该企业通过收集和分析海量的销售数据，包括商品销售额、销售数量、退货率、客户满意度等，来洞察市场趋势和消费者偏好。通过对这些数据的深入挖掘，企业发现某些商品在特定时间段内销量激增，而另一些商品则销量平平。基于这些发现，企业及时调整了商品库存和采购计划，优化了供应链管理，减少了库存积压和浪费。

其次，该企业还利用大数据技术对财务数据进行实时监控和预警。通过构建财务数据分析模型，企业能够及时发现潜在的财务风险和异常情况，如应收账款逾期、资金流动性紧张等。这些预警信息为企业提供了及时的决策支持，帮助企业有效规避财务风险，保障了企业的稳健运营。

最后，该企业还利用大数据技术对财务流程进行了优化。通过自动化和智能化的数据处理，企业简化了烦琐的财务审批和核算流程，提高了工作效率。同时，企业还利用大数据技术对财务数据进行深度挖掘和分析，为管理层提供了更加全面和准确的财务信息，有助于企业做出更加明智的决策。

通过引入大数据技术,该零售企业成功提升了财务管理水平,优化了经营策略,提高了盈利能力。这一案例充分展示了大数据在财务应用中的潜力和价值。

根据上述案例内容,完成以下任务:

1. 通过案例描述,总结该企业财务活动中如何运用大数据技术。

2. 根据案例描述,分析大数据技术在财务活动中的作用。

基于 Power BI 的财务分析快速实践

◇知识目标

1. 了解常见数据分析工具。
2. 熟悉 Power BI 软件应用场景。
3. 掌握 Power BI 软件基础功能。

◇能力目标

1. 能描述常见数据分析工具的功能。
2. 掌握 Power BI 软件的基础功能。
3. 熟练完成 Power BI 数据可视化看板制作。

◇素养目标

1. 了解数据分析岗位职能,掌握数智新技术。
2. 培养数智思维,打造应用型数智化财会人才。

 知识导图

```
                                          ┌ Power BI简述
                                          ├ 常见的其他数据分析工具概述
                          Power BI软件概述 ┤ Power BI功能及作用
                                          ├ Power BI软件下载和安装
                                          └ Power BI常用函数
基于Power BI的财务分析快速实践 ┤
                                                ┌ Power BI可视化设计概述
                                                ├ 下载上市企业财务数据
                          Power BI数据可视化基本流程 ┤ 导入并整理下载的数据
                                                ├ 制作四层科目分类表
                                                ├ 检查数据并修正结果
                                                └ 制作可视化报表
```

 思政园地

让科技金融成为创新加油站

科技金融既是科技和经济发展的重要成果,又能有力推动科技和经济发展。近年来,我国科技金融快速发展,"股贷债保"等各类金融工具联动,不仅服务于科技研发、技术转移、产业化应用等科技创新的全链条,也覆盖了科技型企业种子期、初创期、成长期、成熟期等全生命周期。从高技术制造业中长期贷款余额连续 3 年保持 30% 以上的增速,到科技型中小企业贷款余额连续 3 年保持 25% 以上的增速,再到超过 1 000 家"专精特新"中小企业在 A 股上市……金融支持科技创新的力度持续加大,广度迅速拓展,精度不断提升。科技金融正成为实施创新驱动发展战略的"加油站"。

资料来源:节选自《人民日报》2023 年 11 月 22 日第 5 版的新闻《让科技金融成为创新加油站》。

 案例导读

普华永道会计师事务所使用 Power BI 案例分享

普华永道是全球最大的会计师事务所之一。该公司的网络覆盖 156 个国家/地区,拥有超过 250 000 名员工,提供保险、咨询和税务服务。交易分析团队(Deals, Insights, and Analytic Team,DIA 团队)在企业的整个生命周期中为客户提供深入的财务、运营、取证和分析服务。该团队位于英国,是普华永道三千多名金融、取证、数据和分析专家网络的一部分。该团队的一个重点是与私募股权客户合作,这些客户收购其他企业,提高它们的价值,然后出售它们以获取利润。每次合并和收购都伴随着复杂的数据、复杂的分析以及特定于行业的基准和关键绩效指标。DIA 团队帮助客户减轻了原本极其烦琐的流程。为了寻找一种方法来加速和扩大在交易的每个阶段以从财务和运营数据中获取更多价值,普华永道着手建立一个通用解决方案,提供对所有重要细节的自上而下的视图。当DIA 团队在考虑价值洞察的报告工具时,他们意识到他们的许多客户已经在使用 Power BI,这为部署可视化提供了一个简单且易于理解的途径。解决方案启动并运行后,Power BI 的便携性使其可以轻松转移给客户,从而最大限度地降低了交易和收购过程中的安全风险。

资料来源:节选自微软中国网站的新闻《普华永道使用 Azure Synapse 和 Power BI 帮助客户获得有价值的见解》。

任务一　Power BI 软件概述

任务描述

本任务主要介绍常见数据分析工具、Power BI 简述、Power BI 功能及作用、Power BI 下载及安装，以及 Power BI 常用函数。

知识储备

一、Power BI 简述

Power BI 软件简单介绍（一）

Power BI(power business intelligence)是由微软公司研发的软件服务、应用和连接器的集合软件，它们协同工作以将相关数据来源转换为连贯的视觉逼真的交互式见解。无论用户的数据是简单的 Excel 电子表格，还是基于云和本地混合数据仓库的集合，Power BI 都可让用户轻松地连接到数据源，直观看到（或发现）重要内容与任何所希望的人进行共享。Power BI 用于自助服务和企业商业智能的统一、可扩展平台（该平台易于使用，可帮助获取更深入的数据见解），连接到任何数据并对数据进行可视化。Power BI 简单且快速，能够从 Excel 电子表格或本地数据库创建快速见解。同时 Power BI 也可进行丰富的建模和实时分析，及自定义开发。因此它既是用户的个人报表和可视化工具，还可用作项目、部门或整个企业背后的分析和决策引擎。

在数据处理刚刚起步时，Excel 是最主要的数据处理工具，后来发展出了 Power Pivot 用来进行数据分析，再发展 Power View 来展示数据，Power Query 来处理数据，在整个发展过程中，Power Pivot、Power View 以及 Power Query 都还只是 Excel 的一项功能插件。由此可见，当时微软的思路还是以 Excel 作为数据处理、分析以及展示的核心产品。

随着技术的发展，Power BI 逐渐独立出来，成为微软提供的一种基于云的业务分析和智能服务。Power BI 不仅继承了 Excel 中强大的数据处理和分析功能，还引入了更多高级特性，如实时数据分析、动态数据可视化、丰富的数据源连接选项等。它支持从多个数据源中汇集信息，创建复杂的数据模型，并生成美观的报表和仪表板，供组织在 Web 和移动设备上使用。Power BI 软件的架构如图 2-1 所示。

二、常见的其他数据分析工具概述

数据分析是指用适当的统计分析方法对数据进行收集、分析、汇总和理解消化，最大化开发数据功能，发挥数据作用。数据分析是为提取有用信息和形成结论而对数据详细研究

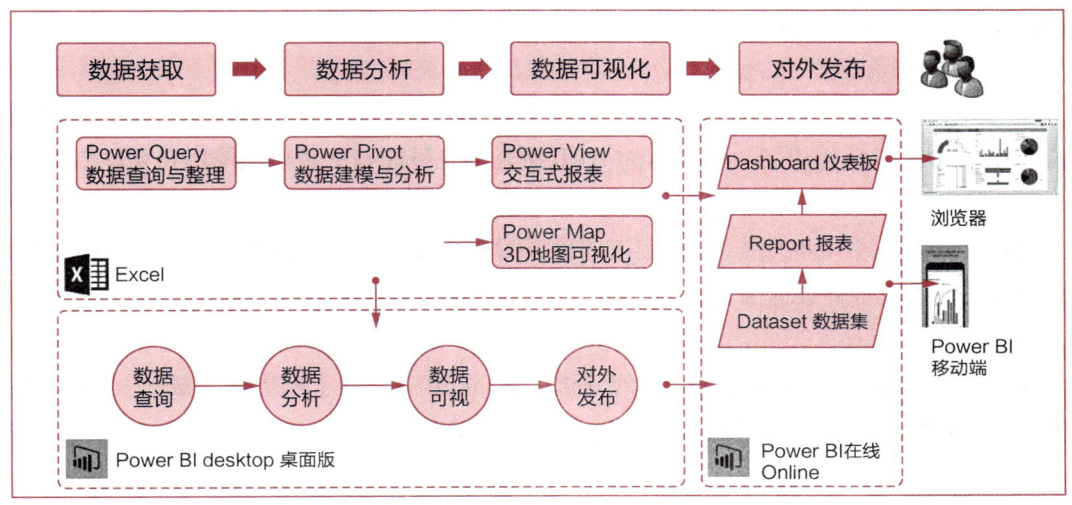

图 2-1 Power BI 软件的架构

和概括总结的过程。数据分析的数学基础在 20 世纪早期确立,但直到计算机的出现才使得实际操作成为可能并推广。数据分析是数学与计算机科学相结合的产物。

在如今数字化的时代,数据变得越来越重要了。数据不仅仅是一组数字,它代表了事实和现实生活中的情况。但是,处理数据变得越来越困难。若要快速高效地处理数据,需要工具的帮助。以下是大数据分析的十项工具。

(一)Excel

Excel 作为最常见的数据分析工具之一,应用广泛,可应对各类分析需求。它提供了丰富的函数和工具,包括数据排序、筛选、透视表、图表等功能。通过 Excel,我们可以轻松实现数据的清洗、整理和可视化展示。

(二)Python

Python 作为一种强大的编程语言,也被广泛应用于数据分析领域。通过 Python 的数据处理库(如 NumPy、Pandas)和可视化库(如 Matplotlib、Seaborn),我们可以对数据进行更加灵活和高效的处理和分析。Python 还具备强大的机器学习工具箱(如 scikit-learn、Tensorflow),可应用于数据建模和预测。

(三)Hadoop

Hadoop 是 Apache Hadoop 生态系统的核心项目,基于 Java 编写,主要用于存储和处理大数据集。Hadoop 可以处理来自无数来源的大数据集,包括文本、图形数据和孪生数据等。

(四)Apache Spark

Apache Spark 是一个高速的大规模数据处理引擎,它使用内存计算而不是磁盘计算,以显著提高处理速度和效率。Spark 支持多种语言,如 Java、Scala 和 Python 等。

(五)Apache Storm

Apache Storm 是一个分布式流处理引擎,可用于处理数据流以及将数据流分析成有价值的信息。它主要用于实时数据流处理,并且可扩展性非常好。

(六) Elasticsearch

Elasticsearch 是一个分布式搜索和分析引擎,可用于处理大量的非结构化和结构化数据。Elasticsearch 还提供了一些丰富的 API,使开发人员能够更轻松地使用和管理数据。

(七) Tableau

Tableau 是一个可视化工具,可用于创建数据可视化和分析。该工具提供了丰富的功能和工具,可用于从各种数据源中获取数据,并将其视觉化展示给用户。

(八) IBM Watson Analytics

IBM Watson Analytics 是一个智能分析工具,可用于透彻了解数据并提供见解。该工具使用自然语言处理技术,使分析过程更加人性化和智能化。

(九) PigApache

PigApache 是一种用于分析大型数据集的脚本语言。它可以与 Hadoop 一起使用,支持广泛使用的语言和库。

(十) Apache Cassandra

Apache Cassandra 是一个主要用于处理分布式的非结构化数据的开源 NoSQL 数据库。Cassandra 具有高可用性和可扩展性,可以为大型分布式数据存储提供高效的解决方案。

这些工具为大数据分析提供了很好的基础,并且都有自己的优点和缺点。选择最适合自己的工具对于处理大规模数据非常重要。因此,开发人员应该根据实际需求选择不同的工具,以达到最佳效果。

三、Power BI 功能及应用场景

(一) Power BI 的功能

1. 数据视图管理

通过数据字典及数据视图管理,可将 ERP\CRM\OA 等信息系统的数据库结构翻译成业务语言,把不同业务主题涉及的表之间的关联关系固定下来。

Power BI 软件简单介绍(二)

2. 数据转换管理

通过数据转换管理,可实现从任意数据源,根据不同的分析主题,将海量数据通过全量与增量的数据更新策略,抽取、转换、装载(ETL)到数据仓库中。

3. OLAP 数据库管理

通过数据转换将源数据抽取到数据仓库中后,根据分析需求创建分析模型。

4. 多维报表设计

通过鼠标拖拽即可快速设计管理驾驶舱及多维分析报表。数据可源自 OLAP 数据库或 SQL 查询。多维分析报表可实现多图表联动,展现方式更加灵活,可以设计任意分析路径。

5. 多维报表浏览

多维报表发布后,可通过鼠标操作进行动态的分析,实现一个分析模型变成数十张报表的神奇效果。方案管理一直是 Power BI 的独特功能,通过鼠标拖拽,完成报表样式的设计私有或共享给其他用户,使每个用户轻松个性化。

6. 智能分析报告设计

通过简单的设置,即可定义图文并茂的电子文档分析报告,可读取不同的数据源数据,集成了趋势分析、结构分析、同比分析、因素分析、排行榜分析、任意表格以及个性化的自定义 SQL、自定义 MDX 等多种分析方式,表格、图形、文字任意选择。

7. 即席报表设计

Power BI 提供简单的向导模式,可视化设计界面,可快速设计出各种形式的报表,且各报表之间,可轻松设计钻取与链接。

8. 安全管理体系

Power BI 的数据授权显示直观,操作简单,只需设置根据哪张表来进行数据授权,再选择不同的用户,勾选"数据有权限"即可。

(二) Power BI 的应用场景

1. 采购决策分析

从供应商、物料、部门等多角度对采购价格、采购数量、采购金额、及时交货率、退货率等多种指标进行综合分析;采购价格预警分析,帮助决策者从海量信息中洞察价格异常变化,提高应对价格变化的能力,最大限度地降低采购成本。

2. 仓库决策分析

从物料、仓库等多角度对存货库龄、数量、金额、周转率、呆滞料、安全库存等进行综合分析;进行存货呆滞预警分析,设置最合理的安全库存,最大限度地减少库存呆滞,加快存货周转,保证企业的正常运营。

3. 管理驾驶舱

以红绿灯、仪表盘、温度计、图表等多种形式为决策者提供一个页面的关键经营数据,这样可以满足不同管理角色的需求,如总经理、财务总监、销售总监、运营总监等。当决策者对其中某个数据感兴趣时,可任意钻取,直至得到问题的最终答案。

4. 智能分析报告

只需点击一下按钮,数十页内容复杂、图文并茂、任意主题、任意分析方法的 WORD/PPT 分析报告即可在 1～2 分钟之内制作完成。它满足任意管理角色的需要,解放管理者的手工工作量,让管理者有更多时间去思考数字背后的意义,并提出改善措施。

四、Power BI 软件下载和安装

登录微软官方网站(https://powerbi.microsoft.com/zh-cn/desktop/),点击"免费下

Power BI 软件简单介绍(三)

载"按钮。如图 2-2 所示。

图 2-2　软件下载主界面

选择语言为"中文（简体）"，点击"下载"按钮。如图 2-3 所示。

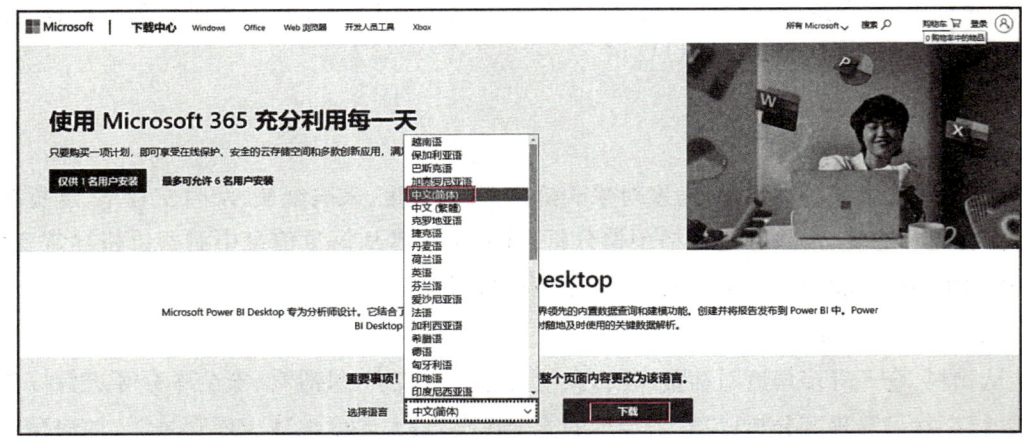

图 2-3　选择软件对应语言

根据自己的操作系统选择并下载对应软件安装包。我们以 Windows 操作系统为例，选择 64 位软件安装包并点击"下载"按钮，如图 2-4 所示。

选择你要下载的程序	
☐ 文件名	大小
☐ PBIDesktopSetup.exe	433.5 MB
☑ PBIDesktopSetup_x64.exe	487.6 MB
下载　　总大小：487.6 MB	

图 2-4　选择对应软件安装包

下载完成后,就可以进行软件安装了,安装过程如下。

步骤一:双击 Power BI 软件安装包。如图 2-5 所示。

步骤二:语言选择"中文(简体)",如图 2-6 所示。继续点击"下一步"按钮,如图 2-7 所示。

图 2-5 软件安装包图标

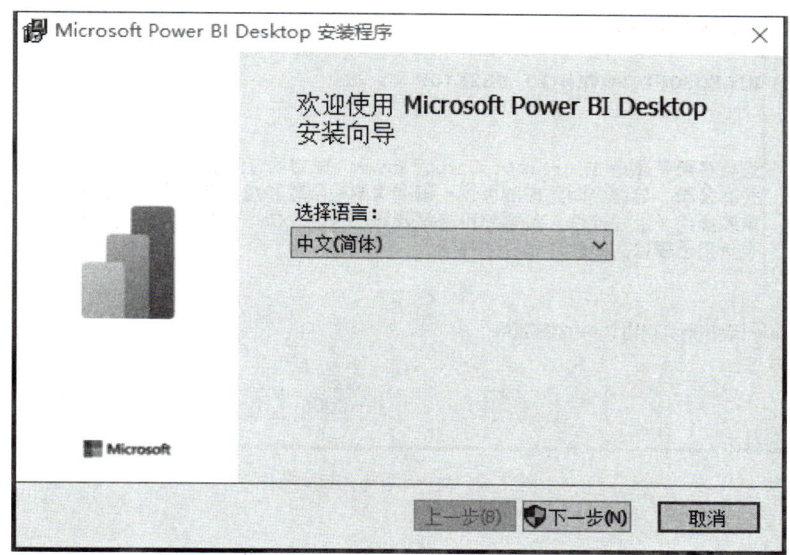

图 2-6 选择安装语言

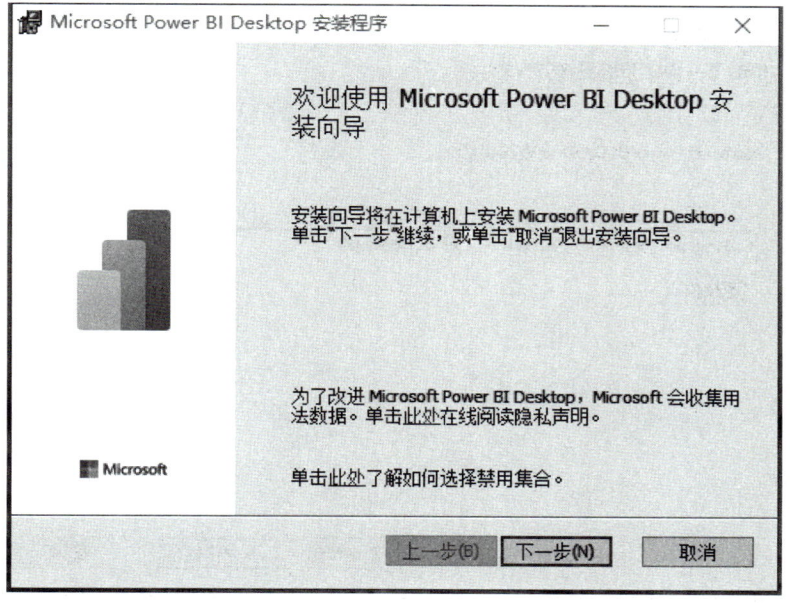

图 2-7 软件安装向导窗口

步骤三：阅读微软软件许可条款，确定接受后勾选"我接受许可协议中的条款"，并点击"下一步"按钮，如图 2-8 所示。

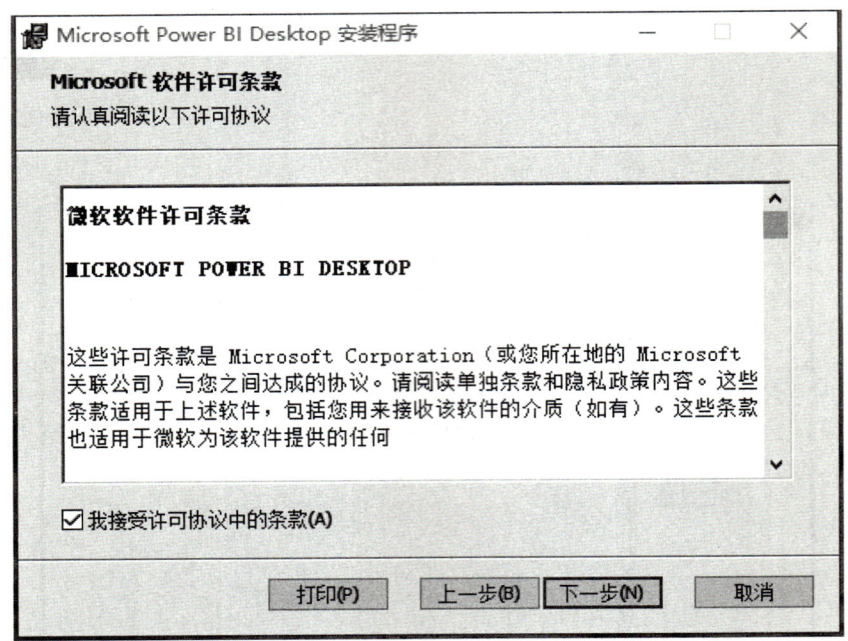

图 2-8　软件许可条款窗口

步骤四：设置软件的安装路径，如图 2-9 所示，继续点击"下一步"按钮。

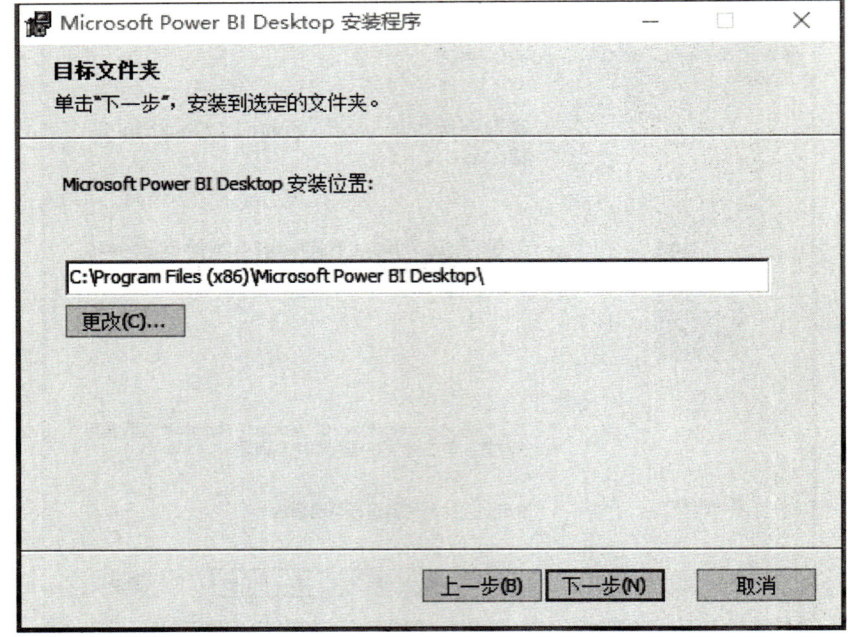

图 2-9　软件安装路径窗口

步骤五：选择是否创建桌面快捷键，如图 2-10 所示，确定后继续点击"安装"按钮。

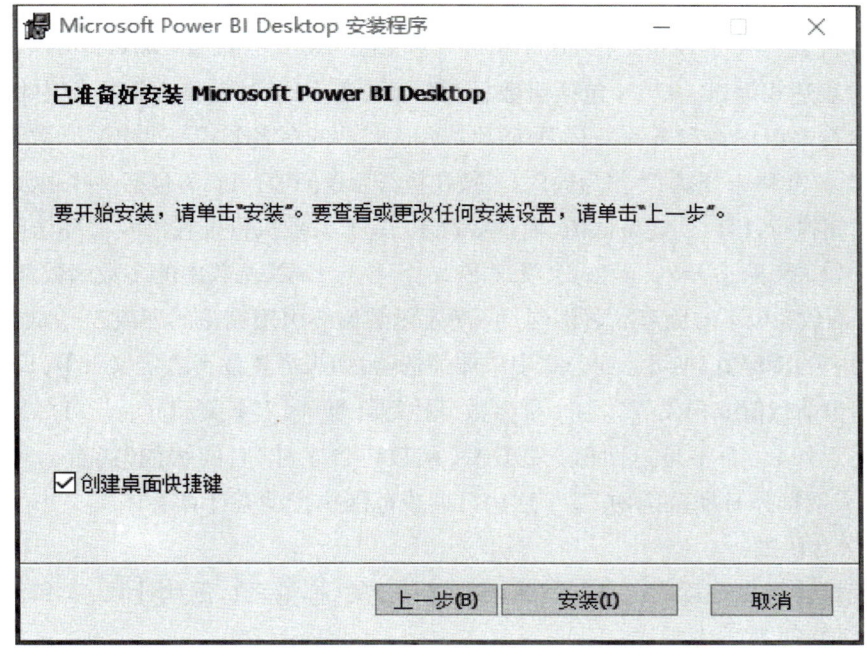

图 2-10　创建桌面快捷键窗口

步骤六：软件安装完成后，点击"完成"按钮，完成软件安装，如图 2-11 所示。

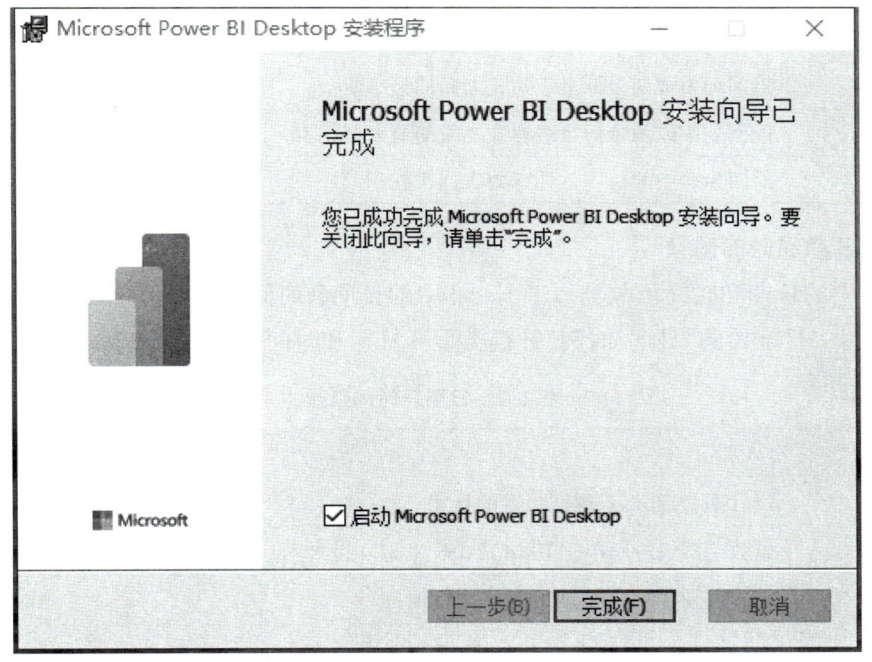

图 2-11　完成软件安装窗口

五、Power BI 常用函数

Power BI 软件简单介绍（四）

数据分析表达式（DAX）是在 Analysis Services、Power BI 以及 Excel 中的 Power Pivot 使用的公式表达式语言。DAX 包括函数、运算符和值，用于对表格数据模型中相关表和列中的数据执行高级计算和查询。其中，函数是表达式中的命名公式。大多数函数都包含必需和可选的实参（亦称为"形参"）作为输入，函数在执行后返回值。DAX 包括一些函数，可用于使用日期和时间执行计算、创建条件值、处理字符串、基于关系执行查找以及循环访问表以执行递归计算。如果您熟悉 Excel 函数，会发现 Excel 函数与 DAX 函数中的多数函数都极为相似；但是，DAX 函数在以下方面有显著不同：①DAX 函数始终引用完整的列或表。如果您想要仅使用表或列中的特定值，则可以向公式中添加筛选器；如果需要逐行自定义计算，DAX 可提供允许您使用当前行值或相关值作为一种参数来执行计算（因上下文而异）。②DAX 包含的许多函数都将返回表，而不是返回值。③DAX 函数包含多种"时间智能"函数。利用这些函数，可以定义或选择日期范围，并基于这些日期或范围执行动态计算。

（一）聚合函数

聚合函数计算由表达式定义的列或表中所有行的（标量）值，例如计数、求和、平均值、最小值或最大值，如表 2-1 所示。

表 2-1　聚合函数

函数	结果
SUM	对某个列中的所有数值求和
AVERAGE	返回列中所有数字的平均值（算术平均值）
MIN	返回列中或两个标量表达式之间的最小值
MAX	返回列中或两个标量表达式之间的最大值
SUMX	返回为表中的每一行计算的表达式的和

（二）日期和时间函数

DAX 中的日期和时间函数类似于 Excel 中的日期和时间函数。但是，DAX 函数基于从 1900 年 3 月 1 日开始的"日期/时间"数据类型。日期和时间函数的详细信息如表 2-2 所示。

表 2-2　日期及时间函数

函数	结果
DATE	以日期/时间格式返回指定的日期
HOUR	以数字形式返回小时值，0（12：00 A. M. ）到 23（11：00 P. M. ）之间的数字
NOW	以日期/时间格式返回当前日期和时间
EOMONTH	以日期/时间格式返回指定月份数之前或之后的月份的最后一天的日期。使用 EOMONTH 来计算适逢当月最后一天的到期日期或截止日期

(续表)

函数	结果
WEEKDAY	返回指示日期属于星期几的数字,1 到 7 之间的数字。默认情况下,日期范围是 1(星期日)到 7(星期六)

(三) 信息函数

信息函数查找作为参数提供的单元格或行,并且指示值是否与预期的类型匹配。例如,如果您引用的值包含错误,ISERROR 函数将返回 TRUE,如表 2-3 所示。

表 2-3 信息函数

函数	结果
ISBLANK	检查值是否为空白,并返回 TRUE 或 FALSE
ISNUMBER	检查值是否为数值,并返回 TRUE 或 FALSE
ISTEXT	检查值是否为文本,并返回 TRUE 或 FALSE
ISNONTEXT	检查值是否为非文本(空单元格为非文本),并返回 TRUE 或 FALSE
ISERROR	检查值是否错误,并返回 TRUE 或 FALSE

(四) 逻辑函数

逻辑函数对表达式执行操作,以返回表达式中有关值的信息。例如,通过逻辑条件与 IF 函数或逻辑运算符(如 AND、OR、NOT 等)结合使用,从而了解正在计算的表达式是否返回 TRUE 值,如表 2-4 所示。

表 2-4 逻辑函数

函数	结果
AND	检查两个参数是否均为 TRUE,如果两个参数都是 TRUE,则返回 TRUE。否则返回 FALSE
OR	检查某一个参数是否为 TRUE,如果是,则返回 TRUE。如果两个参数均为 FALSE,此函数则返回 FALSE
NOT	将 FALSE 更改为 TRUE,或者将 TRUE 更改为 FALSE
IF	检查条件,如果为 TRUE,则返回一个值,否则返回第二个值
IFERROR	如果表达式返回错误,则会对表达式进行求值并返回指定的值;否则会返回表达式本身的值
SWITCH	针对值列表计算表达式,并返回多个可能的结果表达式之一

(五) 计数函数

统计函数计算与统计分布和概率相关的值,如标准偏差和排列数,如表 2-5 所示。

表 2-5　计数函数

函数	结果
COUNT	对包含非空值的列的单元格数目进行计数
COUNTA	对不为空的列中的单元格数目进行计数
COUNTBLACK	对列中的空白单元格数目进行计数
COUNTROWS	对指定表或表达式定义的表中的行数目进行计数
DISTINCTCOUNT	对列中的非重复值数目进行计数

（六）文本函数

DAX 中的文本函数与 Excel 中的文本函数非常相似。可以返回部分字符串、搜索字符串中的文本或连接字符串。DAX 还提供了用于控制日期、时间和数字格式的函数，如表 2-6 所示。

表 2-6　文本函数

函数	结果
CONVERT	将一种数据类型的表达式转换为另一种
CONCATENTATE	将两个文本字符串连接成一个文本字符串
SUBSTITUTE	在文本字符串中将现有文本替换为新文本
REPLACE	根据指定的字符数，将部分文本字符串替换为不同的文本字符串
FIND	返回一个文本字符串在另一个文本字符串中的起始位置。FIND 区分大小写
SEARCH	返回按从左向右的读取顺序首次找到特定字符或文本字符串的字符编号。搜索不区分大小写，会区分音调
UPPER	将文本字符串转换为全大写字母
FIXED	将数值舍入到指定的小数位数并将结果返回为文本。可以指定返回的结果带有或不带逗号

（七）表操作函数

这些函数返回一个表或操作现有表。例如，通过使用 CALCULATE 函数，可以在已修改的筛选器上计算下文中表达式，或者可以使用 VALUES 函数将数值的文本字符串转换为数值，如表 2-7 所示。

表 2-7　表操作函数

函数	结果
FILTER	返回一个表，用于表示另一个表或表达式的子集
CALCULATE	在已修改的筛选器上计算下文中表达式
CALCULATETABLE	在已修改的筛选器上计算下文中表达式
ALL	返回表中的所有行或列中的所有值，同时忽略可能已应用的任何筛选器。此函数对于清除表中所有行的筛选器以及创建针对表中所有行的计算非常有用

（续表）

函数	结果
VALUES	将表示数值的文本字符串转换为数值
DISTINCT	返回由一列组成的表,其中包含与指定列不同的值。换言之,会删除重复值并且仅返回唯一的值。通过删除另一个表或表达式中的重复行返回表
RELATEDTABLE	在给定筛选器修改的上下文中计算表达式

 **技能实战**

1. 利用所学知识,登录微软中国官网(https://www.microsoft.com/zh-cn),下载并安装 Power BI 软件。

2. 搜集目前主流商业智能可视化分析软件,并整理其主要功能和特色创新。

 **Power BI 数据可视化基本流程**

 **任务描述**

本任务主要介绍了 Power BI 可视化设计概述,利用 Power BI 下载上市企业财报数据,导入并整理下载的数据,制作四层科目分类表,检查数据并修改错误,制作可视化报表。

知识储备

一、Power BI 可视化设计概述

Power BI 是作为一款自助式商业智能工具,它集成了数据查询、数据转换、数据建模、数据分析和数据可视化等多种功能于一体,为用户提供了从数据到洞察的一站式解决方案。Power BI 的可视化设计是其核心功能之一,它通过丰富的图表类型和灵活的定制选项,帮助用户将复杂的数据转化为直观、易于理解的视觉化信息。

Power BI 数据可视化基本流程

（一）收集数据

收集需要预算的数据,包括收入、支出、资产和负债等。这些数据可以从多个来源获取,如银行对账单、发票、账单和其他文档。确保数据的完整性和准确性。

（二）数据清理和准备

清理和准备数据以确保数据质量。这包括删除重复项、纠正错误、填充缺失值和处理异

常值。在这个过程中,可以使用 Power BI 提供的工具,如筛选、排序和清洗数据等功能。

(三) 数据转换

将数据转换为 Power BI 可以处理的格式。这包括创建新字段、填充公式和格式化数据。在这个过程中,可以使用 Power BI 提供的工具,如透视表、图表和报表等功能。

(四) 建立模型

在 Power BI 中创建模型,包括数据连接、图表和视觉化。确保数据连接和图表反映了数据的真实情况,可以使用 Power BI 提供的模型设计器,自定义模型设计,以满足不同的预算需求。

(五) 设置目标

根据预算目标和指标,设置可以用于比较和分析数据的目标。这些目标可能包括收入、支出、净收益和利润率等。在这个过程中,需要对数据进行细致的分析,并结合实际情况,设置合理的目标。

(六) 创建报表

创建定期更新的报表,以便能够实时监控预算进展情况。这可能包括每月或每季度的预算和实际情况比较报告。在这个过程中,需要使用 Power BI 提供的工具,如数据可视化、仪表盘和提醒等功能,以帮助管理者及时掌握预算情况。

(七) 分享和共享

与其他人共享报表和分析,以便更好地理解预算进展情况和作出决策。这可以通过共享链接、嵌入其他应用程序或共享为数据模型的方式实现。同时,需要对共享内容进行适当的管理和维护,以确保数据的安全性和准确性。

二、下载上市企业财报数据

为进一步了解获取上市企业财务报表数据的方法,下面我们通过下载并导入上市企业比亚迪和五粮液 2022 年度年报和 2023 年度半年报为例,完成数据整理的操作。

(一) 查找数据

进入巨潮资讯网首页(http://www.cninfo.com.cn/new/index),如图 2-12 所示。

图 2-12 巨潮资讯网首页

点击最上方菜单栏的"数据",点击子菜单的"数据平台",如图 2-13 所示。

图 2-13 巨潮资讯网导航栏

下拉最右侧功能区,找到"数据浏览器",如图 2-14 所示。点击"财务指标",并点击"报告期",如图 2-15 所示,下载对应报表数据。

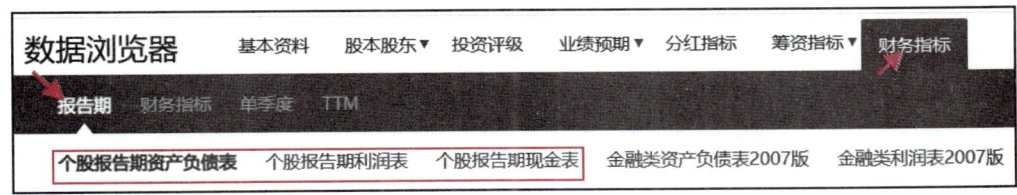

图 2-14 数据中心导航栏

图 2-15 数据浏览器导航栏

按照任务要求,对应输入企业名称、报告年份、报告类型,如比亚迪、五粮液,并点击"预览数据",查找对应企业报表数据信息,如图 2-16 所示。

图 2-16 企业报表数据筛选

（二）下载数据

数据预览显示后，点击"数据下载"按钮，如图 2-17 所示。

个股报告期资产负债表		数据下载
证券简称	比亚迪	
证券代码	002594	
机构名称	比亚迪股份有限公司	
公告日期	2023-08-29	
截止日期	2023-06-30	
报告年度	2023-06-30	

图 2-17　数据预览下载

新建文件夹，并命名为"资产负债表"，将下载的报表分类保存在该文件夹中，如图 2-18 所示。使用同样的方法，还可下载不同上市企业各年度的利润表和现金流量表。

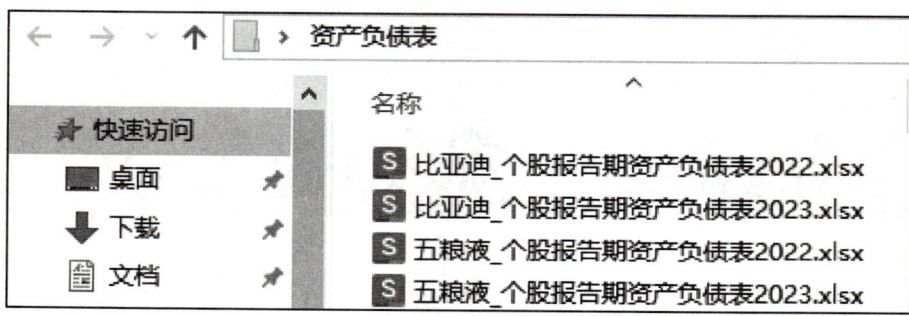

图 2-18　报表下载文件夹

三、导入并整理下载的数据

（一）导入数据

打开 Power BI，点开菜单栏"获取数据"，选择"文件夹"，点击"确定"按钮，如图 2-19 所示。

在打开的"合并文件"对话框中，选中"Sheet1"并点击"确定"按钮，如图 2-20 所示。点击"组合"按钮并选择"合并并转换数据"，如图 2-21 所示。

合并后会自动打开一个新窗口，即 Power Query 编辑器，如图 2-22 所示。该编辑器主要功能是可以进行数据清洗、整理等操作。

（二）整理数据

1. 修改数据类型

点击"证券代码"字段左边的下拉按钮，从下拉菜单中选择"文本"选项，弹出图 2-23 所示的"更改列类型"对话框。点击"替换当前转换"按钮，可将"证券代码"的数据类型改为"文本"格式。

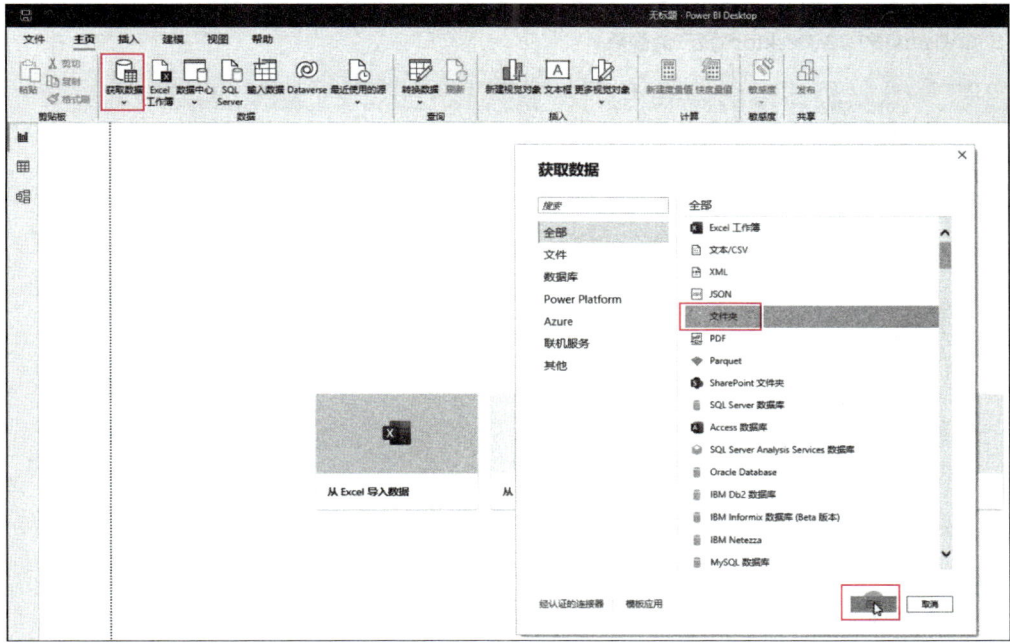

图 2-19 打开文件夹路径

图 2-20 选择文件

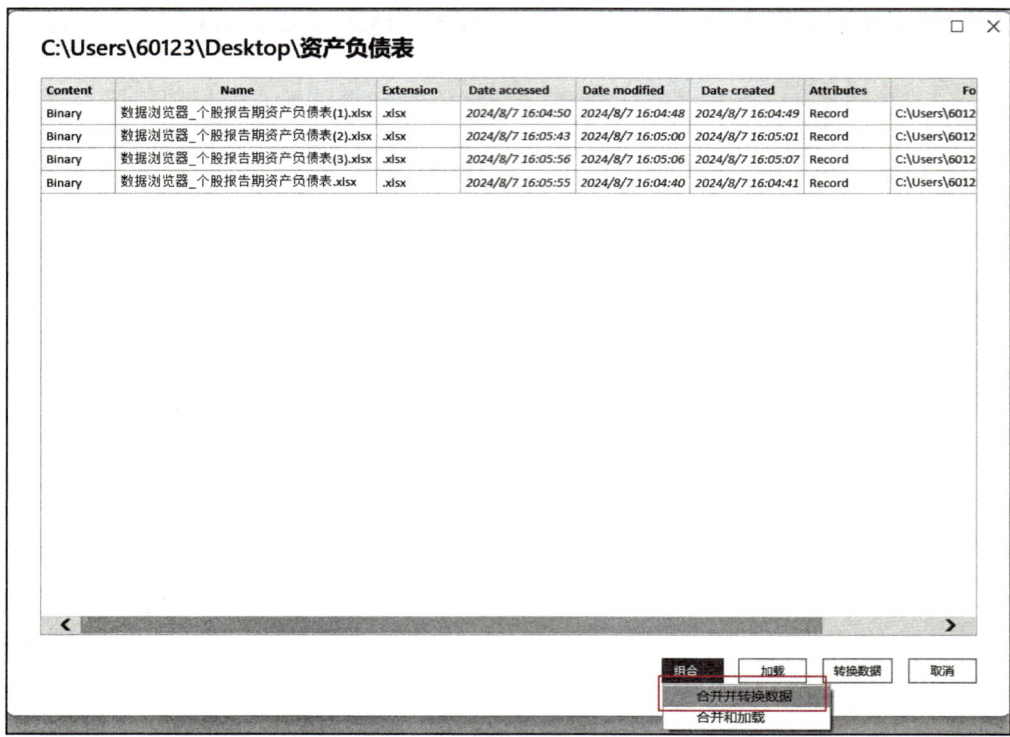

图 2-21　合并并转换数据

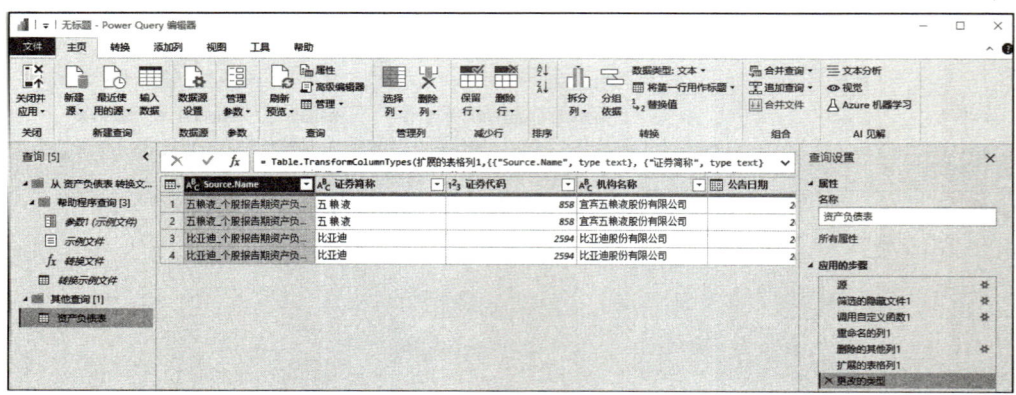

图 2-22　Power Query 编辑器

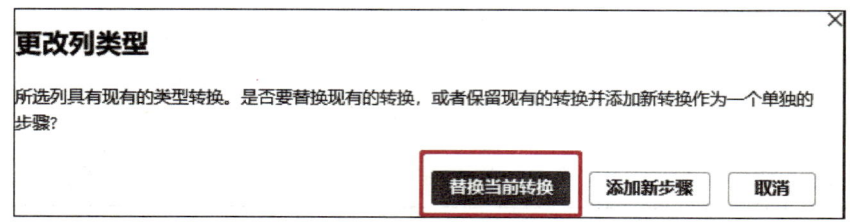

图 2-23　修改数据类型

2. 删除多余列

按住"Ctrl"键,选中"Source-Name""机构名称""公告日期""截止日期""合并类型编码""合并类型""报表来源编码""报表来源""备注"列,点击鼠标右键,从弹出的快捷菜单中选择"删除列"命令,如图 2-24 所示。

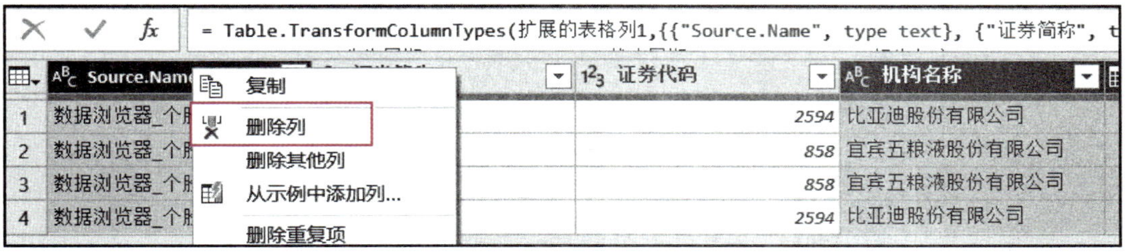

图 2-24　删除多余列

3. 转换表格

按住"Ctrl"键,同时选中"证券简称""证券代码""报告年度"三列,点击菜单栏的"转换",下拉"逆透视列",选择"逆透视其他列",如图 2-25 所示。

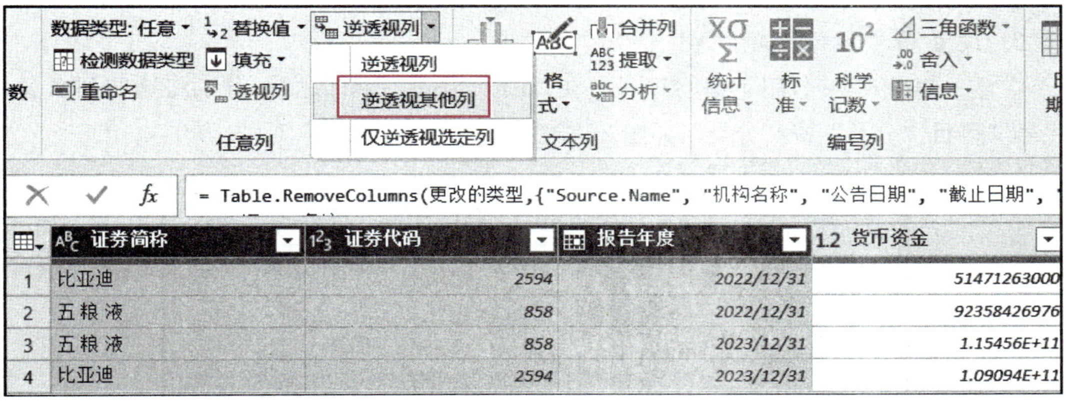

图 2-25　逆透视其他列

4. 重命名列

分别选中"属性"和"值"列,单击鼠标右键,从弹出菜单中选择"重命名",将"属性"列改为"科目"列,将"值"列改为"金额"列。将"金额"列的数据类型修改为小数。

点击"主页",选择"关闭并应用",退出 Power Query 编辑器,需等待数据存贮完。接下来可以用同样的操作导入利润表和现金流量表。

四、制作四层科目分类表

科目分类表的作用是将三大报表的科目进行层级划分并生成分类表格,Power BI 将制作好的科目分类表和数据表通过数据建模关联起来,这样更加便于取数和分析。

1. 设置"科目"列

打开一张资产负债表,复制第一行的科目名称,在空白的 Excel 表格中点击鼠标右键,从弹出的快捷菜单中选择"转置粘贴",将科目名称粘贴到该 Excel 表格中。选中与科目无关的前十行,如图 2-26 所示,点击鼠标右键,从弹出的快捷菜单中选择"删除"。

	A	B	C	D	E	F	G
1	证券简称						
2	证券代码						
3	机构名称						
4	公告日期						
5	截止日期						
6	报告年度						
7	合并类型编码						
8	合并类型						
9	报表来源编码						
10	报表来源						
11	货币资金						
12	结算备付金						
13	拆出资金						

图 2-26　删除无关科目

2. 设置序号和行标题

在最左侧插入一列,用于编写序号。在首行前插入一个标题行,分别将这四列命名为"序号""科目""分类""资产分类",如图 2-27 所示。

序号	科目
1	货币资金
2	结算备付金
3	拆出资金
4	以公允价值计量且其变动计入当期损益的金融资产(20190322弃用)
5	衍生金融资产
6	应收票据
7	应收账款
8	预付款项
9	应收保费

图 2-27　设置序号和行标题

3. 设置科目分类信息

先对"其中""类"和"合计"类科目进行分类,然后将剩余科目分类为"资产""负债""股东权益",如图 2-28 所示。

序号	科目	三分类
74	预计负债-流动负债	负债
75	递延收益-流动负债	负债
76	交易性金融负债	负债
77	应付票据及应付账款	合计
78	合同负债	负债
79	其他流动负债	负债
80	流动负债合计	合计
81	长期借款	负债
82	应付债券	负债
83	其中：优先股-非流动负债	其中
84	永续债-非流动负债	其中
85	长期应付款	负债
86	长期应付职工薪酬	负债
87	专项应付款	负债
88	预计负债	负债
89	递延收益-非流动负债	负债
90	递延所得税负债	负债
91	其他非流动负债	负债
92	非流动负债合计	合计
93	负债合计	合计
94	实收资本（或股本）	股东权益
95	其他权益工具	股东权益

图 2-28　设置科目分类信息

4. 导入科目分类表

点击"主页"菜单下"数据"组中的"Excel 工作簿"按钮，在打开的文件选择窗口中，选择"资产负债表-科目分类表"文件，然后如图 2-29 所示勾选左侧菜单栏的"Sheet1"，预览表格

图 2-29　设置"科目"列

内容,确定无误后点击"转换数据"按钮。

5. 分类表重命名

进入 Power Query 编辑器后,在左侧列表中选择"Sheet1",点击鼠标右键,从弹出的快捷菜单中选择"重命名"命令,将"Sheet1"重命名为"资产负债表-科目分类表",完成后点击"关闭并应用"按钮。

按照以上五个步骤,继续完成"利润表-科目分类表"和"现金流量表-科目分类表"的制作和导入。

在 Power BI 中,若是多张表格,则需要创建表格之间的关联关系,即数据建模。在导入数据到 Power BI 的过程中,通常会自动创建关系。如果 Power BI 无法确定存在匹配项,则不会自动创建关系。对于没有创建关联关系的数据表,可以通过鼠标拖拽或设置属性的方式手动创建。

点击页面左侧的"模型视图"按钮,进入关系模型界面,检查各数据表和科目分类表是否已按照正确的关联关系实现自动建模。这里我们可以发现,资产负债表与资产负债表-科目分类表、利润表与利润表-科目分类表、现金流量表与现金流量表-科目分类表全部建立关联关系,如图 2-30 所示。

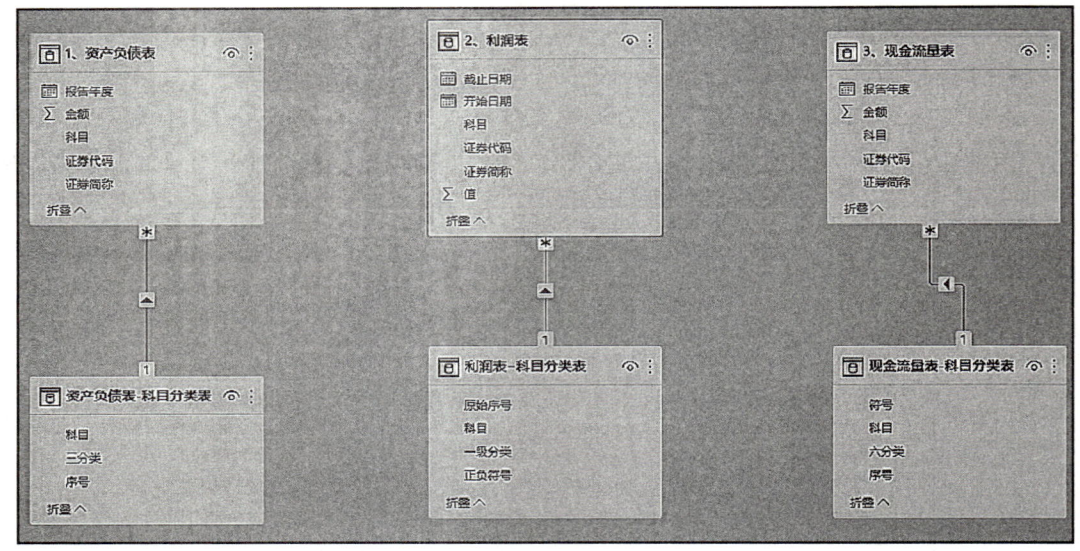

图 2-30 关系模型图

五、检查数据并修正错误

(一) 数据错误原因

(1) 网站录入数据库时录错。

(2) 不同行业、不同公司、不同时期用的会计科目有所不同,导致数据是对的,科目错了。

（3）制作分类表时，将科目的分类做错。

（二）检查数据的方法

首先，计算分类求和的总数；其次，算出报表中的原始合计数；最后，利用需要比对数据的总和进行相减，看是否为 0，不为 0 则说明数据录入有错误，如图 2-31 所示。

证券简称	资产分类汇总	资产原始汇总	两个资产相减
□ **比亚迪**	**842 740 349 000.00**	**842 740 349 000.00**	**0.00**
2020年12月31日	201 017 321 000.00	201 017 321 000.00	0.00
2021年12月31日	295 780 147 000.00	295 780 147 000.00	0.00
2022年6月30日	345 942 881 000.00	345 942 881 000.00	0.00
□ **五粮液**	**379 829 825 102.35**	**379 829 825 102.35**	**0.00**
2020年12月31日	113 893 139 013.72	113 893 139 013.72	0.00
2021年12月31日	135 620 812 221.13	135 620 812 221.13	0.00
2022年6月30日	130 315 873 867.50	130 315 873 867.50	0.00
总计	**1 222 570 174 102.35**	**1 222 570 174 102.35**	**0.00**

图 2-31 检查数据的方法

六、制作可视化报表

（一）下载资料

登录网中网大数据财务分析平台，进入"制作可视化报表"项目的实验界面，点击右上角的"附加资料"按钮，如图 2-32 所示，将附件"资产负债表可视化设计——模板.pbix"下载保存，后续操作将在该模板上进行。

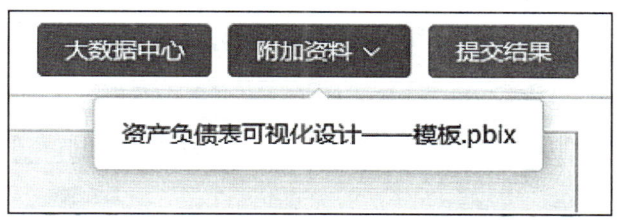

图 2-32 下载附加资料

（二）可视化报表制作

打开下载的 Power BI 文件"资产负债表可视化计——模板"，如图 2-33 所示，该模板已完成数据准备工作，本实验是在此基础上制作可视化报表。

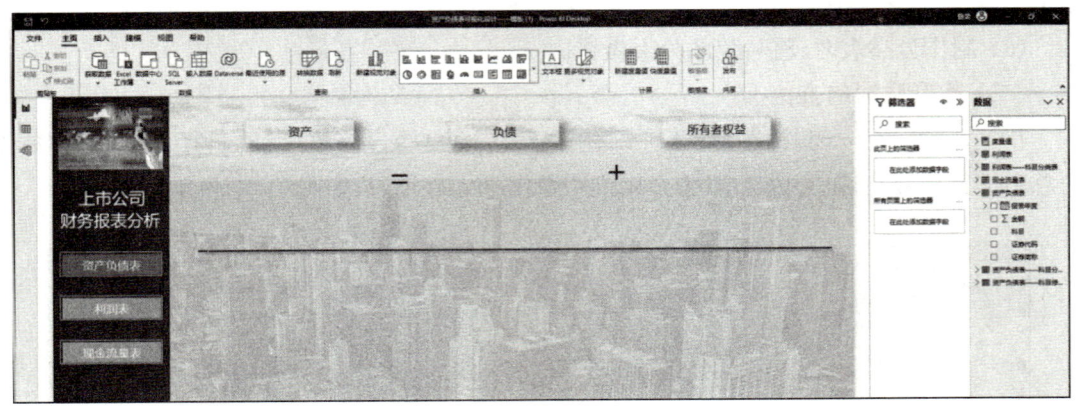

图 2-33　资产负债表可视化模板

图 2-34　切片器图标

1. 设置切片器

切片器是可视化对象的筛选器，也是一种可视化图形。切片器的设置是为了对数据进行各种维度的筛选。本实验任务将设置"报告年度"和"证券简称"切片器，通过切片器中不同"报告年度"、不同"上市公司"的选择来展示各类分析数据。

（1）插入"切片器"，点击"可视化"窗格的"切片器"按钮，调整大小尺寸，如图 2-34 所示。

（2）设置字段，将右侧"资产负债表"中的"证券简称"拖拽到"可视化"窗格下方的"字段"参数中，如图 2-35 所示。

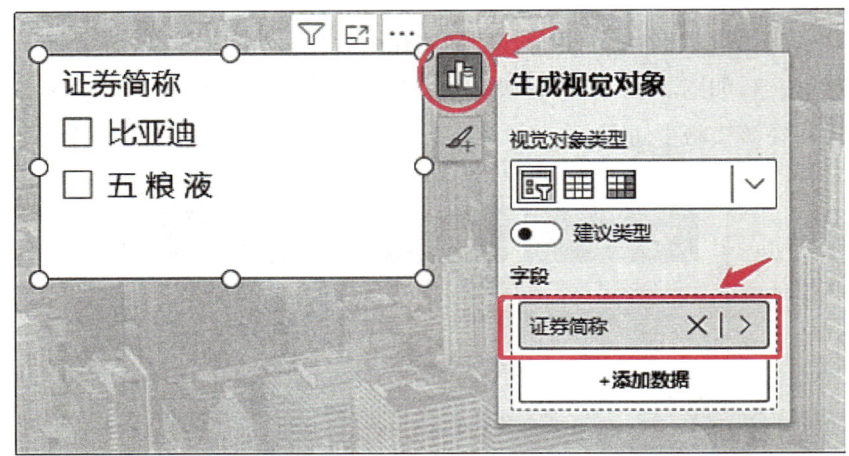

图 2-35　设置视觉对象格式

（3）点击"可视化"窗格中的"格式"按钮，下拉"切片器设置"，并将切片器的"样式"设为"下拉"，如图 2-36 所示。调整切片器大小，将切片器放入导航区合适位置。

图 2-36 设置切片器样式

（4）使用同样的方法设置报告年度切片器，设置"报告年度"切片器，结果如图 2-37 所示。

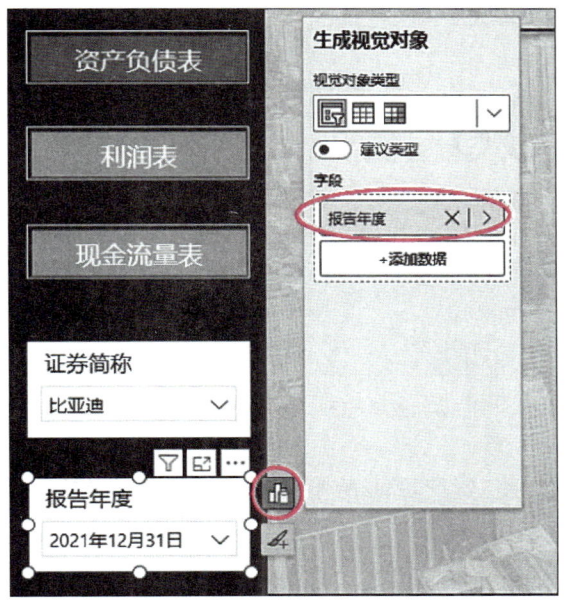

图 2-37 两个切片器的可视化效果

2. 设置卡片图

卡片图通常用于突出显示报表使用者希望获取的最关键数据,例如资产、利润、计划完成率等指标。本实验案例针对资产进行分析,选取"资产""负债""股东权益"3个度量值,以卡片图形式呈现。

(1)插入卡片图。点击"可视化"窗格中的"卡片图"按钮,调整大小,如图2-38所示。

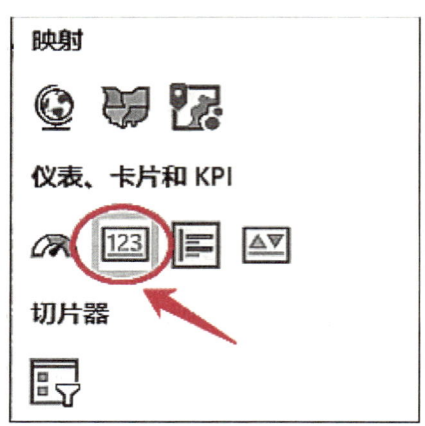

图2-38 插入卡片图

(2)设置字段。点击"生成视觉对象"图标,将右侧"资产负债表"中的"金额的总和"拖拽到"可视化"窗格下方的"字段"参数中,如图2-39所示。

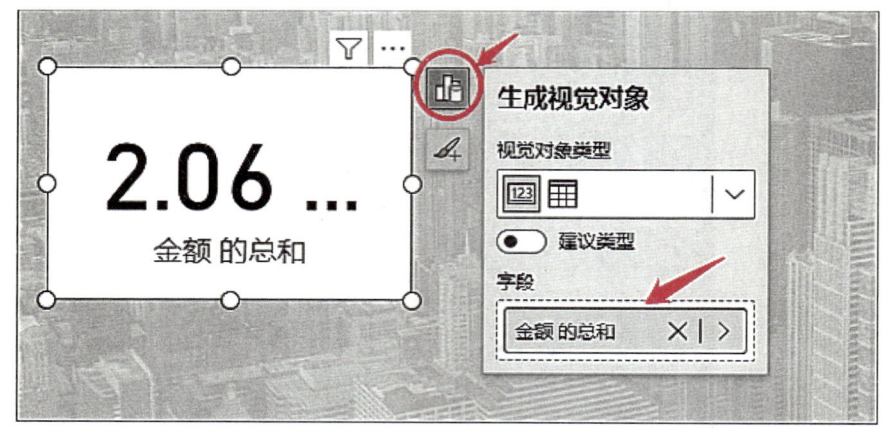

图2-39 设置卡片图字段

(3)设置筛选内容。将"资产负债表-科目分类表"的"分类"字段拖拽到"此视觉对象上的筛选器"中,并在筛选器中勾选"资产",如图2-40所示。

(4)在右侧可视化编辑区域设置格式。点击"格式"图标,点击"标注值"左边的下拉键,将字体大小修改为"30",将"值的小数位"改为"0",并将"类别标签"设为"关",如图2-41所示。

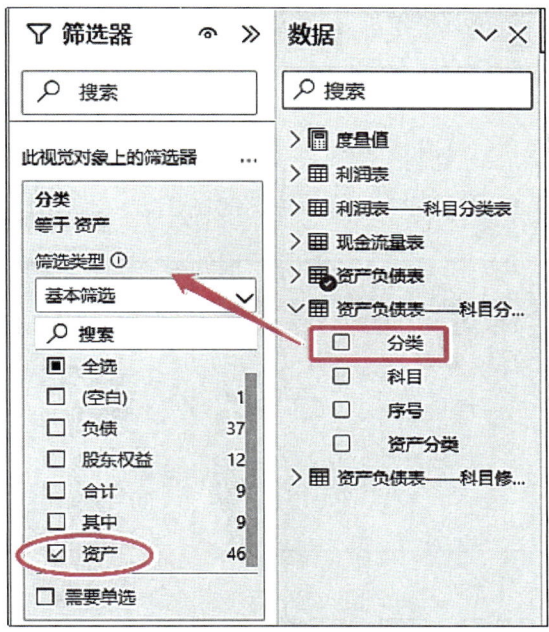

图 2-40　设置筛选器内容

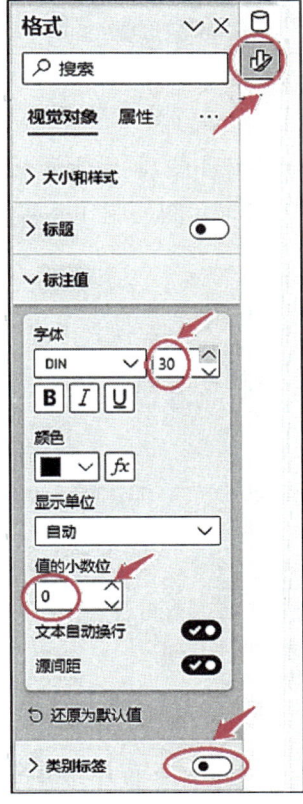

图 2-41　设置卡片图格式

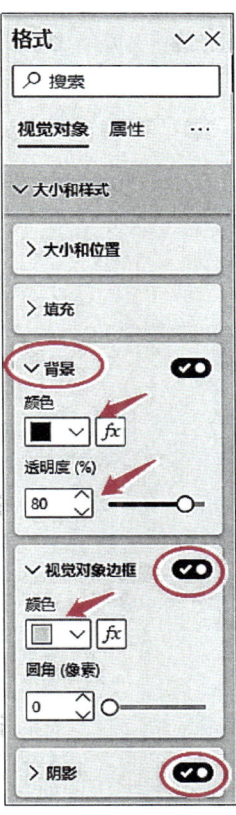

图 2-42　美化卡片图

（5）美化卡片图点击"大小和颜色"。点击"背景"左边的下拉键，可以修改颜色并设置透明度。将"视觉对象边框"和"阴影"设为"开"，如图 2-42 所示，可以设置边框颜色，增加图表立体感。

（6）制作"负债"卡片图。复制"资产"卡片图，粘贴至看板空白处。在筛选类型中勾选"负债"，如图 2-43 所示，即可完成"负债"卡片图的制作。

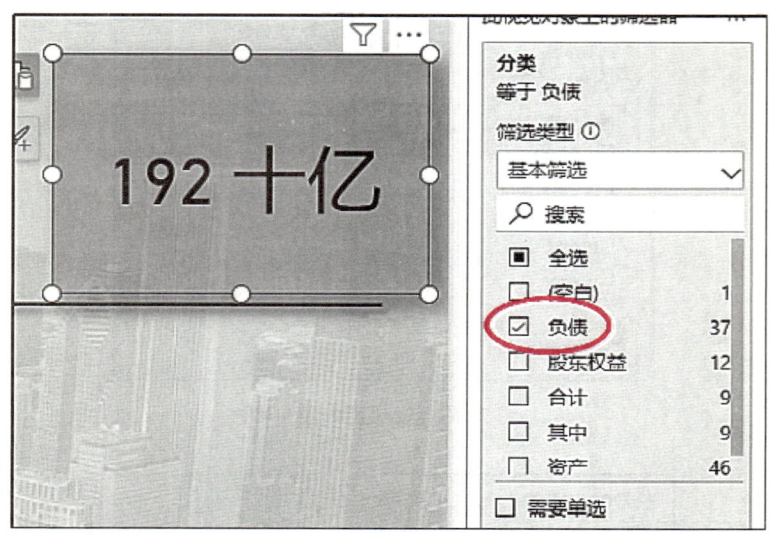

图 2-43 设置"负债"卡片图

（7）制作"所有者权益"卡片图。复制"资产"卡片图，粘贴至看板空白处。在筛选器中将分类改为"所有者权益"，即可完成"所有者权益"卡片图的制作。将三张卡片图调整大小，放置到合适的位置，如图 2-44 所示。

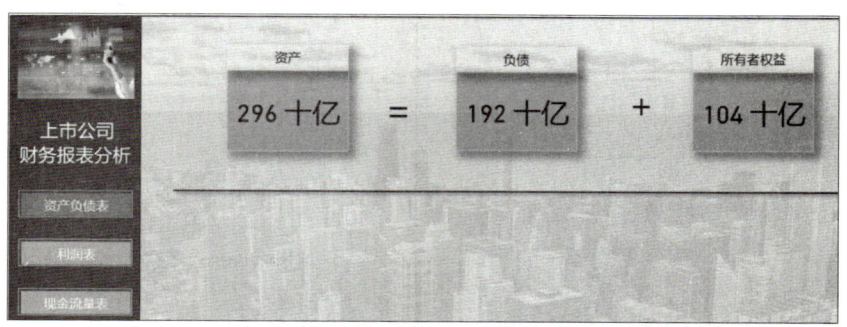

图 2-44 关键指标卡片图

3. 设置饼图

饼图依靠面积的大小来表达比例的大小。本实验任务将在饼图中显示流动资产和非流动资产的占比情况。

（1）插入饼图。点击"可视化"窗格中的"饼图"按钮，调整大小，如图 2-45 所示。

图 2-45　插入饼图

（2）设置字段。点击"生成视觉对象"图标，根据可视化参数设置将"字段"窗格中的相关字段拖拽到"可视化"窗格的相应参数中，如图 2-46 所示。

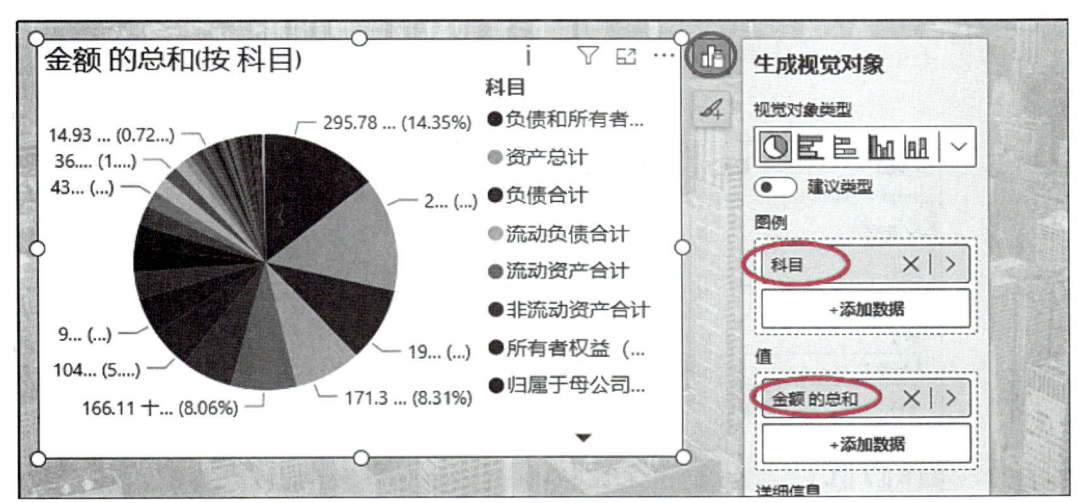

图 2-46　设置字段

（3）设置筛选内容。在筛选器中，找到"科目"列表，勾选"流动资产合计"和"非流动资产合计"，如图 2-47 所示，完成设置以后，饼图中仅显示"流动资产"和"非流动资产"的金额。

（4）美化饼图。在右侧可视化编辑区，将标题修改为"资产结构"，并修改图例颜色、背景、效果等，如图 2-48 所示，对饼图进行美化。

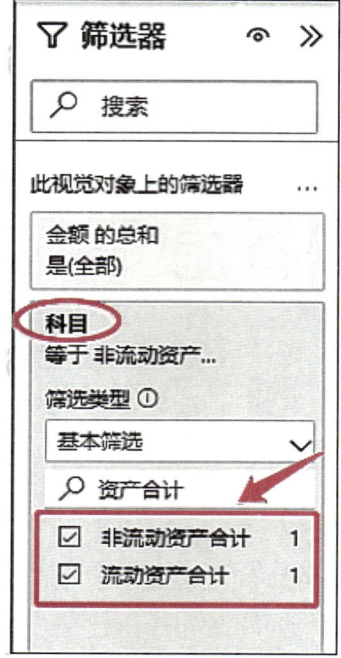

图 2-47 设置筛选内容

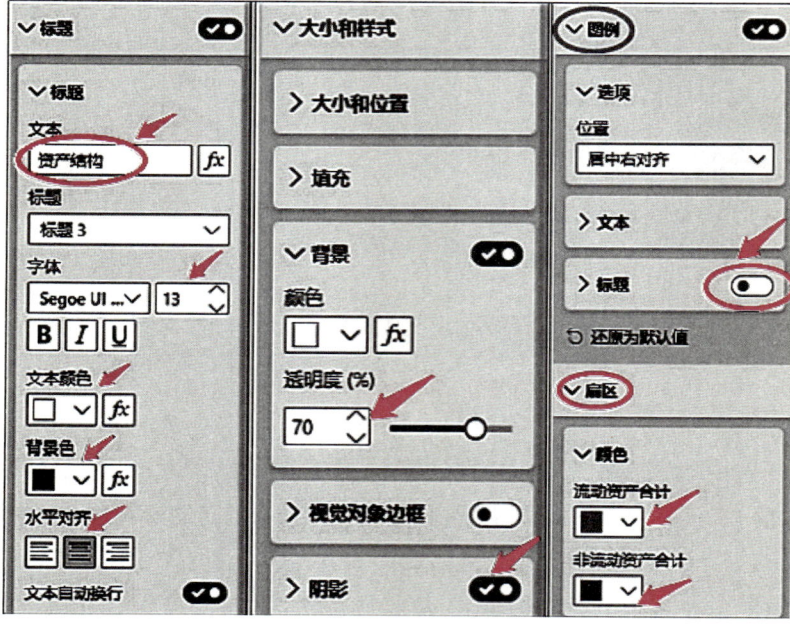

图 2-48 饼图美化

4. 设置树状图

（1）插入树状图。点击"可视化"窗格中的"树状图"按钮，如图 2-49 所示，并调整大小。

图 2-49 插入树状图

（2）设置字段。点击"生成视觉对象"图标，根据可视化参数设置将"字段"窗格中的相关字段拖拽到"可视化"窗格的相应参数中。

（3）设置筛选内容。将"资产负债表-科目分类表"的"资产分类"字段拖拽到"此视觉对象上的筛选器"中，并在筛选器中勾选"流动资产"分类。

（4）美化树状图。在右侧可视化编辑区，将标题修改为"流动资产组成"，并修改图例颜色、背景、效果等，对树状图进行美化，美化后效果如图 2-50 所示。

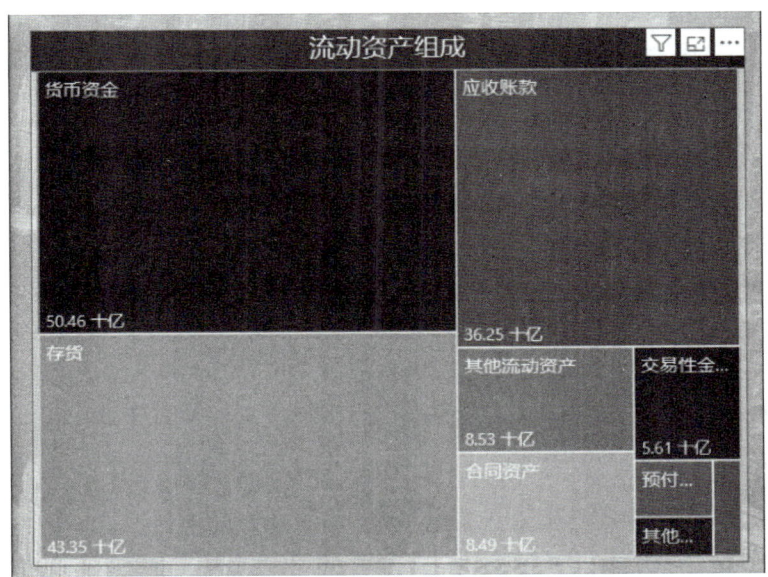

图 2-50 美化树状图

5. 设置图表的编辑交互

图表的编辑交互功能是指当点击某一图表对象的某部分数据对象时，被点击的数据对象在本图表中突出显示，同时其他图形表格与选择对象有交互关系的图表中，也显示对应的数据对象，从而形成一种动态的展示效果。点击空白处，即可取消实时的交互效果。

图表编辑交互功能有助于进行不同图表间数据的联动分析。根据具体分析需求，我们可以调整编辑交互功能，即以图表对象突出显示时，其他图表的相应数据并不联动变化。当点击按钮，当前图表不受编辑交互控制；再点击按钮，当前图表恢复编辑交互控制。

（1）选中"饼图"，依次执行"格式""编辑交互"命令，如图 2-51 所示。

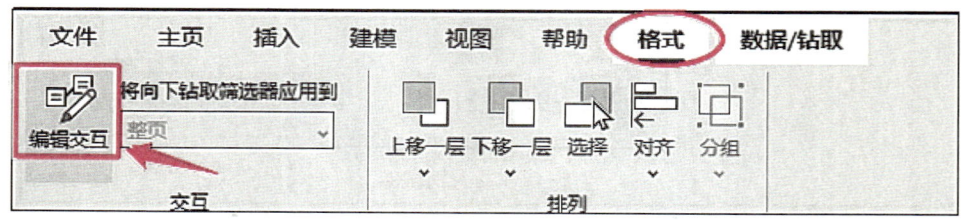

图 2-51　编辑交互界面

（2）点击不需要交互的图表右上角的按钮，关闭交互，如图 2-52 所示。此时卡片图不受饼图的编辑交互控制。

图 2-52　关闭编辑交互

（3）采用同样的方法，设置树状图和剩余图表的编辑交互关系。所有编辑交互关系设置完成之后，再次点击"编辑交互"按钮。

技能实战

登录网中网大数据财务分析平台，利用大数据中心，选择两家上市公司，下载对应资产负债表，下载"制作可视化报表"项目的实验界面，选择附件"资产负债表可视化设计——模板.pbix"，完成资产负债表可视化分析看板制作。

企业价值与分析

◇ 知识目标

1. 了解企业价值的概念。
2. 熟悉企业价值创造的财务分析内容。
3. 熟悉企业价值投资的财务分析内容。
4. 掌握财务报表分析内容及方法。

◇ 能力目标

1. 会分析评价企业价值创造。
2. 会分析评价企业价值投资。
3. 会运用财务报表分析方法完成企业报表分析。

◇ 素养目标

1. 了解财务分析岗位职能,坚守职业道德。
2. 培养价值思维导向意识。

知识导图

```
                                                        企业价值
                        企业价值创造的财务分析评价        企业价值创造过程
                                                        价值创造评价指标

                        企业价值投资的财务分析评价        企业价值投资
企业价值与分析                                          价值投资评价指标及方法

                                                        财务报表分析的概念
                        财务报表分析的基本内容           财务报表获取途径
                                                        财务报表质量

                        财务报表分析的基本方法           财务报表分析的作用
                                                        财务报表分析的方法
```

 思政园地

中国企业为全球创造更多价值

中国企业乘着共建"一带一路"的东风,发挥广泛的辐射带动作用,创造着丰富的社会人文价值。

增进当地福祉。中缅油气管道是中国企业在东南亚承建的大型能源项目。中石油国际管道公司(简称中石油)副总经理李自林介绍,建设之初,缅甸皎漂市马德岛喝水靠下雨、照明靠日光。中石油来到这里,不但为岛上通水、通路、通电,还援建学校和医疗站,小岛发生了翻天覆地的变化。

提升本土技能。在埃及开罗市向东约 50 千米的沙漠中,由中建集团承建的埃及新首都中央商务区项目一天一个样,高达 385.5 米的"非洲第一高楼"标志塔已完成主体核心筒和外框钢结构封顶。

推广绿色环保。2021 年夏天,法国知名主持人夏洛特走进中广核欧洲能源公司在法国南部的阿萨克风电场,采访了当地市长、学生、农户等。这里的风力发电机能够为 6 500 个家庭提供清洁绿色电力,得到当地民众的赞赏。

从基础设施"硬联通",到规则标准"软联通",再到同共建国家人民"心联通"……"越来越多中国企业走出去,对接国际上普遍认可的规则、标准和最佳实践,统筹推进经济增长、社会发展、环境保护,让各国从中受益,实现共同和可持续发展。"商务部国际贸易经济合作研究院院长顾学明说。

资料来源:节选自《人民日报》2021 年 12 月 29 日第 18 版的新闻《中国企业为全球创造更多价值》。

 案例导读

格力模式——使命驱动价值创造的经营之道

提到格力,"好空调、格力造""格力掌握核心科技""让天空更蓝、大地更绿""让世界爱上中国造"等耳熟能详的广告语早已深入人心。那么格力的成功密码是什么?什么是格力模式?

格力模式是格力以缔造全球先进工业集团、成就格力百年世界品牌为愿景,坚定改变掌控未来、奋斗永无止境的信念,坚守专注主义,倡导三公三讲,遵循八严方针,以掌握核心科技、锻造完美质量为双轮驱动,通过独特的营销模式传递和提升价值,坚持自主育人、自主创新、自主生产,使命驱动价值创造,让世界爱上中国造的经营之道。

格力的成功之道可以阐释为 5 大基因组合,包括理念(持先进的理念引领发展)、制度(以科学的制度严格要求)、队伍(让优秀的队伍通力合作)、创新(用持续的创新赢得优势)和组织(建卓越的组织支撑发展),以及格力在企业经营管理实践中探索和创建的 20 项管理原

则和 58 种方法。由此,格力的管理模式可以表述为 5 大基因组合、20 项管理原则和源方法、准则、机制、技术四大类共 58 种方法,简称为"5258"法则。

资料来源:节选自张振刚发表于《清华管理评论》的论文《格力模式——使命驱动价值创造的经营之道》。

任务一　企业价值创造的财务分析评价

任务描述

通过本任务的学习,学生能够了解企业价值的概念,熟悉企业价值创造的过程,并掌握企业价值创造的评价指标。

知识储备

一、企业价值

企业价值即指企业本身的价值,是企业有形资产和无形资产价值资产的市场评价。它不同于利润,利润是企业全部资产的市场价值中所创造价值中的一部分,也不同于企业账面资产的总价值。

由于企业商誉等无形资产的存在,通常企业的实际市场价值会远远超过其账面资产的价值。

二、企业价值创造过程

(1)企业整体表现集中体现在对产品的收入、毛利润、净利润三项指标的分析,可以判断其竞争优势与改善方向。

(2)企业资源盘点主要涉及各种资产状况及债务状况,需要深入掌握其目前具有的各种现金、存货、应收款等资产的周转,以及债务周转、还本付息等财务压力,以此判断企业可动用的实际资源,实现资源的最优配置,产生最大化的资源转换效率,实现最大的企业价值增值。

(3)企业前景预测体现在两方面:一方面是企业财务状况,主要表现在利用现有资源及采取措施后可以达到的资产规模和负债规模,它代表了企业价值创造活动后的结果;另一方面是企业经营成果,主要表现在现有资源及采取措施后可以转化成的收入及利润状况,它代表企业价值创造活动后所能取得的成绩。管理者对于企业价值创造全过程的把控,可实现企业资源的最优配置,提升自身管理水平及提高自身投资眼光。

企业整体表现基于前期与本期的对比,使管理者对近期所采取措施的结果有直观了解,并能发现其价值高处及洼地,有利于扬长避短;企业资源盘点,注重现有资源及义务的状况,以及是否有使用上的掣肘,体现在资产、负债结构以及各类现金、应收应付、存货等资源的周转及还本付息能力分析,使管理者认识真实可用资源;企业前景预测,运用预测模型着重推演其基于目前表现及措施后两期可以达到的效果,为管理层有针对性采取措施提供预警,三者结合帮助管理者实现企业价值创造。

三、价值创造评价指标

企业价值创造财务评价指标是评估企业创造经济价值能力和财务状况的关键工具。这些指标通常包括多个方面,以全面反映企业的盈利能力、运营效率、增长潜力和财务稳定性。以下是一些常用的企业价值创造财务评价指标:

(一)销售净利率

净利润与销售收入的比率,这一指标反映了企业在每单位销售收入中能够转化为净利润的比重。通过这个比率,我们可以清晰地看到企业每赚取一元钱销售收入中,有多少是真正转化为净利润的。

$$销售净利率 = \frac{净利润}{销售收入} \times 100\%$$

这个比率是评价企业价值创造水平的一个关键指标,因为它直接揭示了企业的盈利能力。一个较高的净利润与销售收入的比率表明企业在经营过程中能够有效地控制成本和费用,从而使得更多的销售收入转化为净利润。相反,一个较低的比率则可能意味着企业在运营过程中存在较高的成本和费用,导致销售收入转化为净利润的比例较低。因此,通过分析和北较不同企业的净利润与销售收入的比率,投资者和管理者可以更好地评估企业的价值创造能力和盈利水平。

(二)销售毛利率

销售收入减去销售成本后所剩余的利润占销售收入的比例,这一指标能够有效地反映企业在销售过程中的直接盈利能力。具体来说,这个比例是指企业在销售产品或提供服务后,从销售收入中扣除相应的销售成本所得到的净利润,再与销售收入进行比较,从而得出的一个百分比值。

$$销售毛利率 = \frac{销售收入 - 销售成本}{销售收入} \times 100\%$$

这个比例越高,说明企业在价值创造过程中能够保留更多的利润,直接盈利能力越强;反之,则说明企业的直接盈利能力较弱。通过分析这个比例,企业可以更好地了解自身的盈利价值创造和盈利状况,进而采取相应的策略来优化成本控制和提升盈利能力。

(三)总资产周转率

销售收入与平均总资产之比,这一财务指标能够有效地反映出企业在一定时期内利用其总资产的效率和管理水平。

$$总资产周转率 = \frac{销售收入}{资产平均余额} \times 100\%$$

具体来说,这一比率越高,表明企业在单位时间内通过其资产所创造的销售收入越多,从而说明其资产的使用效率较高,管理水平也相对较好。相反,如果这一比率较低,则可能意味着企业的资产利用效率不高,管理水平有待提升。因此,通过分析销售收入与平均总资产之比,企业可以更好地了解自身的运营状况,并据此制定相应的改进措施。

（四）应收账款周转率

销售收入与平均应收账款之比,这一指标用于衡量企业在一定时期内应收账款的回收速度和管理效率。

$$应收账款周转率 = \frac{销售收入}{应收账款平均余额} \times 100\%$$

通过计算销售收入与平均应收账款的比值,企业可以了解其应收账款的周转情况,从而评估其资金回笼的速度和效率。较高的比值通常表明企业能够迅速收回应收账款,反映出较高的价值创造效率。相反,较低的比值则可能意味着企业面临应收账款回收缓慢的问题,需要加强应收账款的管理和催收工作,以提高资金的使用效率和企业的价值创造效果。

 案例分析

根据美的集团的财务资料,如表 3-1 至表 3-4 所示,进行价值创造分析。

1. 盈利价值创造分析

表 3-1　2017 年业绩简报

项目	消费电器	机器人及自动化系统	暖通空调	其他
主营业收入构成	44.18％	12.10％	42.67％	1.05％
毛利率	27.37％	14.48％	29.04％	2.89％
毛利贡献构成	46.04％	6.67％	47.17％	0.12％

表 3-2　2018 年业绩简报

项目	消费电器	机器人及自动化系统	暖通空调	其他
主营业收入构成	42.74％	10.66％	45.40％	1.21％
毛利率	29.16％	22.85％	30.63％	2.65％
毛利贡献构成	43.22％	8.44％	48.22％	0.11％

从美的集团盈利数据可以得出：

（1）从主营业务收入构成上看，美的集团的收入主要是由消费电器及暖通空调贡献，两者合计可以占到80％以上；2018年，消费电器、机器人及自动化系统的主营业务收入构成相比2017年略有下降，而暖通空调及其他略有上升，可以看出其营销端产品布局的变化。

（2）从毛利率上看，美的集团的毛利率也是消费电器及暖通空调两者较高；2018年，消费电器、机器人及自动化系统和暖通空调的毛利率相比2017年均有不同程度的上升，尤其是机器人及自动化系统，更是上升了8个百分点以上，从这些变化上看，美的集团的盈利质量有所提升，产品销售形势向好发展，企业价值创造能力进一步提升。

（3）从毛利贡献占比构成上看，仍然是消费电器及暖通空调占主导地位，两者合计占到80％以上；但从变化上看，消费电器的占比有所下降，而暖通空调则有所上升，侧面印证了美的集团在暖通空调方面取得的进步以及重心的转变；同时，机器人及自动化系统的占比也有所提升，说明美的集团在推进产品多元化方面有所进步，企业价值有所上升。

综合以上三点，可以大致看出美的集团的价值创造更多依赖于传统家电的优势领域，且在培育新增长点上有所突破，特别是机器人及自动化系统等高科技产品方面的价值创造效率在提升，可以看出其向高科技行业转变的思路。

2. 营运价值创造分析

表3-3 美的集团营运数据 金额单位：亿元

项目	美的集团	行业平均
流动资产合计	1 826.89	133.42
非流动资产合计	810.12	59.70
流动负债合计	1 302.31	101.29
非流动负债合计	410.16	17.48
应收账款周转天数（天）	41.82	62.96
存货周转天数（天）	56.53	58.67
应付账款周转天数（天）	115.35	123.90
现金周期（天）	−17.00	−2.27
流动比率	1.40	132.00
资产负债率	0.65	0.61
现金债务比	0.17	0.16
利息保障倍数（倍）	−13.14	−54.47

从美的集团营运数据可以得出：

（1）从企业规模上看，美的集团的资产负债规模都大幅超过行业平均水平，属于该行业内的大型企业,其可用于价值创造的资源总量上都大幅超过行业平均水平。

(2)从周转天数上看,美的集团的应收账款周转天数、存货周转天数和应付账款周转天数、现金周期均少于行业平均水平,特别是应收账款的周转速度大大快于行业平均水平,反映出其在销售端掌握较大话语权,但在应付账款周转上也快于行业平均水平,从这点上看,说明其在采购端的话语权需要加强,此消彼长,现金周期大大小于行业平均,说明其整体营运速度快于行业平均。

(3)从还本能力上看,美的集团的短期还本能力较行业稍好,而长期还本能力稍弱于行业。

(4)从付息能力上看,由于美的集团的财务费用整体的负值,导致计算的利息保障倍数为负值,这一点与行业平均水平一致,说明该行业普遍的利息支付不是问题,相反可能存在大量利息收入。

综合以上四点可以大体盘点出美的集团的营运概况,即体量大、营运周转快、还本付息能力与行业较接近。

3. 资产价值创造分析

从美的集团资产数据可以得出:

(1)从企业规模上看,美的集团的资产负债规模会有较大幅度的增长,说明其仍然处于扩张阶段,整体价值仍然在上升。

表 3-4 美的集团资产前景预测   金额单位:亿元

项目	2016	2017	2018	2019	2020
流动资产合计	1 206.21	1 698.11	1 826.89	2 010.05	2 198.08
非流动资产合计	499.79	782.96	810.12	906.17	997.50
流动负债合计	891.84	1 190.92	1 302.31	1 420.29	1 546.53
非流动负债合计	124.40	460.90	410.16	507.69	586.34
营业收入	1 590.44	2 407.12	2 596.65	2 895.89	3 199.33
收入增长率	14.88%	51.35%	7.87%	11.52%	10.48%
净利润	158.62	186.11	216.50	231.37	250.23
净利润增长率	16.42%	17.33%	16.33%	6.87%	8.15%

(2)从收入规模上看,其营业收入仍在增长,但速度有所放慢,其创造价值的能力仍有空间。

(3)从净利润增长上看,其净利润也仍在增长,但速度与收入规模同样有所放慢,其创造价值也处于上升过程。

综合美的集团的盈利能力、营运概况、资产状况三部分分析,可以得出结论:美的集团是一家处于该行业领先水平的大体量企业,其价值创造能力优于行业平均,是一家优秀的价值创造企业。

 技能实战

根据上市公司格力电器股份有限公司（以下简称格力电器）的管理层驾驶舱,如表 3-5 和表 3-6 所示,回答问题。

表 3-5　2017 年业绩简报

项目	智能装备	空调	生活电器	其他
主营业收入构成	1.61%	93.36%	1.74%	3.29%
毛利率	5.85%	37.07%	20.65%	22.43%
毛利贡献构成	0.26%	96.67%	1.00%	2.06%

表 3-6　2018 年业绩简报

项目	智能装备	空调	生活电器	其他
主营业收入构成	1.82%	91.26%	2.22%	4.69%
毛利率	6.48%	36.48%	18.23%	6.28%
毛利贡献构成	0.35%	97.60%	1.19%	0.86%

问题:

1. 从 2018 年与 2017 年的比较上看,格力电器哪类产品的毛利率是上升的?
2. 格力电器 2018 年相较于 2017 年,其主打产品的毛利贡献趋势?

 任务二　**企业价值投资的财务分析评价**

 任务描述

通过本任务的学习,我们能够掌握企业价值投资的概念,价值投资评价指标,价值投资评价方法。

 知识储备

一、企业价值投资

企业价值投资就是实业投资思维在股市上的应用,以获取企业发展、扩大促使股票上涨产生的收益。价值投资要求投资者必须认清股票的本质,买卖股票是买卖企业的股权而不

是虚无缥缈的东西。在企业不断创造利润价值的过程中,投资者享受其收益。

企业价值投资要求投资者以合适的价格去持有合适的企业股票从而达到某个确定的盈利目的。它通常要求投资者以低价或合理的价格买入,不能以过高的价格买入,否则会遭遇高风险的境地以及低收益的窘境。正确地学会如何评估企业的价值是价值投资里面重要的一环。它有别于通过买卖价差获取投资收益的投资方式,但价值投资也能低买高卖。一般要求投资者较长期地耐心持有或坚忍定投股票,这里的长期是指 5～10 年的股票持有期。价值投资要求投资者回到初心,强调股票投资和实业投资的一致性。股票投资、股权投资、风险投资、天使投资等投资方式的本质都是一致的。

二、价值投资评价指标及方法

(一) 净资产收益率

净资产收益率(ROE)也称为股东权益报酬率、资本收益率等,是净利润与平均净资产得到的百分比率。该指标反映股东权益的收益水平,用来衡量企业运用自有资本的效率,体现了自有资本获得净收益的能力。指标值越高,说明投资带来的收益越高。净资产收益率的公式如下:

$$净资产收益率 = \frac{净利润}{平均净资产} \times 100\%$$

股神巴菲特有句非常有名的话:如果非要我用一个指标进行选股,我会选择净资产收益率,那些净资产收益率能常年持续稳定在 20% 以上的公司都是好公司,投资者应当考虑买入。由此可见,净资产收益率在投资人分析中的核心地位。净资产收益率是综合性最强的财务指标。这一指标反映了投资者的投入资本获利能力的高低,通常越高越好。它也是各大股票平台首选的分析指标。并且,净资产收益率还是杜邦财务分析体系的核心指标,有关净资产收益率更深层次的分解与分析,可以参考本教材项目十一中的杜邦财务分析体系。

(二) 市盈率

市盈率(PER)亦称本益比,是股票价格除以每股盈利的比率。市场广泛谈及市盈率通常指的是静态市盈率,通常用来作为比较不同价格的股票是否被高估或者低估的指标。市盈率反映了在每股盈利不变的情况下,当派息率为 100%,并且所得股息没有进行再投资的条件下,经过多少年投资可以通过股息全部收回。一般情况下,一只股票的市盈率越低,市价相对于股票的盈利能力越低,表明投资回收期越短,投资风险就越小,股票的投资价值就越大;反之,一只股票的市盈率越高,市价相对于股票的盈利能力越高,表明投资回收期越长,投资风险就越大,股票的投资价值就越小。

$$市盈率(静态市盈率) = \frac{普通股每股市价}{普通股每年每股盈利} \times 100\%$$

市场广泛谈及市盈率常指的是静态市盈率,静态市盈率通常用来作为比较不同价格的股票是否被高估或者低估的指标。用市盈率衡量一家企业股票的投资价值时,并非总是准确的。一般认为,如果一家企业股票的市盈率过高,那么该股票的价格存在泡沫,价值被高估。当一家公司增长迅速以及对未来的业绩增长非常看好时,利用市盈率比较不同股票的投资价值时,这些股票必须属于同一个行业,因为此时企业的每股收益比较接近,相互比较才有效。市盈率是最常用来评估股价水平是否合理的指标之一,是很具参考价值的股市指针。一般成长性行业的企业,市盈率比较高,因为投资者对这些企业未来预期很乐观,愿意付出更高的价钱购买企业股票,而那些成长性不高或者缺乏成长性的企业,投资者付出意愿却不是很高,比如钢铁行业,投资者预计未来企业业绩提升空间不大,所以,市盈率普遍较低。

(三)市净率

市净率指的是每股市价与每股净资产的比率。市净率可用于股票投资分析,一般来说市净率较低的股票,投资价值较高,相反,则投资价值较低。但在判断投资价值时还要考虑当时的市场环境以及企业经营情况、盈利能力等因素。

$$市净率 = \frac{每股市价}{每股净资产} \times 100\%$$

市净率能够较好地反映出"有所付出,即有回报",它能够帮助投资者寻求哪个上市企业能以较少的投入得到较高的产出,对于大的投资机构,它能帮助其辨别投资风险。

 **案例分析**

根据美的集团的财务资料,如表 3-7 至表 3-9 所示,编制图表并进行分析。

1. 价值投资分析

表 3-7　同行业市盈率比较分析

项目	2014 年	2015 年	2016 年	2017 年	2018 年
美的集团市盈率	12.32%	13.70%	13.22%	23.88%	13.00%
行业市盈率	104.31%	45.47%	−24.17%	63.59%	37.71%

表 3-8　同行业净资产收益率比较分析

项目	2014 年	2015 年	2016 年	2017 年	2018 年
美的集团净资产收益率	27.46%	26.78%	25.38%	24.50%	24.69%
行业净资产收益率	23.37%	20.08%	20.98%	22.30%	19.56%

表 3-9　同行业市净率比较分析

项目	2014 年	2015 年	2016 年	2017 年	2018 年
美的集团市净率	3.04%	2.94%	3.12%	5.11%	2.96%
行业市净率	3.76%	6.62%	5.74%	4.55%	2.36%

从美的集团价值投资指标数据可以得出：

（1）美的集团的净资产收益率优于行业平均水平，2014—2018年平均可以达到25％以上，说明其极具投资价值。

（2）美的集团的市盈率除2016年高于行业平均水平外，其他年份均较大幅度低于行业平均，说明其整体估值较低，但从总体表现上看表现平稳，未随行业大起大落，说明其抗风险能力突出，投资风险较小，投资价值较好。

（3）美的集团的市净率与行业平均水平相比，呈现前低后高状态，且2017年及2018年表现与行业趋势较为接近，说明其经历过与行业的反周期后逐渐回归行业属性，但投资人仍对其未来前景有所保留。

2. 综合指数分析

表 3-10　2018 年综合经济指数

项目	标准权数	实际指数
盈利能力	45.00％	66.75％
资本保值增值能力	10.00％	9.76％
偿债能力	10.00％	9.39％
经营能力	10.00％	12.65％
贡献能力	25.00％	25.00％

表 3-11　综合指数变化趋势

项目	2014 年	2015 年	2016 年	2017 年	2018 年
综合指数	115.13％	134.50％	123.08％	118.53％	123.55％

从美的集团综合指标数据可以得出：

（1）美的集团的综合指数的变化趋势除2015年有较大幅度提升外，其他年份变化较为平缓；曲线呈现先升后降再升的趋势，但整体呈上升趋势，说明其综合表现较为稳定，且有改善，投资价值总体非常稳定且有所上升。

（2）美的集团的综合指数与行业水平相比，在资本保值增值能力以及偿债能力方面稍弱于行业。

（3）美的集团的经济综合指数与行业相比，在盈利能力、经营能力方面高于行业平均，尤其是盈利能力大幅领先行业平均水平，使得美的集团的整体表现优于行业平均。

综合三个指标及一个模型的表现来看，美的集团总体处于行业靠前水平，颇具投资价值。

 技能实战

根据格力电器的投资人驾驶舱，如表 3-12 和表 3-13 所示，回答问题。

表 3-12 同行业净资产收益率比较分析

项目	2014 年	2015 年	2016 年	2017 年	2018 年
格力电器净资产收益率	35.37%	26.95%	30.00%	36.97%	33.07%
同行业净资产收益率	23.37%	20.08%	20.98%	22.30%	19.56%

表 3-13 同行业市盈率比较分析

项目	2014 年	2015 年	2016 年	2017 年	2018 年
格力电器市盈率	8.77%	9.77%	10.36%	13.51%	7.98%
同行业市盈率	104.31%	45.47%	−24.17%	22.30%	37.71%

问题：

1. 格力电器 2014—2018 年的净资产收益率处于行业何种水平？

2. 格力电器 2014—2018 年的市盈率处于行业何种水平？

任务三   财务报表分析的基本内容

任务描述

通过本任务的学习,学生能够了解财务报表分析的概念,财务报表获取途径,学会判别财务报表质量。

知识储备

一、财务报表分析的概念

财务报表(简称财报)是指在日常会计核算资料的基础上,按照规定的格式、内容和方法定期编制的,综合反映企业某一特定日期财务状况和某一特定时期经营成果、现金流量状况的书面文件。财务报表一般包括资产负债表、利润表、现金流量表、所有者权益变动表及附注,即通常所称的“四表一注”。

从定义上可以看出,财务报表的编制过程是一种被动结果,它是基于企业所处的商业环境,分析研判后选定的企业战略,并据此采取一系列的经济活动,由财务人员借助会计语言进行记录,最终形成财务报表。而财务报表分析与此过程相反,是基于现有企业的财务报表,通过判断企业会计处理质量,还原企业经济活动,并透过企业的经济活动,了解企业采取的战略,判断其在特定的商业环境中的表现是否合理。以上两种过程,如图 3-1 所示。

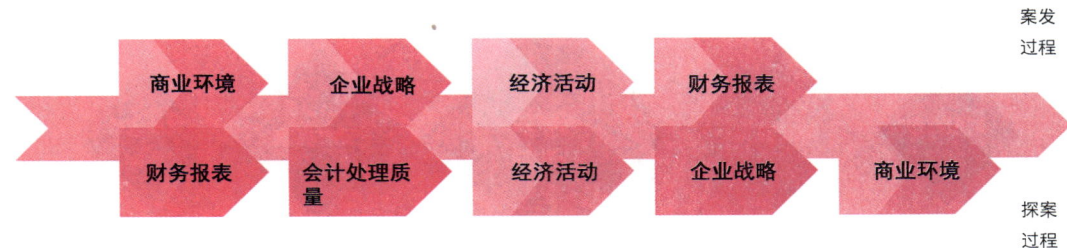

图 3-1 财务报表分析流程

二、财务报表获取途径

获取上市企业年报，通常有以下三种途径，如图 3-2 所示。

图 3-2 财务报表获取途径

在这三种途径中，商业网站是比较好的获取途径。原因有两点：

（1）更新速度与其他途径基本一致，不存在滞后取得的问题。

（2）已按财务分析要求初步加工的基础财务比率，特别是这些比率不仅涉及公司当年比如 2018 年的情况，它还会回溯，把企业之前五年、十年的财务比率也帮你已经直接计算好了，我们可以看企业的历史发展趋势。同时，它可以对标企业，横向比较，看看这家企业跟其他企业相比，业绩更好还是更差。

三、财务报表质量

财务报表质量取决于会计处理质量，因为财务报表就是用会计语言编写的。我们需要确保在这家企业的财务报表当中看到的数据真实、准确地反映了公司的实际经营情况。如果这些数据不代表它真实的经营情况，那后面我们做再多的比率分析和数据分析，都是没有任何意义的，因为这些数据都是错的。故我们应从以下几个方面判断财务报表质量，如图 3-3 所示。

（一）关注财务报告发布的时间

上市企业有严格的财务报告发布时间，中国证监会《上市公司信息披露管理办法》第十

图 3-3　财务报表质量影响因素

三条中规定:年度报告应当在每个会计年度结束之日起四个月内,中期报告应当在每个会计年度的上半年结束之日起两个月内编制完成并披露;季度报告相关披露要求由证券交易所在其业务规则中明确。如果一家上市企业的财务报表不能在规定时间内披露,就应该警惕了。例如,长生生物科技股份有限公司 2019 年由于未及时年报披露,涉嫌信息披露违法违规,被证监会立案调查,如图 3-4 所示。

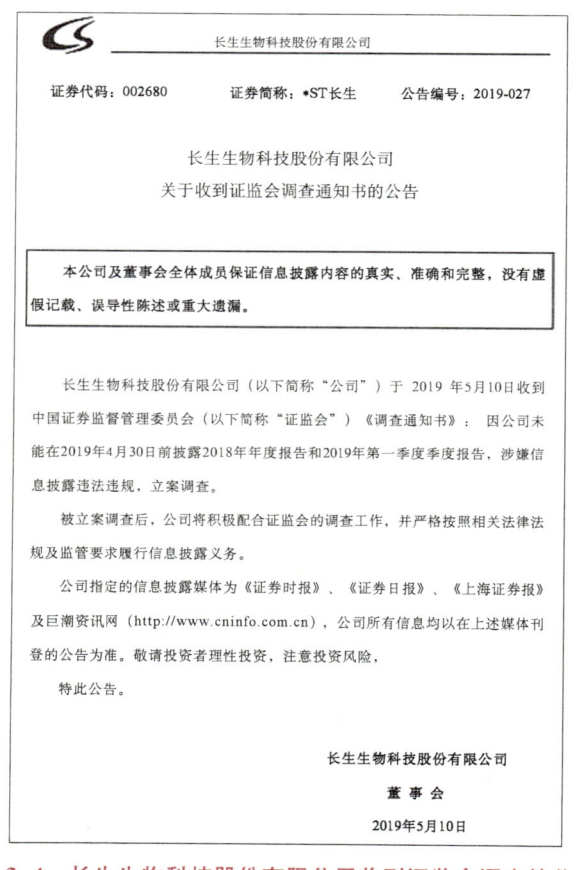

图 3-4　长生生物科技股份有限公司收到证监会调查的公告

（二）关注财务报告审计意见

每一家上市企业的年报是必须要经过一家第三方会计师事务所来进行审计的，而这个审计报告是会放在年报当中的。例如东阿阿胶股份有限公司（简称"东阿阿胶"）的审计意见，如图 3-5 所示。

审计意见类型	标准的无保留意见
审计报告签署日期	2019 年 03 月 14 日
审计机构名称	安永华明会计师事务所（特殊普通合伙）
审计报告文号	安永华明（2019）审字第 61435041_J01 号
注册会计师姓名	张毅强　杨林

审计报告正文

东阿阿胶股份有限公司全体股东：
　　一、审计意见
　　我们审计了东阿阿胶股份有限公司的财务报表，包括 2018 年 12 月 31 日的合并及公司资产负债表，2018 年度的合并及公司利润表、股东权益变动表和现金流量表以及相关财务报表附注。
　　我们认为，后附的东阿阿胶股份有限公司的财务报表在所有重大方面按照企业会计准则的规定编制，公允反映了东阿阿胶股份有限公司 2018 年 12 月 31 日的合并及公司财务状况以及 2018 年度的合并及公司经营成果和现金流量。

图 3-5　东阿阿胶的审计报告

对于该企业的审计报告，应聚焦于两项核心信息。首先，应确认该审计报告由哪家会计师事务所出具。鉴于审计报告的质量与公信力在很大程度上取决于其出具机构，因此，明确审计报告的来源，即会计师事务所的身份，是至关重要的。国际知名的会计师事务所通常包括普华永道（PricewaterhouseCoopers，PWC）、德勤（Deloitte Touche Tohmatsu Limited，DTT）、毕马威（KPMG）和安永（Ernst & Young，EY），此外，国内亦有十家颇具影响力的会计师事务所及众多其他规模相对较小的机构。其次，更为关键的信息在于该事务所对审计对象所给出的审计意见类型。从报告中可观察到，该审计意见为"标准的无保留意见"，意味着该会计师事务所经过全面审查后确认，被审计公司的财务报告已充分且真实地反映了其实际经营状况，特别是在重大事项上的披露，均做到了准确无遗漏。因此，报告中的财务数据可被视为可靠，供读者放心参考。需注意的是，除"无保留意见"外，还存在其他四种类型的审计意见，包括附带说明的无保留意见、保留意见、无法出具意见以及否定意见，如表 3-14 所示。这些意见类型均应被视为警示信号，表明审计师在审核过程中遇到了阻碍，导致其无法或不愿对被审计公司的财务报表的真实性给予全面肯定。在此情况下，读者应对报告中的信息持谨慎态度，进一步了解审计师提出的具体保留或否定意见的原因。

表 3-14　审计意见含义

会计师出具意见	会计师的心里话
标准无保留意见的审计报告	造假迹象未被本人发现
附带说明的无保留意见审计报告	黑锅有人背,本人大胆收钱
保留意见审计报告	假报表,别看了
无法出具意见审计报告	本人拒绝和拙劣的骗子合作
否定意见审计报告	本人举报诈骗犯

通过查看东阿阿胶的审计意见,我们可以发现,它是由安永华明出具的标准无保留意见的审计报告,因此,我们可以认为东阿阿胶的审计报告是合法合规的。

（三）关注关键会计政策

即使会计师事务所出具了这样的审计报告有时也会出现问题,比如说 2013 年的绿大地造假案、美国著名的安然事件,背后都牵扯出与会计师事务所的合谋。会计政策选择非常多,我们每天不可能有太多时间去看这家企业有哪些政策,所以我们应该把 80% 的精力放在最重要的 20% 上面,也就是对这家企业的利润影响最大的会计政策上。那么,我们怎么知道一家企业哪个会计政策对它的影响最大呢? 应判断这家企业是一个什么类型的企业,比如说它是一家科技型的企业,还是传统制造业企业。不同类型不同特征的企业,对他们影响最大的会计政策也是不一样的。

例如,银行业重要的会计估计是贷款损失准备金的计提;零售业和电脑行业的库存管理是关键;高科技企业的售后产品缺陷是关键,重点关注保修费和保修准备金;石油类矿产资源类企业的资源储量是关键,会计确认计量是关键会计政策;钢铁等资本密集型企业的固定资产折旧很重要,是调节利润的利器。

（四）关注动作频繁

当一家上市企业年报出现干扰、影响正常生产经营的重要事项,要引起投资者等利益相关者的重视。例如,董事、高管频繁更换,大股东或高管不断抛售股票,频繁的资产重组、剥离,股权转让,频繁更换会计师事务所等。

（五）关注其他危险信号

上市企业出于粉饰报表、调节利润等目的,经常会使用一些非常规的手段,这些会在财务报告或公告中透露出来。例如,未加解释的会计政策和会计估计变动、未加解释的旨在"提升"利润的异常交易、与销售有关的应收账款的非正常增长、与销售有关的存货的非正常增长、报告利润与经营性现金流量之间的差距日益扩大、报告利润与应税所得之间的差距日益扩大、过分热衷于融资机制、大额资产冲销、第一季度和第四季度的不合理收入、利润的大额调整等。

技能实战（多选题）

上市企业出现（　　）情况，需要引起我们的警惕。

A. 年报在 6 月 30 日披露

B. 会计师出具的是标准无保留的审计报告

C. 董事会决定历年挂账的巨额在建工程在年初转入固定资产

D. 一年来，公司换了三个董事长，两个财务总监

E. 公司应收账款出现季节性的大量增长

F. 销售收入与往年持平，存货增长了两倍多

任务四　财务报表分析的基本方法

 任务描述

从财务分析
看公司价值
创造

通过本任务的学习，学生能够掌握财务报表分析的基本方法，掌握并熟练运用比较分析法、趋势分析法、因素分析法和比率分析法等，并且学会对企业的财务报表进行全面、深入的分析，以揭示企业财务状况、经营成果和现金流量情况，从而为企业的决策提供有力支持。

 知识储备

一、财务报表分析的作用

企业财务报表是反映企业经济活动的重要工具，它记录了企业的财务状况、经营成果和现金流量等方面的信息。理解企业财务报表的重要性对于投资者、债权人、管理层以及其他利益相关者来说都是至关重要的。

通过财务报表，我们可以获得企业的资产、负债、所有者权益、收入、费用以及利润情况等核心财务信息。这些信息有助于我们评估企业的财务健康状况，包括企业的盈利能力、偿付能力、资本结构和经营效率等的情况。对于投资者和债权人来说，理解财务报表有助于他们做出投资和信贷决策，最大程度地保护自己的利益。

企业财务报表可以帮助管理层制定决策和策略。管理层需要通过财务报表了解企业的经营状况，以便制定合适的经营策略和决策。比如，通过分析财务报表中的成本和费用信息，管理层可以找出企业的成本瓶颈，采取相应措施来提高生产效率和盈利能力。另外，财务报表还可以帮助管理层评估企业内部各项业务的贡献情况，进而进行资源分配和业务调

整,以实现企业的长期发展目标。

对于其他利益相关者来说,理解财务报表可以提供一种透明度和可比性的参考。例如,供应商和合作伙伴可以通过财务报表了解企业的支付能力和信用状况,从而决定是否与企业合作。员工可以通过财务报表了解企业的盈利状况和发展前景,进而判断自己的工资待遇和职业发展空间。政府监管部门和公众也可以通过财务报表了解企业的税收和社会责任履行情况,确保企业合法经营、遵纪守法。

二、财务报表分析的方法

财务报表分析的一般方法,有比较分析法、比率分析法和因素分析法三种。

(一)比较分析法

比较分析法是将两个或两个以上相关指标进行对比,测算出相互间的差异,从中进行分析、比较,找出产生差异的主要原因的一种分析方法。

(1)本期实际执行与本期计划、预算进行对比。这就是将企业计划的实际完成情况,同企业的计划任务、预算进行比较,通过对比,找出差距,发现问题。这种方法,一般可按下列公式进行:

实际数较计划数增减数额＝本期的实际完成数－本期的预算(计划)数

预算(计划)完成的百分比＝本期的实际完成数÷本期的预算(计划)数×100%

(2)本期实际与历史同期进行比较。通过比较,可以了解本期与过去时期的增减变化情况,研究其发展趋势,分析原因,找出改进工作的方向。

本期实际执行与同类企业先进水平进行比较。这就是将本企业与其他同类型企业的有关指标的完成情况进行对比。如将各项开支标准的实际执行情况,在同类型企业之间加以比较,从而发现与先进企业的差距,有利于取长补短,挖掘潜力,将本企业的工作提高一步,赶趄先进企业。

(二)比率分析法

比率分析法是指通过计算、比较各项经济指标的比率,来确定相对数差异的一种方法。它可以把不同条件下的不可比较指标转变为可以比较的指标,从而使分析效果更为客观实际。

(1)计算财务比率时,通常采用两种比较方法:一是将同一张会计报表中的两项经济指标进行对比;二是将不同的会计报表中不同项目的数据进行比较。

(2)根据不同的内容和要求,比率分析法可以分为以下几种:

一是相关比率分析。它是两个相关的经济指标相互的比较,反映两个相互关联的指标之间的数量比例关系。

二是结构比率分析。它是某项经济指标内部各构成部分的数与总体数值之间的比率,反映局部和整体之间的比例关系。利用结构比率及其变化,往往可以发现某项指标的变化及结构变化之间的联系,从而确定影响该项指标的主要因素。

三是趋势比率分析。它是将同一指标在不同时期的数值进行比较,求出比率,观察和判断企业经营状况的发展趋势。

(三)因素分析法

因素分析法是在几个相互联系的因素中,用数值来测定各个因素的变动对总差异的影响程度的一种方法,又称连环替代法。因素分析法一般是将其中的一个因素定为可变量,而将其他因素暂时定为不变量进行替换,以测定每个因素对该项指标影响的程度,然后根据构成指标诸因素的依存关系,再逐一测定各因素的影响程度。因素分析法的一般程序是:

(1)根据各个因素,求得指标实际执行数。

(2)将各因素变动按照一定顺序,求得对指标实际执行的影响程度。

(3)将各因素变动对指标实际执行数的影响数值相加,即是实际数与计划数之间的总差额。

技能实战

企业行业选择在很大程度上会直接决定财报的很多数字特点。哪些行业是重资产,哪些行业是轻资产;哪些行业盈利周期稳定,哪些行业盈利周期起伏。从这些财报的数字中,我们可以一目了然地做出判断。观察图 3-6 和图 3-7,判断并说明两家公司分别属于轻资产行业还是重资产行业。

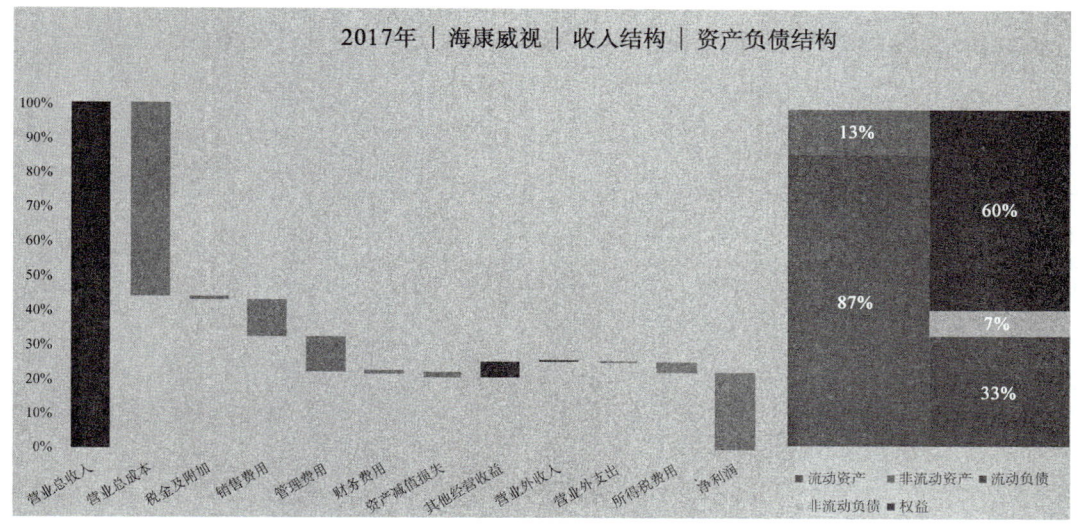

图 3-6 海康视威资产结构图

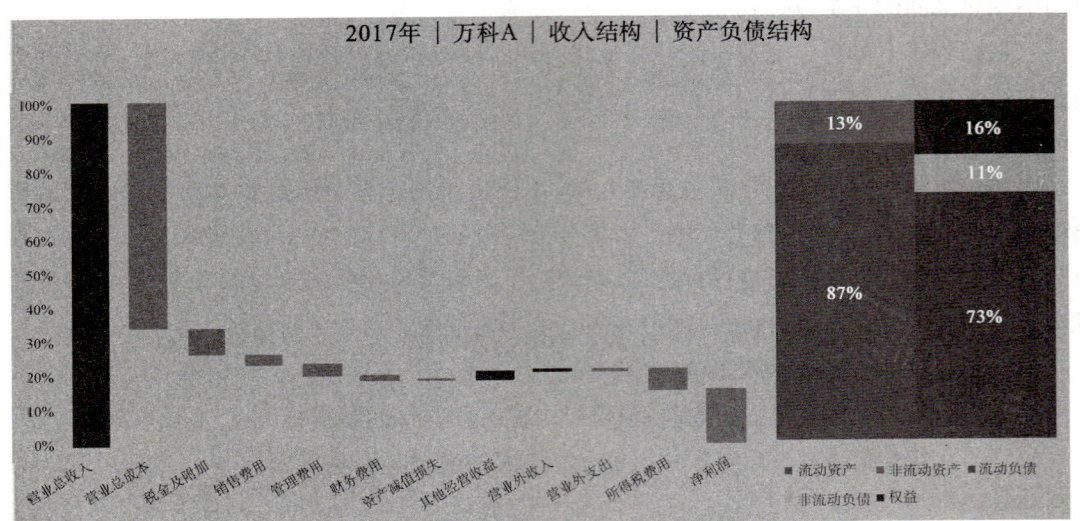

图 3-7　万科公司资产结构图

项目四

资产负债表分析

◇知识目标

1. 理解资产负债表的格式，了解其作用。
2. 掌握资产负债表的水平分析。
3. 掌握资产负债表的垂直分析。
4. 熟悉资产、负债、所有者权益项目的阅读与分析。
5. 掌握资产负债表驾驶舱分析与可视化设计流程思路。

◇能力目标

1. 能够准确运用资产负债表及其相关资料。
2. 运用有效分析方法完成资产负债表的水平分析。
3. 运用有效分析方法完成资产负债表的垂直分析。
4. 运用有关分析方法对资产负债表内项目进行有效分析。
5. 独立完成资产负债表驾驶舱分析与可视化看板制作。

◇素养目标

1. 培养管理思维，提升资产质量管理质量。
2. 锻炼数据思维，提升报表分析维度。

 知识导图

```
                          ┌ 资产负债表的概念
              资产负债表概述 ┤ 资产负债表的结构
                          └ 资产负债表的作用

                          ┌ 资产负债表水平分析表的编制
            资产负债表水平分析 ┤
                          └ 资产负债表水平分析的评价
```

资产负债表分析
- 资产负债表垂直分析
  - 资产负债表垂直分析表的编制
  - 资产负债表垂直分析的评价
- 资产负债表项目分析
  - 货币资金分析
  - 存货分析
  - 应收款项分析
  - 固定资产分析
  - 负债项目分析
  - 所有者权益项目分析
- 资产负债表驾驶舱分析与可视化设计
  - 资产负债表驾驶舱分析
  - 资产负债表可视化分析看板设计

思政园地

加快推进中国绿色发展的财税制度建设

习近平总书记指出,"绿色发展是构建高质量现代化经济体系的必然要求,是解决污染问题的根本之策"。面对复杂严峻的生态环境问题和艰巨繁重的国内改革发展任务,统筹环境保护与经济发展成为推进中国式现代化的重要主题。党的二十大报告强调,要完善支持绿色发展的财税、金融、投资、价格政策和标准体系,发展绿色低碳产业。财税制度在推动经济发展方式转变、产业结构转型升级、能源结构调整优化、节能环保技术创新和绿色消费模式建构等方面具有重要的激励和引导作用。进入新发展阶段,应积极构建有利于资源高效利用和绿色低碳转型发展的现代财税制度,开创美丽中国建设新局面。

资料来源:节选自《光明日报》2023 年 06 月 20 日第 11 版的新闻《加快推进中国绿色发展的财税制度建设》。

案例导读

上海电气集团股份有限公司是一家拥有逾百年传承、涵盖 42 个行业大类、中国最大的装备制造企业集团。

为实现上海战略,上海电气于 2019 年开始建设以管理报告为牵引的智能财务体系,并在建成后定位管理报告系统为集团管控领域一级平台,牵引集团智能管控体系。通过应用内存多维数据库、自助式商业智能、自然语言处理、数据驱动的协同引擎、OCR/RPA 和数据编织等智能技术,逐步整合打通数据、主动呈现数据、快速洞察数据、数据助力决策,最终将数据分析转换为业务行动,驱动精益管理闭环。打造出一个全方位、立体的智能财务体系:以资源为轴,实现资源看得清、调得动,配置最优;以企业为轴,透视每家财务状况、经营成果全貌；以财务人员为轴，看业务能力和工作效率效果。其中对财务报表具体项目的统计和分析，成为智能财务体系构建闭环的重要依据。

资料来源：节选自上海电气集团股份有限公司官方网站热点资讯《上海电气的发展历程》。

任务一　资产负债表概述

任务描述

资产负债表作为企业财务报表的重要组成部分，通过对资产负债表及其相关资料进行整理，运用各种分析方法对企业的财务状况、资产、负债、所有者权益结构进行有效分析，学生能够根据分析结果提出改善企业经营管理的合理建议。

资产负债表
分析概述

知识储备

一、资产负债表的概念

资产负债表又被称为财务状况表，是反映企业某一特定日期的财务状况的静态报表，即反映企业某一特定日期所拥有或控制的经济资源、所承担的现时义务和所有者对净资产的要求权的财务报表。资产负债表所示的相关内容有助于分析、评价并预测企业的财务弹性、资本结构和偿还能力。

资产负债表是根据资产、负债和所有者权益之间的相互关系，根据"资产＝负债＋所有者权益"会计恒等式，以及企业会计准则编制要求编制而成的。

二、资产负债表的结构

国际上将资产负债表的格式分为报告式和账户式两种。我国企业会计准则规定，企业编制资产负债表一般采用账户式结构。资产负债表分为左右两方，左方所示资产类项目，反映企业全部资产的内容及构成情况；右方所示负债和所有者权益类项目，反映企业全部负债和所有者权益的内容及构成情况，资产负债表左右两方合计金额平衡，即资产合计等于负债和所有者权益合计。

资产负债表的结构分为表头、表身和表尾三个部分。其表头是报表的标题，包括报表的名称、编制单位、编制时间和金额单位四个部分。资产负债表的表身是报表的主体，其包含左右两方，左方展示资产类项目，各资产类项目按照流动性分为流动资产和非流动资产。右方展示负债和所有者权益类项目，各负债类项目按照偿还时间分为流动负债和非流动负债。所有者权益类项目按照资本的永久性从高到低的顺序依次排列。具体如表 4-1 所示。

表 4-1　资产负债表

编制单位：　　　　　　　　　　　　年　月　日　　　　　　　　　　　单位:元

资　　产	期末余额	上年年末余额	负债和所有者权益（或股东权益）	期末余额	上年年末余额
流动资产：			流动负债：		
货币资金			短期借款		
以公允价值计量且其变动计入当期损益的金融资产			以公允价值计量且其变动计入当期损益的金融负债		
衍生金融资产			衍生金融负债		
应收票据			应付票据		
应收账款			应付账款		
预付款项			预收款项		
其他应收款			应付职工薪酬		
存货			应交税费		
持有待售资产			其他应付款		
一年内到期的非流动资产			持有待售负债		
其他流动资产			一年内到期的非流动负债		
流动资产合计			其他流动负债		
非流动资产：			流动负债合计		
可供出售金融资产			非流动负债：		
持有至到期投资			长期借款		
长期应收款			应付债券		
长期股权投资			其中:优先股		
投资性房地产			永续债		
固定资产			长期应付款		
在建工程			预计负债		
生产性生物资产			递延收益		
油气资产			递延所得税负债		
无形资产			其他非流动负债		
开发支出			非流动负债合计		
商誉			负债合计		
长期待摊费用			所有者权益（或股东权益）：		
递延所得税资产			实收资本（或股本）		
其他非流动资产			其他权益工具		

（续表）

资　产	期末余额	上年年末余额	负债和所有者权益（或股东权益）	期末余额	上年年末余额
非流动资产合计			其中:优先股		
			永续债		
			资本公积		
			减:库存股		
			其他综合收益		
			专项储备		
			盈余公积		
			未分配利润		
			所有者权益（或股东权益）合计		
资产总计			负债和所有者权益（或股东权益）总计		

制表人：　　　　　　　　　财务负责人：　　　　　　　　　单位负责人：

三、资产负债表的作用

通过对资产负债表的解读,报表使用者可以了解企业某一日期的资产的总额和结构,负债的结构和数量,以及所有者投入资本的保值、增值情况,进而了解企业财务状况的反映程度,所提供会计信息的质量,据此对企业资产和权益的变动情况以及企业财务状况做出恰当的评价。

具体来说,资产负债表的作用体现在以下三个方面。

（一）反映企业拥有或控制的经济资源及其分布情况

资产负债表可以提供某一日期的资产的总额及结构,表明企业拥有或控制的资源。通过观察资产总额,可以大致了解企业的规模大小、财务结构;通过观察资产具体项目,可以了解企业资产的分布情况和结构状况。

（二）有助于使用者全面了解企业的负债、所有者权益总额及其结构

负债总额和结构分布一定程度上反映了企业所面临的财务风险和压力,通过观察负债数据,可以帮助使用者了解需要用多少资产或劳务清偿债务和时间,评价企业进一步偿还债务的风险和时间。所有者权益总额和结构分布可以反映所有者投入资本的保值增值情况,可以帮助使用者判断企业的财务实力和长期发展能力。

（三）有助于使用者做出正确的经济决策

资产负债表可以作为财务分析的基本资料,利用该表数据可以计算流动比率、资产负债率、产权比率等偿债能力指标,进而判断企业偿债能力;同时也可以作为计算营运能力、盈利

能力、发展能力等财务分析指标的重要数据来源。通过对上述财务指标计算结果的横向和纵向分析，有助于报表使用者做出经济决策。

 **技能实战**

资料：WZW 公司 2022 年度与 2023 年度的资产负债表（简表）如表 4-2 所示。

表 4-2　资产负债表（简表）

编制单位：WZW 公司　　　　　　　编制日期：2023 年 12 月 31 日　　　　　　　　　单位：元

项目	期末余额	
	2023 年	2022 年
货币资金	93 290.00	85 732.00
交易性金融资产	8 200.00	7 600.00
应收票据	5 900.00	6 590.00
应收账款	16 500.00	16 800.00
预付账款	13 400.00	17 000.00
存货	130 550.00	122 381.00
其他流动资产	32 179.00	25 202.00
流动资产合计	300 019.00	281 305.00
长期股权投资	5 000.00	3 437.00
固定资产净额	533 950.00	541 900.00
无形资产及其他	68 600.00	67 220.00
非流动资产合计	607 550.00	612 557.00
资产总计	907 569.00	893 862.00
短期借款	70 000.00	86 000.00
应付账款	36 400.00	46 500.00
应付职工薪酬	12 600.00	15 400.00
应交税费	4 600.00	8 462.00
流动负债合计	123 600.00	156 362.00
长期借款	150 000.00	100 000.00
非流动负债合计	150 000.00	100 000.00
实收资本	500 000.00	500 000.00
资本公积	28 963.00	26 481.00
盈余公积	16 894.00	15 874.00
未分配利润	88 112.00	95 145.00
所有者权益合计	633 969.00	637 500.00
负债和所有者权益总计	907 569.00	893 862.00

要求:

1. 2023 年度与 2022 年度相比,WZW 公司的资产总额有何变化?

2. 2023 年度 WZW 公司变化最大的资产项目是什么? 变化最小的资产项目又是什么?

3. WZW 公司的资产构成以什么资产为主? 请说出最主要的三个资产项目。

4. 2023 年度与 2022 年度相比,WZW 公司的存货项目有何变化?

5. WZW 公司的资金来源中,权重最大的项目是什么? 2023 年度变化最大的权益项目是什么?

6. 结合资产负债表中信息,对 WZW 公司的财务状况做简要评述。

任务二　资产负债表水平分析

任务描述

通过本任务的学习,学生能够掌握通过对企业各项资产、负债和所有者权益实际规模与目标或标准的对比分析,揭示企业在筹资与投资过程中的差异,从而分析与揭示企业会计政策、会计变更及经营管理水平等对筹资与投资的影响,更加深入洞察企业的财务状况、经营效率和风险水平,为企业的财务决策、资金运作和风险管理提供有力支持的方法。

知识储备

一、资产负债表水平分析表的编制

资产负债表水平分析的目的就是从总体上概括资产、权益的变动情况,揭示出资产、负债和股东权益变动的差异,分析其差异产生的原因。资产负债表水平分析的依据是资产负债表。通过采用水平分析法,财会人员将资产负债表的实际数与选定的标准进行比较,编制出资产负债表水平分析表,在此基础上进行分析评价。

资产负债表水平分析(一)

资产负债表水平分析要根据分析的目的来选择比较的标准(基期)。当分析的目的在于揭示资产负债表实际变动情况,分析产生实际差异的原因时,比较的标准应选择资产负债表的上年实际数;当分析的目的在于揭示资产负债表预算或计划执行情况,分析影响资产负债表预算或计划执行情况的原因时,比较的标准应选择资产负债表的预算数或计划数。资产负债表水平分析除了要计算某项目的变动额和变动率外,还应计算出该项目变动对总资产或权益总额的影响程度,以便确定影响总资产或权益总额的重点项目,进一步分析指明方向。

学习提示

某项目变动对总资产或权益总额的影响程度可按下式计算：

$$某项目变动对总资产（权益总额）的影响 = \frac{某项目的变动额}{基期总资产（权益总额）} \times 100\%$$

WZW 公司的资产负债表资产项目水平分析表如表 4-3 所示。

表 4-3 资产负债表水平分析表

编制单位：WZW 公司　　　　　　编制日期：2023 年 12 月 31 日　　　　　　金额单位：万元

项目	期末余额		变动情况		对资产总额的影响
	2023 年	2022 年	变动额	变动率	
流动资产：					
货币资金	39 124.73	35 027.25	4 097.48	11.70%	1.14%
应收票据	161 133.75	127 881.63	33 252.12	26.00%	9.22%
应收账款	28 760.54	13 985.11	14 775.43	105.65%	4.09%
预付账款	11 178.04	10 828.81	349.23	3.23%	0.10%
其他应收款	1 980.04	1 486.90	493.14	33.17%	0.14%
存货	66 469.52	58 349.53	8 119.99	13.92%	2.25%
流动资产合计	308 646.62	247 559.23	61 087.39	24.68%	16.93%
非流动资产：					
长期股权投资	185.96	2 155.13	−1 969.17	−91.37%	−0.55%
固定资产	44 015.62	37 875.71	6 139.91	16.21%	1.70%
在建工程	59 855.40	55 754.90	4 100.50	7.35%	1.14%
无形资产	13 174.46	13 468.89	−294.43	−2.19%	−0.08%
递延所得税资产	3 711.87	4 012.85	−300.98	−7.50%	−0.08%
非流动资产合计	120 943.31	113 267.48	7 675.83	6.78%	2.13%
资产总计	429 589.93	360 826.71	68 763.22	19.06%	19.06%
流动负债：					
应付票据	102 409.59	90 365.66	12 043.93	13.33%	3.34%
应付账款	175 161.50	167 570.12	7 591.38	4.53%	2.10%
预收账款	30 096.42	10 837.10	19 259.32	177.72%	5.34%
应付职工薪酬	8 365.75	3 810.27	4 555.48	119.56%	1.26%

（续表）

项目	期末余额		变动情况		对资产总额的影响
	2023 年	2022 年	变动额	变动率	
应交税费	3 862.10	3 306.00	556.10	16.82%	0.15%
应付股利	3 348.00	4 080.50	−732.50	−17.95%	−0.20%
其他应付款	3 352.70	2 044.05	1 308.65	64.02%	0.36%
流动负债合计	326 596.06	282 013.70	44 582.36	15.81%	12.36%
非流动负债：					
其他非流动负债	9 915.11	10 192.75	−277.64	−2.72%	−0.08%
非流动负债合计	9 915.11	10 192.75	−277.64	−2.72%	−0.08%
负债合计	336 511.17	292 206.45	44 304.72	15.16%	12.28%
所有者权益（或股东权益）：					
实收资本（或股本）	53 280.00	53 280.00	—	0.00%	0.00%
资本公积	1 674.68	1 674.68	—	0.00%	0.00%
盈余公积	14 543.38	11 330.31	3 213.07	28.36%	0.89%
未分配利润	62 063.92	38 474.28	23 589.64	61.31%	6.54%
所有者权益合计	131 561.98	104 759.27	26 802.71	25.59%	7.43%
负债和所有者权益总计	429 589.93	360 826.71	68 763.22	19.06%	19.06%

二、资产负债表水平分析的评价

通过表 4-3，可以观察到报表中的"资产总计"，金额是衡量企业资产规模的主要依据。资产存量规模过小，将难以满足企业经营的需要，影响企业经营活动的正常进行。资产存量规模过大，将造成资产的闲置，使资金周转缓慢，影响资产的利用效率。资产作为保证企业经营活动正常进行的物质基础，它的获得必须有相应的资金来源。企业通过举债或吸收投资人投资来满足对企业资产的资金融通，从而产生了债权人、投资人对企业资产的两种不同要求权。

资产负债表
水平分析
（二）

（一）从投资或资产角度进行分析评价

投资或资产角度的分析评价主要从以下四方面进行：①分析总资产规模的变动状况以及各类、各项资产的变动状况，揭示出资产变动的主要方面，从总体上了解企业经过一定时期经营后资产的变动情况。②发现变动幅度较大或对总资产变动影响较大的重点类别和重点项目。③分析资产变动的合理性与效率性。④分析会计政策变动的影响。

根据表 4-3 的报表数据，可以对该公司总资产变动情况做出以下分析评价：该公司总资产本期增加 68 763.22 万元，增长幅度为 19.06%，说明该公司 2023 年资产规模有较大幅度的增长，进一步分析如表 4-4 所示。

表 4-4　资产负债表水平分析——资产规模分析表

编制单位：WZW 公司　　　　　　　编制日期：2023 年 12 月 31 日　　　　　　　金额单位：万元

项目	2023 年	2022 年	变动情况		对资产总额的影响
			变动额	变动率	
流动资产合计	308 646.62	247 559.23	61 087.39	24.68%	16.93%
非流动资产合计	120 943.31	113 267.48	7 675.83	6.78%	2.13%
资产总计	429 589.93	360 826.71	68 763.22	19.06%	19.06%

　　由表 4-4 可知，WZW 公司流动资产本期增加 61 087.39 万元，增长幅度为 24.68%，使总资产增长了 16.93%；非流动资产本期增加了 7 675.83 万元，增长幅度为 6.78%，使总资产增长了 2.13%。两者合计使总资产本期增加 68 763.22 万元，增长幅度为 19.06%。

　　WZW 公司资产负债表水平分析——资产流动性分析如表 4-5 所示。

表 4-5　资产负债表水平分析——资产流动性分析表

编制单位：WZW 公司　　　　　　　编制日期：2023 年 12 月 31 日　　　　　　　金额单位：万元

项目	2023 年	2022 年	变动情况		对总资产的影响
			变动额	变动率	
流动资产：					
货币资金	39 124.73	35 027.25	4 097.48	11.70%	1.14%
应收票据	161 133.75	127 881.63	33 252.12	26.00%	9.22%
应收账款	28 760.54	13 985.11	14 775.43	105.65%	4.09%
预付账款	11 178.04	10 828.81	349.23	3.23%	0.10%
其他应收款	1 980.04	1 486.90	493.14	33.17%	0.14%
存货	66 469.52	58 349.53	8 119.99	13.92%	2.25%
流动资产合计	308 646.62	247 559.23	61 087.39	24.68%	16.93%

　　本期总资产的增长主要体现在流动资产的增长上。如果仅从这一变化来看，该公司资产的流动性有所增强。尽管流动资产的各个项目有不同程度的增减变动，但其增长主要体现在以下三个方面：

　　(1) 应收票据的大幅度增加。应收票据的本期增长额为 33 252.12 万元，增长的幅度为 26.00%，对总资产的影响为 9.22%。

　　(2) 应收账款的增加。应收账款本期增加额为 14 775.43 万元，增长幅度为 105.65%，对总资产的影响为 4.09%，该项目的增加意味着该公司总额的增加，但是应收账款的增加也增加了该公司收回账款的风险，所幸，本期应收账款对总资产的影响不太大。

　　(3) 存货的增加。存货本期增加额为 8 119.99 万元，增长幅度为 13.92%，对总资产的影响为 2.25%，结合固定资产变动情况，可以认为这种变动有助于形成现实的生产能力，且本期存货持有量,尚保持在正常水平。

WZW 公司资产负债表水平分析——非流动资产分析表如表 4-6 所示。

本期非流动资产的增长主要体现在固定资产和在建工程项目的增长上。非流动资产项目的各个项目也都有不同程度的增减变动,主要体现在以下四个方面:

(1)固定资产的增长。固定资产净值本期增加了 6 139.91 万元,增长幅度为 16.21%,对总资产的影响为 1.70%,是非流动资产中对总资产变动影响最大的项目。固定资产的规模体现了一个企业的生产能力,但仅仅根据固定资产净值的变动并不能得出企业生产能力上升或下降的结论。

表 4-6　资产负债表水平分析——非流动资产分析表

编制单位:WZW 公司　　　　　　　编制日期:2023 年 12 月 31 日　　　　　　　金额单位:万元

项目	2023 年	2022 年	变动情况		对资产的影响
			变动额	变动率	
非流动资产:					
长期股权投资	185.96	2 155.13	−1 969.17	−91.37%	−0.55%
固定资产	44 015.62	37 875.71	6 139.91	16.21%	1.70%
在建工程	59 855.40	55 754.90	4 100.50	7.35%	1.14%
无形资产	13 174.46	13 468.89	−294.43	−2.19%	−0.08%
递延所得税资产	3 711.87	4 012.85	−300.98	−7.50%	−0.08%
非流动资产合计	120 943.31	113 267.48	7 675.83	6.78%	2.13%

(2)在建工程的增加。在建工程本期增加了 4 100.50 万元,增长幅度达到 7.35%,对总资产的影响为 1.14%,正在建设尚未竣工投入使用的建设项目。

(3)递延所得税资产的减少。递延所得税资产本期减少 300.98 万元,减少幅度为 7.50%,对总资产的影响为−0.08%,递延所得税资产就是递延到以后缴纳的税款,递延所得税是时间性差异对所得税的影响。递延所得税资产的减少说明本年抵减上年的可抵减的税收。

(4)长期股权投资的减少。长期股权投资本期减少了 1 969.17 万元,减少的幅度为91.37%,对总资产的影响为−0.55%,持有长期股权对本公司而言,风险与利益共存,本期长期股权投资的减少是该公司管理层根据实际情况做出的决策。

(二)从筹资或权益角度进行分析评价

筹资或权益角度的分析评价主要从以下三方面进行:①分析权益总额的变动状况以及各类、各项筹资的变动状况,揭示出权益总额变动的主要方面,从总体上了解企业经过一定时期经营后权益总额的变动情况。②发现变动幅度较大或对权益总额变动影响较大的重点类别和重点项目,为进一步分析指明方向。③分析评价权益资金变动对企业未来经营的影响。在资产负债表上,资产总额＝负债总额＋所有者权益总额,当资产规模发生变动时,必然要有相应的资金来源,如果资产总额的增长幅度大于股东权益的增长幅度,表明企业债务

资产负债表水平分析(三)

负担加重,这虽然可能是由企业筹资政策变动而引起的,但后果是引起偿债保证程度下降,偿债压力加重。注意分析评价表外业务的影响。

根据表 4-3 的财务数据,可以对该公司权益总额变动情况做出以下分析评价:该公司权益总额较上年同期增加 68 763.22 万元,增长幅度为 19.06%,说明该公司本年权益总额有较大幅度的增长。进一步分析,如表 4-7 所示。

本期负债增加了 44 304.72 万元,增长的幅度为 15.16%,使权益总额增加了 12.28%;股东权益本期增加了 26 802.71 万元,增长的幅度为 25.59%,使权益总额增加了 7.43%,两者合计使该公司权益总额本期增加 68 763.22 万元,增长幅度为 19.06%。

表 4-7 资产负债表水平分析——权益总额分析表

编制单位:WZW 公司　　　　　　　编制日期:2023 年 12 月 31 日　　　　　　　金额单位:万元

项目	2023 年	2022 年	变动情况		对资产总额的影响
			变动额	变动率	
负债合计	336 511.17	292 206.45	44 304.72	15.16%	12.28%
所有者权益合计	131 561.98	104 759.27	26 802.71	25.59%	7.43%
负债和所有者权益总计	429 589.93	360 826.71	68 763.22	19.06%	19.06%

本期权益总额的增长主要体现在流动负债上,这种变动可能导致公司偿债压力的加大以及财务风险的增加。流动负债的增长主要在应付票据、应付账款、其他应付款和应付职工薪酬四个方面,如表 4-8 所示。

表 4-8 资产负债表水平分析——流动负债分析表

编制单位:WZW 公司　　　　　　　编制日期:2023 年 12 月 31 日　　　　　　　金额单位:万元

项目	2023 年	2022 年	变动情况		对资产总额的影响
			变动额	变动率	
流动负债:					
应付票据	102 409.59	90 365.66	12 043.93	13.33%	3.34%
应付账款	175 161.50	167 570.12	7 591.38	4.53%	2.10%
预收账款	30 096.42	10 837.10	19 259.32	177.72%	5.34%
应付职工薪酬	8 365.75	3 810.27	4 555.48	119.56%	1.26%
应交税费	3 862.10	3 306.00	556.10	16.82%	0.15%
应付股利	3 348.00	4 080.50	−732.50	−17.95%	−0.20%
其他应付款	3 352.70	2 044.05	1 308.65	64.02%	0.36%
流动负债合计	326 596.06	282 013.70	44 582.36	15.81%	12.36%

(1)应付票据的增长。应付票据本期增长了 12 043.94 万元,增长的幅度为 13.33%,使权益总额增加了 3.34%,该项目的增长给公司带来了一定的偿债压力,如果不能如期支付会

给公司的信用带来不良影响。

（2）应付账款的增加。应付账款本期增长了7 591.38万元,增长的幅度为4.53%,使权益总额增加了2.10%,该项目的增长给公司带来了一定的偿债压力。特别是,应付款项主要是来源于商业信用,如果不能按期支付,将对公司的信用产生严重的不良影响。

（3）其他应付款的增加。其他应付款本期增长了1 308.65万元,增长的幅度为64.02%,使权益总额增加了0.36%,本期其他应付款的增长幅度较大,但占权益总额的比例不高。

（4）应付职工薪酬的增加。应付职工薪酬本期增长了4 555.48万元,增长的幅度为119.56%,使权益总额增加了1.26%,其原因是多方面的,可能是职工工资的结转,也可能是企业拖欠职工工资,若是第二个原因则会影响员工的生产积极性。

由表4-7可知,股东权益本期增加了26 802.71万元,增长的幅度为25.59%,使权益总额增加了7.43%。该公司股东权益的增加主要得益于本期盈利。因此,盈余公积增加了3 213.07万元,增长的幅度为28.36%,使权益总额增加了0.89%。未分配利润增加了23 589.64万元,增长的幅度为61.31%,使权益总额增加了6.54%,如表4-9所示。

表4-9　资产负债表水平分析——股东权益分析表

编制单位:WZW公司　　　　　　　编制日期:2023年12月31日　　　　　　　金额单位:万元

项目	2023年	2022年	变动情况		对资产总额的影响
			变动额	变动率	
所有者权益(或股东权益):					
实收资本(或股本)	53 280.00	53 280.00	0	0	0
资本公积	1 674.68	1 674.68	0	0	0
盈余公积	14 543.38	11 330.31	3 213.07	28.36%	0.89%
未分配利润	62 063.92	38 474.28	23 589.64	61.31%	6.54%
所有者权益合计	131 561.98	104 759.27	26 802.71	25.59%	7.43%

 学习提示

权益各项目的变动既可能是由于企业经营活动造成的,也可能是由企业会计政策的变更、会计的灵活性、随意性造成的。只有结合权益各项目变动情况的分析,才能揭示权益总额变动的真正原因。此外,水平分析仅考虑了资产负债表各项目在不同期间的变动,没有考虑各项目的内部结构,以及该项目占总体的比重。所以,对资产负债表水平分析表的分析评价还应结合资产负债表垂直分析、资产负债表附注分析和资产负债表项目分析进行,同时还应注意与利润表、现金流量表结合进行分析评价。

技能实战

分析上市企业宁波华翔（证券代码：002048）资产项目水平分析并填入表 4-10 中。（金额计算结果保留小数点后 2 位；变动率和影响率采用百分号表示，计算结果保留百分号前 2 位小数）

表 4-10　资产负债表资产项目水平分析

编制单位：宁波华翔　　　　　　编制日期：2020 年 12 月 31 日　　　　　　金额单位：万元

资产	期末余额	期初余额	期末与期初变动情况		对资产总额影响率
			变动额	变动率	
流动资产：					
货币资金	327 631.39	183 163.59			
应收票据	3 569.40	1 777.41			
应收账款	293 234.98	354 947.04			
存货	212 777.49	211 470.57			
…（略）	—	—			
其他流动资产	19 703.07	22 139.90			
流动资产合计	1 034 319.68	904 720.66			
非流动资产：					
…（略）					
固定资产	335 178.16	356 356.07			
在建工程	41 821.79	33 495.44			
无形资产	42 846.92	43 834.54			
非流动资产合计	876 151.82	808 340.81			
资产总计	1 910 471.5	1 713 061.47			

任务三　资产负债表垂直分析

任务描述

通过本任务的学习，学生能够掌握资产负债表垂直分析，利用企业资产、负债和所有者权益各项目金额与合计金额的比例关系,从而揭示企业财务报表项目的变动关系,从而建立一个多维度的分析模型进行财务分析。通过设定所需要的数据模型,依据资产负债表垂直分析方法,学生能够全面地评估企业的各种财务状况,还能充分地分析产生影响的各种环境信息,向管理层提示企业可能遭遇的经济风险,并为企业发展提供有价值的改进建议。

一、资产负债表垂直分析表的编制

资产负债表垂直分析是指通过计算资产负债表中各项目占总资产或权益总额的比重,分析企业的资产构成、负债构成和股东权益构成,揭示企业资产结构和资本结构的合理程度,探索企业资产结构优化、资本结构优化及资产结构与资本结构适应程度优化的思路。

资产负债表垂直分析可以从静态和动态两方面进行。从静态角度分析就是以本期资产负债表为分析对象,分析其实际构成情况;从动态角度分析就是将资产负债表的本期实际构成与基期的构成进行对比分析。WZW 公司资产负债表资产项目垂直分析表,如表 4-11 所示。

表 4-11　资产负债表资产项目垂直分析表

编制单位:WZW 公司　　　　　　编制日期:2023 年 12 月 31 日　　　　　　金额单位:万元

项目	2023 年	2022 年	2023 年占比	2022 年占比	变动比例
流动资产:					
货币资金	39 124.73	35 027.25	9.11%	9.71%	−0.60%
应收票据	161 133.75	127 881.63	37.51%	35.44%	2.07%
应收账款	28 760.54	13 985.11	6.69%	3.88%	2.82%
预付账款	11 178.04	10 828.81	2.60%	3.00%	−0.40%
其他应收款	1 980.04	1 486.90	0.46%	0.41%	0.05%
存货	66 469.52	58 349.53	15.47%	16.17%	−0.70%
流动资产合计	308 646.62	247 559.23	71.85%	68.61%	3.24%
非流动资产:					
长期股权投资	185.96	2 155.13	0.04%	0.60%	−0.55%
固定资产	44 015.62	37 875.71	10.25%	10.50%	−0.25%
在建工程	59 855.40	55 754.90	13.93%	15.45%	−1.52%
无形资产	13 174.46	13 468.89	3.07%	3.73%	−0.67%

（续表）

项目	2023 年	2022 年	2023 年占比	2022 年占比	变动比例
递延所得税资产	3 711.87	4 012.85	0.86%	1.11%	−0.25%
非流动资产合计	120 943.31	113 267.48	28.15%	31.39%	−3.24%
资产总计	429 589.93	360 826.71	100.00%	100.00%	0.00%
流动负债：					
应付票据	102 409.59	90 365.66	23.84%	25.04%	−1.21%
应付账款	175 161.50	167 570.12	40.77%	46.44%	−5.67%
预收账款	30 096.42	10 837.10	7.01%	3.00%	4.00%
应付职工薪酬	8 365.75	3 810.27	1.95%	1.06%	0.89%
应交税费	3 862.10	3 306.00	0.90%	0.92%	−0.02%
应付股利	3 348.00	4 080.50	0.78%	1.13%	−0.35%
其他应付款	3 352.70	2 044.05	0.78%	0.57%	0.21%
流动负债合计	326 596.06	282 013.70	76.03%	78.16%	−2.13%
非流动负债：					
其他非流动负债	9 915.11	10 192.75	2.31%	2.82%	−0.52%
非流动负债合计	9 915.11	10 192.75	2.31%	2.82%	−0.52%
负债合计	336 511.17	292 206.45	78.33%	80.98%	−2.65%
所有者权益（或股东权益）					
实收资本（或股本）	53 280.00	53 280.00	12.40%	14.77%	−2.36%
资本公积	1 674.68	1 674.68	0.39%	0.46%	−0.07%
盈余公积	14 543.38	11 330.31	3.39%	3.14%	0.25%
未分配利润	62 063.92	38 474.28	14.45%	10.66%	3.79%
所有者权益合计	131 561.98	104 759.27	30.63%	29.03%	1.60%
负债和所有者权益总计	429 589.93	360 826.71	100.00%	100.00%	

二、资产负债表垂直分析的评价

资产负债表垂直分析评价可从三个方面进行：

（一）资产结构的分析评价

资产结构分析评价的思路是：从静态角度观察企业资产的配置情况，特别关注流动资产和非流动资产的比重以及其中重要项目的比重，分析时可通过与行业的平均水平或可比企业资产结构的比较，对企业资产的流动性和资产风险做出判断，进而对企业资产结构的合理

资产负债垂
直分析

性做出评价。从动态角度分析企业资产结构的变动情况,对企业资产结构的稳定性做出评价,进而对企业资产结构的调整情况做出评价。

根据表 4-11,从静态方面分析,企业流动资产变现能力强,其资产风险较小;非流动资产变现能力较差,其资产风险较大。所以,流动资产比重较大时,企业资产的流动性强而风险小,非流动资产比重高时,企业资产弹性较差,不利于企业灵活调度资金,风险较大。该企业本期流动资产比重高达 71.85%,非流动资产比重仅为 28.15%。根据该企业的资产结构,可以认为该企业资产的流动性较强,资产风险较小,如表 4-12 所示。

表 4-12 资产负债表资产项目垂直分析-资产结构分析表

编制单位:WZW 公司　　　　　　　编制日期:2023 年 12 月 31 日　　　　　　　金额单位:万元

项目	2023 年	2022 年	2023 年占比	2022 年占比	变动比例
流动资产合计	308 646.62	247 559.23	71.85%	68.61%	3.24%
非流动资产合计	120 943.31	113 267.48	28.15%	31.39%	−3.24%
资产总计	429 589.93	360 826.71	100.00%	100.00%	0

(二)资本结构的分析评价

资本结构分析评价的思路是:从静态角度观察资本的构成,衡量企业的财务实力,评价企业的财务风险,同时结合企业的盈利能力和经营风险,评价其资本结构的合理性。从动态角度分析企业资本结构的变动情况,对资本结构的调整情况及对所有者收益可能产生的影响做出评价。

根据表 4-11 的财务数据,从静态方面看,该企业 2023 年所有者权益比重为 30.63%,负债比重为 78.33%,资产负债率比较高,财务风险相对较大。这样的财务结构是否合适,仅凭以上分析难以做出判断,必须结合企业盈利能力,通过权益结构优化分析才能予以说明,如表 4-13 所示。

表 4-13 资产负债表资产项目垂直分析-资本结构分析表

编制单位:WZW 公司　　　　　　　编制日期:2023 年 12 月 31 日　　　　　　　金额单位:万元

项目	2023 年	2022 年	2023 年占比	2022 年占比	变动比例
负债合计	336 511.17	292 206.45	78.33%	80.98%	−2.65%
所有者权益合计	131 561.98	104 759.27	30.63%	29.03%	1.59%
负债和所有者权益总计	429 589.93	360 826.71			0

从动态方面分析,该企业所有者权益 2023 年比重上升了 1.60%,负债比重下降了 2.65%,结合各负债和所有者权益项目的结构变动情况来看,未分配利润的比重上升了 3.79%,变动幅度较大,表明该企业财务实力上升,资本结构不是很稳定。

(三)整体结构的分析评价

整体结构分析评价的思路是:分析资产结构与资本结构的依存关系。企业的资产结构受制于企业的行业性质,不同的行业性质,资金融通的方式也不同。分析评价不同结构可能产生的财务结果,以便对企业未来的财务状况及对企业未来经营的影响做出推断。

资产负债表整体结构主要有两种表现形式:

(1)稳健结构:企业流动资产的一部分资金需要使用流动负债来满足,另一部分资金则需要由非流动负债来满足,如图4-1所示。

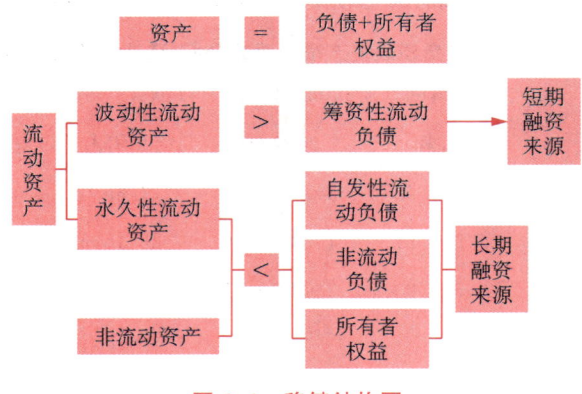

图4-1 稳健结构图

流动资产的变现足以满足偿还短期债务的需要,则企业风险较小。企业可以通过调整流动负债与非流动负债的比例,使负债成本达到企业目标标准。无论是资产结构还是资本结构,都具有一定的弹性,特别是当临时性资产需要降低或消失时,可通过偿还短期债务或进行短期证券投资来调整,一旦临时性资产需要再生产时,又可以重新举借短期债务或出售短期证券来满足其所需。多数企业资产负债表整体结构都表现为这种形式。

(2)风险结构:流动负债不仅用于满足流动资产的资金需要,而且还用于满足部分长期资产的资金需要。这一结构形式不因流动负债在多大程度上满足长期资产的资金需要而改变,如图4-2所示。

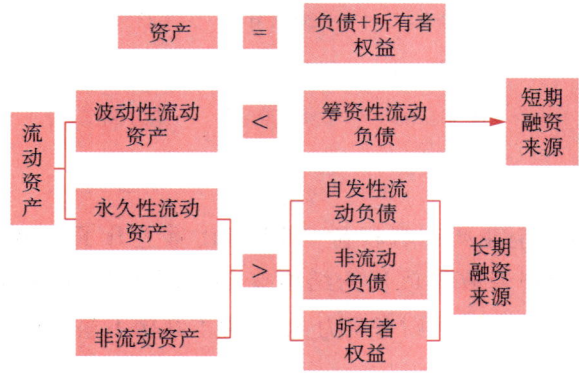

图4-2 风险结构图

相对于稳健结构,风险结构的负债成本较低。企业存在"黑字破产"(企业还有利润,但是要破产)的潜在危险,由于企业时刻面临偿债的压力,一旦市场发生变动,或意外事件发生,就可能引发企业资产经营风险,使企业资金周转不灵而陷入财务困境,造成企业因不能偿还到期债务而"黑字破产"。这一结构形式只适用于企业处在发展壮大时期,或者在短期内作为一种财务策略来使用。

根据表 4-11 的财务数据,该公司的资产负债表垂直分析表可以发现,该公司本年流动资产的比重为 71.85%,流动负债的比重为 76.03%,属于稳健结构。该公司上年流动资产的比重为 68.61%,流动负债的比重为 78.16%。从动态方面看,相对于上年,虽然该公司的资产结构和资本结构都有所改变,但该公司资产结构与资本结构适应程度的性质并未改变,如表 4-14 所示。

表 4-14 资产负债表资产项目垂直分析-整体结构分析表

编制单位:WZW 公司　　　　　　　　　编制日期:　　　　　　　　　金额单位:万元

项目	2023 年	2022 年	2023 年占比	2022 年占比	变动比例
流动资产合计	308 646.62	247 559.23	71.85%	68.61%	3.24%
流动负债合计	326 596.06	282 013.70	76.03%	78.16%	−2.13%

 **技能实战**

分析上市企业江西欧派资产项目垂直分析并填入表 4-15 中。(金额计算结果保留小数点后 2 位;变动率和影响率采用百分号表示,计算结果保留百分号前 2 位小数)

表 4-15 资产负债表资产项目垂直分析

编制单位:江西欧派　　　　　　编制日期:2020 年 12 月 31 日　　　　　　金额单位:万元

资产	期末余额	期初余额	各项目占总资产比例		占比变动
			期末余额	期初余额	
流动资产:					
货币资金	64 368.16	59 891.29			
应收票据	84 070.62	28 526.10			
应收账款	49 849.10	39 371.96			
存货	40 041.67	390 66.85			
(略)	—	—			
其他流动资产	1 148.21	3 679.92			
流动资产合计	258 167.63	178 884.77			

（续表）

资产	期末余额	期初余额	各项目占总资产比例		占比变动
			期末余额	期初余额	
非流动资产：					
（略）	—	—			
固定资产	90 643.99	70 467.42			
在建工程	6 883.26	14 029.68			
无形资产	26 487.93	16 711.27			
其他非流动资产	2 432.72	2 481.80			
非流动资产合计	132 990.67	107 313.65			
资产总计	391 158.30	286 198.42			

任务四　资产负债表项目分析

任务描述

　　通过本任务的学习,学生可以了解资产负债表项目分析是指在资产负债表全面分析的基础上,对资产负债表中资产、负债和所有者权益的主要项目进行深入分析,包括会计政策、会计估计等变动对相关项目影响的分析。

知识储备

一、货币资金分析

货币资金分析

　　货币资金项目主要包括现金、银行存款和其他货币资金,货币资金是企业流动性最强、最有活力的资产,同时又是获利能力最低,几乎不会产生收益的资产,其拥有量过多或过少对企业的生产经营都会产生不利影响。

（一）货币资金分析的影响因素

　　货币资金是所有企业生产经营的必要保障和资金周转的起点和终点。因此作为报表使用者需要关注以下三个方面。

　　1. 受限制资金

　　受限制资金包括外埠存款、银行汇票存款、银行本票存款、信用证存款和信用卡存款等,这些资金虽然是银行存款,但是不能随意使用,但会在货币资金中核算,因此需要给予关注。

2. 潜在的资金

由于货币资金的收益是最低的,所以很多公司进行货币资金理财,短期理财一般会在其他流动资产科目中核算。这部分资金如果不用做理财,还可以投入到生产经营中去。

3. 资金的来源

由于货币资金是期末时点数,有资金不充裕的企业会在特定的时点拆借资金虚增金额。

（二）货币资金的分析思路

货币资金发生变动的主要原因可能有:

（1）企业销售规模发生变动。

（2）企业信用政策发生变动。

（3）企业要为大笔的现金支出做准备。

（4）满足企业的资金调度。

（5）所筹集的资金尚未使用。

二、存货分析

存货是企业盈利的物质载体,是企业的一项重要的流动资产,所占比重较大,对于公司的风险影响和财务状况来说至关重要。同时存货在会计上可操作、调整的空间非常大。

存货分析

（一）存货分析的影响因素

（1）存货规模及变动情况分析。存货的变动可能受到多种因素的影响,需要将存货信息与企业所处的行业的生产经营特点,上下游行业的联动效应以及供应商和客户关系相结合。

（2）存货结构及变动情况分析。各种存货资产在生产过程中的作用是不同的。库存商品和发出存货是存在于流通领域的存货,必须压到最低限度。材料类存货是维护生产所必需的物质基础,应当把它限制在能够保证正常生产的最低水平上,在产品类存货也应当保持在稳定比例。

（二）存货的分析思路

1. 存货的可变现性

企业会计准则规定,存货的期末计价采用成本与可变现净值孰低法,对于可变现净值低于成本的部分,应当计提存货跌价准备。既然存货计价方法是人为估计的,就必然会受到当事人主观因素的影响,因此必须要对计提的合理性进行判断。

> ⚡ **学习提示**
>
> 　　可变现净值是指企业在正常经营过程中,以预计售价减去预计完工成本以及销售所必需的预计费用后的价值。这就涉及对预计售价、预计完工成本以及销售所必需的预计费用等因素的估计。

2. 存货的周转率

存货周转率的高低可以反映企业存货管理水平的高低。一般来说,存货周转速度越快,意味着存货对资金的占用率越低,流动性越强,存货转换为现金或应收账款的速度就越快。企业所处行业的性质不同,其行业平均周转率与周转天数也会不同。如果该公司的存货周转率高于行业平均水平,说明它在行业内的存货变现能力比较好,反之则存货变现能力较差。

三、应收款项分析

应收款项分析

应收款项主要包括应收账款和其他应收款,两者产生的原因不同,分析时应当分别进行。

(一)应收账款的影响因素及分析思路

应收账款是因为企业提供商业信用产生的,一般与企业的经营方式、所处行业和采用的信用政策直接关系。应收账款的影响因素可以从以下三个方面去思考。

(1)应收账款规模及变动情况。应收账款是由于企业赊销形成的,在其他条件不变的情况下,应收账款会随着销售规模增加同步增加,如果应收账款增长率超过销售收入、流动资产和速动资产等项目的增长率,可以初步判断其增长存在不合理倾向。

(2)应收账款影响利润的情形。例如,上市企业可能利用应收账款操纵期末利润。应收账款表示公司已经交付产品或提供劳务,但尚未收到相应的款项。因此,应收账款的变化会直接影响主营业务收入的变化,进而影响利润。

还有上市公司可能利用计提坏账准备去影响期末利润。因为按《企业会计准则》的规定,企业应当定期对应收账款进行全面检查,并合理地计提坏账准备而计提坏账准备会导致管理费用的增加或减少,从而影响利润的金额。

(3)应收账款账龄分析。通过对应收账款的账龄进行分析,可以判断应收账款的质量。一般情况下,未过信用期的应收账款出现坏账的可能性较小,过信用期时间长的债权发生坏账的可能性较大。

(二)其他应收账款的影响因素及分析思路

其他应收款通常是企业间或企业内部往来事项引起的应收款项。上市企业通过其他应收款或其他应付款进行关联方资金调度,也有一些上市企业出于某种目的把其他应收款作为调整成本费用和利润的手段,因此对其他应收款的分析应从以下五个方面考虑。

(1)其他应收款的规模及变动情况。

(2)其他应收款包括的内容,是否存在蓄水池调节利润现象。

(3)是否存在违规拆借资金。

(4)关联方其他应收款余额及账龄,是否存在大股东占款等现象。

(5)会计政策变更是否对其他应收款有影响。

四、固定资产分析

固定资产是指企业为生产产品、提供劳务、出租或者经营管理而持有的、使用时间超过12个月的，价值达到一定标准的非货币性资产，它能够为企业长期提供服务、长期创造资源或者长期创造收益。固定资产包括房屋、建筑物、机器、机械、运输工具以及其他与生产经营活动有关的设备、器具、工具等。

固定资产分析

（一）固定资产规模及变动分析

固定资产规模可以从固定资产原值和固定资产净值两个方面进行分析。

（1）固定资产原值变动的分析因素分为原值增加和减少两个方面，增加的因素包括投资转入、自行购入、自建自制、融资租入、接受捐赠和盘盈等情况。减少的因素包括出售转让、投资转出、报废清理、盘亏、非常损失等情况。

（2）固定资产净值变动的分析因素有固定资产原值变动导致净值变动和固定资产折旧变动导致净值变动。

（二）固定资产结构及变动分析

固定资产按照使用情况和经济用途，可以分为：生产用固定资产、非生产用固定资产、租出固定资产、未使用和不需用固定资产、具有使用权的固定资产等。

固定资产结构分析应特别注意三个方面：①生产用固定资产与非生产用固定资产比例变化情况；②未使用和不需用固定资产比率的变化情况；③固定资产内部结构是否合理。上市企业一般会在其年报中披露固定资产的相关政策及信息。如：固定资产的确认标准、固定资产的计量、固定资产的分类、固定资产折旧等。

（三）固定资产舞弊识别

固定资产和在建工程项目一直是上市企业财务舞弊的重灾区，要识别舞弊，就需要进行多方面的分析：①重点关注固定资产及在建工程在总资产中占比的变化，出现异常要深挖原因；②关注固定资产与在建工程规模趋势的变化；③关注固定资产的内部结构变化，可以通过连续查阅多年财报附注辨别是否有延期转固、虚增固定资产等风险；④关注固定资产及在建工程与收入的关系，看是否带来业绩增长。

五、负债项目分析

负债项目主要包括短期借款、应付账款、长期借款、应付债券等。

负债项目分析

（一）短期借款分析

短期借款是企业根据生产经营的需要，从银行或其他金融机构借入的偿还期在一年以内的各种借款，包括生产周转借款、临时借款等。

分析短期借款时主要关注以下三个方面：

（1）短期借款规模及变动情况。短期借款一般是为解决企业流动性而取得的临时性款项，它的增减幅度能反映企业日常运营管理情况。如果呈上升趋势，说明企业营运资金紧张,销售回款不足以偿付日常运营支出,不得不增加借款予以解决。如果呈下降趋势,说明企业营运资金相对宽松,销售回款能够解决日常运营支出,还能偿付短期借款。如果呈平稳趋势,一般说明企业日常运营能够做到收支平衡,甚至销售回款支付日常支出后还有较大剩余。

(2)短期借款用途。短期借款的目的是满足企业近期对资金的需求,维持正常的经营活动,多数短期借款都有规定的用途。而实际工作中,有些企业短期借款使用不当,例如企业随意将短期借款挪作他用,导致使用效率低下。

(3)短期借款归还是否及时。短期借款归还不及时,不但影响企业的资信、加重企业的利息支出负担,同时还会增加企业财务风险,也给外界传递出企业资金紧张的信号。

(二)应付账款分析

应付账款是指企业因购买材料、商品和接受劳务供应等经营活动应支付的款项,它是企业在购销活动中由于取得物资与支付货款在时间上不一致而产生的负债。应付账款的管理对于企业的资金流动、成本控制和供应商关系等方面都具有重要影响,因此,保持一个合理的应付账款区间可以促进企业良好地运转。分析时一般注意以下三点:

(1)应付账款负面影响。应付账款是企业无偿占用供应商的资金,虽然能够有效缓解企业的资金周转,但超过合理的额度会给公司带来问题。供应商可能通过提高价格来弥补资金延迟收回的损失;影响企业资信增加诉讼风险,如果到期未还,不仅影响企业信誉同时增加被诉讼风险;滋生内部腐败问题,内部有付款审批权限的人可能有选择性地付款,容易滋生腐败行为。

(2)应付账款规模及变动情况。应付账款是无偿占用供应商的资金,企业一方面要根据实际运营判断其规模是否合理;另一方面要利用应付账款结构比值与同行业企业进行对比,看偏离幅度是否异常,如有异常要进一步分析,一般有以下原因导致:①企业经营规模扩张;②供应商提供的商品、物资等市场供过于求;③公司在供应链上处于强势地位有较强的议价能力;④企业发生流动性危机,不能偿还到期款项。

(3)应付账款账龄管理。通过应付账款账龄分析,企业可以掌握应付账款的超期时间长短情况,做好资金筹划,以防影响企业信誉。在不存在负面影响的情况下,提高应收账款和存货周转率的同时要降低应付账款的周转率,延长应付账款周转天数,最大限度利用供应商资金。

(三)长期借款分析

长期借款是企业从银行或其他金融机构借入的期限在一年以上(不含一年)的借款,其目的一般是弥补企业流动性资金的不足、扩充规模购置厂房设备、提高杠杆增加企业盈利能力,也是企业项目投资中的主要资金来源之一。分析时一般注意以下四点:

(1)长期借款的规模及变化幅度。从理财的角度上讲企业都应该通过债务获取一部分资金,但其规模的大小、占总资本的比例必须有一个合理范围。通过与行业对比分析可以评估金额结构是否合理;通过与历史对比分析可以发现变化幅度是否正常。如果规模较小,在不考虑利用杠杆的情况下说明企业内生现金流能力强,可以自给自足,并且还有很多盈余;

如果规模较大,一方面可能是在利用杠杆经营或行业特征使然;另一方面也可能是自身盈利能力差,不得不通过长期借款解决资金缺口。如果规模呈下降趋势,说明企业财务状况在好转,内生现金流能力加强;如果规模呈上升趋势,可能是企业规模扩充,也可能是财务危机的前兆。

(2)利用利息粉饰报表。长期借款一般来讲金额都比较大,利息相对也比较大,对利息费用的处理能反映一个企业健康情况。利息全部计入当期费用,不会过度影响当期利润,这样的企业多数比较健康。利息全部资本化,则说明企业盈利能力不佳,可能存在通过此种方式调节利润。

(3)企业的资信状况。尽管大额长期借款可能伴随着一定的财务负担和风险,如利息支付压力增大和财务灵活性受限,但它在一定程度上能够映射出企业较为优越的资信背景,即企业能够吸引并承担较大规模的债务融资,显示出较强的市场信任度和债务融资能力。相反,若企业资信状况一般,虽然这可能意味着较低的财务杠杆和更灵活的运营空间,但也不能排除企业因资信状况不佳而难以获得充足融资资金的可能性。

(4)财务风险。债务融资都有兑付的刚性,虽然长期借款期限较长,但都会演变为短期借款,巨额的长期借款会形成巨大的债务压力,企业要做好资金筹划防范财务危机,在分析该项目时偿付能力是要重点关注的地方。

(四)应付债券分析

债券是一种债务工具,债券投资人通过借出资金赚取利息收入,而发行人(借款人)则筹集所需的债务资金。债券筹资和长期借款本质上都是借款,都能发挥财务杠杆的效用,对企业资本结构和盈利能力方面的影响在很多地方具有共性,例如债券利息会计处理规范问题、应付债券规模的问题、通过可转债减持套利问题、外币债券关注汇率变动的影响。

六、所有者权益项目分析

所有者权益也称为股东权益,它主要是企业资产扣除负债后剩下的由股东享有的剩余权益,主要包括实收资本、资本公积、盈余公积等项目。

所有者权益项目分析

(一)实收资本分析

实收资本往往反映一个企业的初始投资的规模和资本充裕的情况,在一般情况下无须偿还,可以长期周转使用,分析时主要关注以下三个方面:

(1)实收资本的规模因素。一般来讲实收资本规模要和企业业务规模相匹配,如果股本太大,不利于企业的成长,可能会出现"规模不经济"的情况,影响利润的增长。如果股本太小则会束缚企业业务的发展。只有在与业务规模相匹配的情况下才能更好地促进公司的发展,不断给投资者带来更多的收益。

(2)实收资本的结构因素。通过股本结构能够了解企业股东的性质,一般来讲上市企业有国家股、法人股、外资股、职工股和社会公众股等,同时还能了解谁持股最大,主流资金的动向,企业的控股权掌握在哪些单位或个人手里,企业股权属于集中型还是分散型。

（3）实收资本的变动因素。通过横向对比了解股本的增减变动情况，一般来讲股本金额不会经常变化，如果发生了变化要关注其原因，例如：上市企业增发、配股，可转换债券转股，发行股票股利，企业发行股票进行并购会引起股本增加；缩小经营规模和弥补亏损而减资会减少股本金额。在分析时要关注增资的资金用途是否按承诺的项目投放，资本使用有无改变原有用途。

（二）资本公积分析

资本公积是指资本升值或其他原因形成的与收益无关的股东权益。资本公积包括资本（或股本）溢价、接受捐赠资产、外币资本折算差额等。在分析企业的资本公积时，主要关注市场对企业股本的溢价能力，企业资本公积对股本比率反映市场对企业经营能力评价，如果主营业务盈利能力高于行业平均水平，在市场是中强有效市场下，很可能资本公积大幅高于股本。资本公积的定量分析主要看资本公积对股本比率，从证券市场上反映投资机构对企业盈利能力的评价，定性分析关注资本公积来源和金额。

（三）盈余公积分析

盈余公积是指企业从税后利润中提取形成的，存留于企业内部，具有特定用途的收益要素，主要包括法定盈余公积、任意盈余公积、法定公益金。盈余公积的多少取决于企业赚取利润的多少。针对上市企业分析时要关注企业是否存在未提盈余公积的情况下进行利润分配。

 **技能实战**

根据表 4-16 的财务数据，对宁波华翔（证券代码：002048）的结构进行分析、计算（即各项目占其相邻上一级的比重）。（金额计算结果保留小数点后 2 位；变动率和影响率采用百分号表示，计算结果保留百分号前 2 位小数）

表 4-16　宁波华翔资产负债表（简表）

编制单位：宁波华翔股份有限公司　　　　编制日期：2023 年 12 月 31 日　　　　　　　　　　单位：元

资　产	期末余额	上年年末余额	负债和所有者权益	期末余额	上年年末余额
流动资产：			流动负债：		
货币资金	270 000.00	240 000.00	短期借款	160 000.00	200 000.00
应收账款	412 000.00	440 000.00	应付账款	480 000.00	360 000.00
存货	880 000.00	860 000.00	应付职工薪酬	210 000.00	196 000.00
流动资产合计	1 562 000.00	1 540 000.00	流动负债合计	850 000.00	756 000.00
非流动资产：			非流动负债：		
长期股权投资	560 000.00	160 000.00	长期借款	500 000.00	400 000.00

（续表）

资　　产	期末余额	上年年末余额	负债和所有者权益	期末余额	上年年末余额
固定资产	1 050 000.00	1 058 000.00	应付债券	200 000.00	200 000.00
无形资产	250 000.00	200 000.00	长期应付款	100 000.00	100 000.00
非流动资产合计	1 860 000.00	1 418 000.00	非流动负债合计	800 000.00	700 000.00
			负债合计	1 650 000.00	1 456 000.00
			所有者权益：		
			实收资本	720 000.00	720 000.00
			资本公积	156 000.00	156 000.00
			盈余公积	800 000.00	600 000.00
			未分配利润	96 000.00	26 000.00
			所有者权益合计	1 772 000.00	1 502 000.00
资产总计	3 422 000.00	2 958 000.00	负债和所有者权益总计	3 422 000.00	2 958 000.00

任务五　资产负债表驾驶舱分析与可视化设计

任务描述

通过本任务的学习，学生能够围绕一家上市公司进行资产负债表驾驶舱分析和可视化看板制作，更好地利用大数据和可视化图形进行资产负债表的解读。

任务实施

一、资产负债表驾驶舱分析

以创元科技股份有限公司（以下简称创元科技，股票代码：000551）作为目标企业、以深圳市新纶科技股份有限公司（以下简称新纶科技，股票代码：002341）作为对标企业，通过阅读上市企业财报、附注明细、企业基本介绍和分析报告参考资料，以及通过搜集企业及其所属行业的相关资料，梳理分析指标体系，在数字化驾驶舱中，撰写创元科技资产负债表分析报告。

点击"企业数据"，录入上市企业股票代码"000551"，阅读目标企业和对标企业的财务报表及附注明细，如图 4-3 所示。

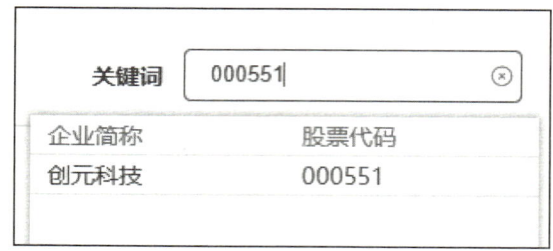

图 4-3　录入上市企业股票代码

点击"背景资料",下载"创元科技公司基本情况.pdf",阅读企业基本介绍及分析报告参考资料,如图 4-4 所示。

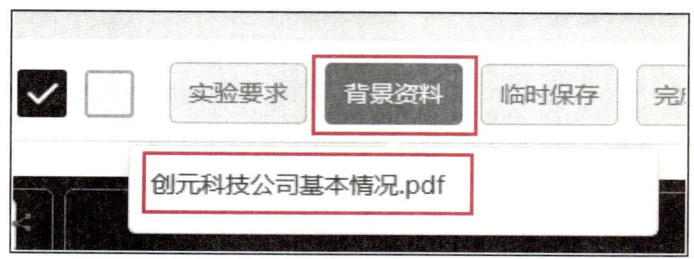

图 4-4　阅读企业基本介绍及分析报告参考资料

搜集企业及其所属行业的相关资料,了解企业及其所属行业的基本情况,选择"专用设备"后,再勾选"环保设备",如图 4-5 所示。

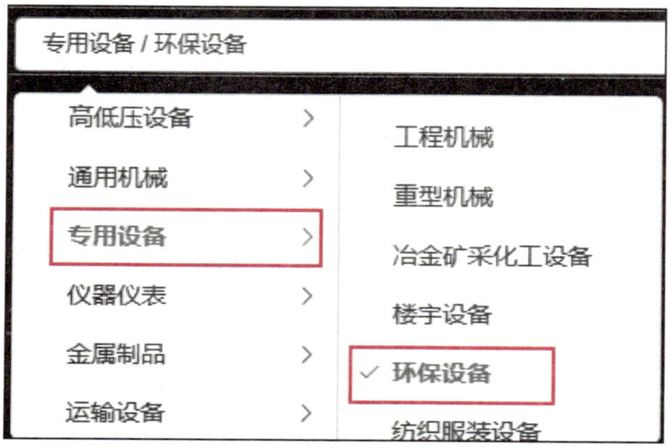

图 4-5　企业及其所属行业的基本情况

围绕企业的核心目标,思考并构建合理的财务、业务分析指标体系,如图 4-6 所示。

在数字化驾驶舱中,将指标库指标拖拽到画布上生成分析图表、将文本框拖拽到画布上编写评价文字,完成分析报告的撰写,如图 4-7 所示。

图 4-6 资产负债表驾驶舱分析指标

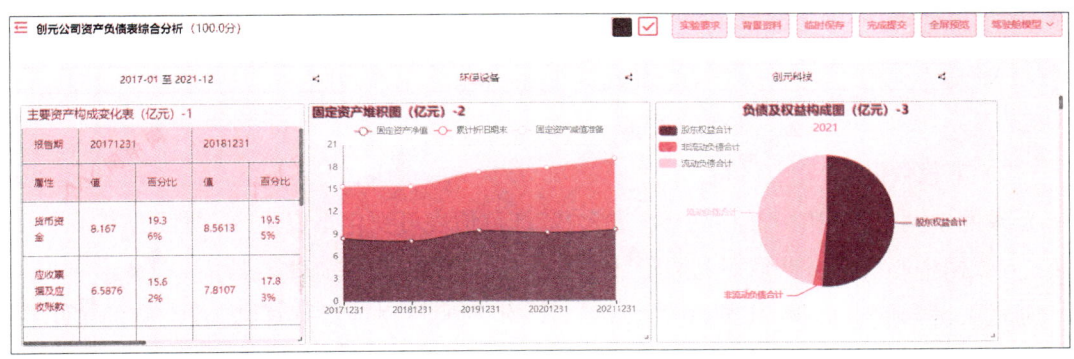

图 4-7 资产负债表驾驶舱分析

二、资产负债表可视化分析看板设计

本实验任务中,伊利股份的资产负债表可视化效果如图 4-8 所示。下面将通过 10 个子任务详细介绍伊利股份资产负债表的可视化实现过程。

(一) 下载资料

登录网中网大数据财务分析平台,进入"资产负债表可视化设计实验"项目,在"附加资料"中下载资料,如图 4-9 所示,保存备用。

资产负债表
可视化分析
看板设计

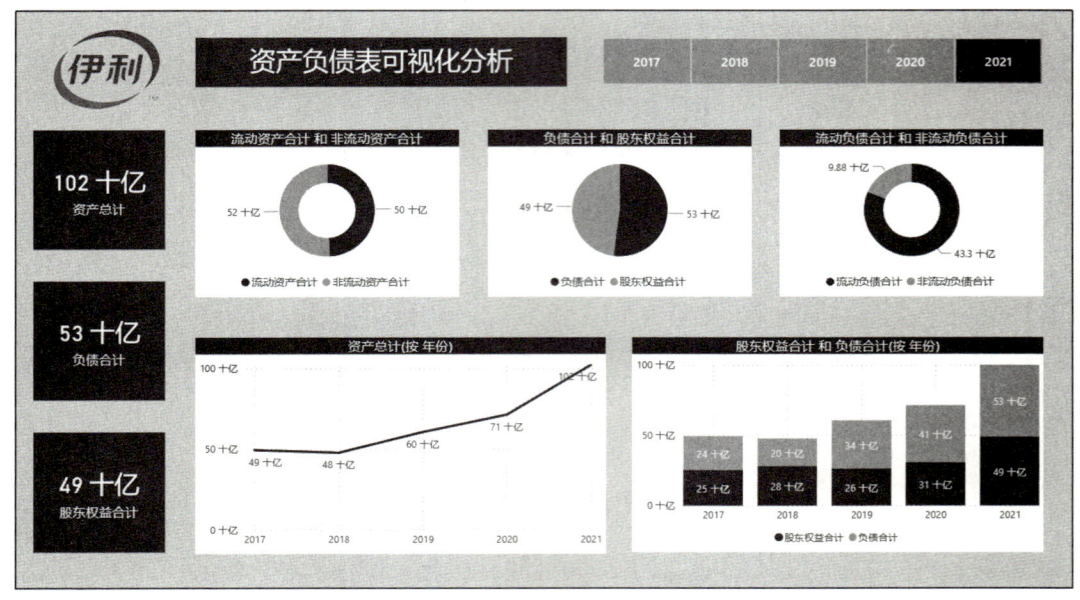

图 4-8 "伊利股份"资产负债表可视化分析看板

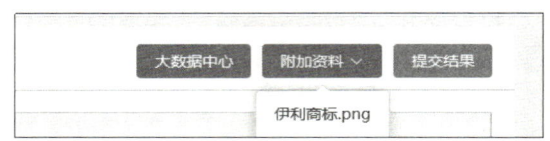

图 4-9 附加资料

（二）下载数据

登录网中网大数据财务分析平台，进入"资产负债表可视化报表设计"项目的实验界面，进入"大数据中心"模块，获取伊利股份 2017—2021 年的资产负债表数据。

通过关键词搜索企业，点击"查看详情"进入伊利股份财务数据详情，在左侧的菜单栏，执行"财务报表"—"资产负债表"命令，在"报告期"处输入"2017-01"—"2021-12"，点击"查询"按钮，出现伊利股份 2017—2021 年的资产负债表数据后，点击"复制地址"按钮了，如图 4-10 所示。

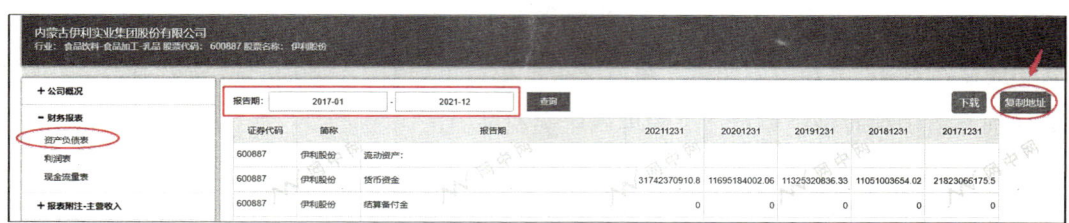

图 4-10 获取伊利股份资产负债表数据

（三）导入"资产负债表"数据并进行整理

执行"主页"—"获取数据"—"更多"—"其他"—"Web"，在弹出的窗口中，粘贴从大数据中心复制的地址，然后点击"确定"按钮，如图 4-11 所示。

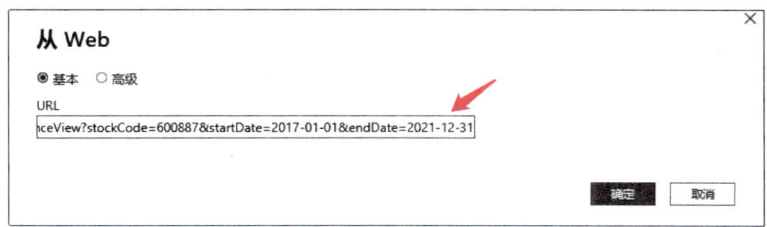

图 4-11　输入伊利股份资产负债表链接

选择数据源。此时会显示数据源，在窗口的左侧表格勾选"表 1"，如图 4-12 所示，点击"转换数据"按钮，会打开一个新窗口，即"Power Query 编辑器"窗口。数据的清洗、整理操作都在 Power Query 编辑器中完成。

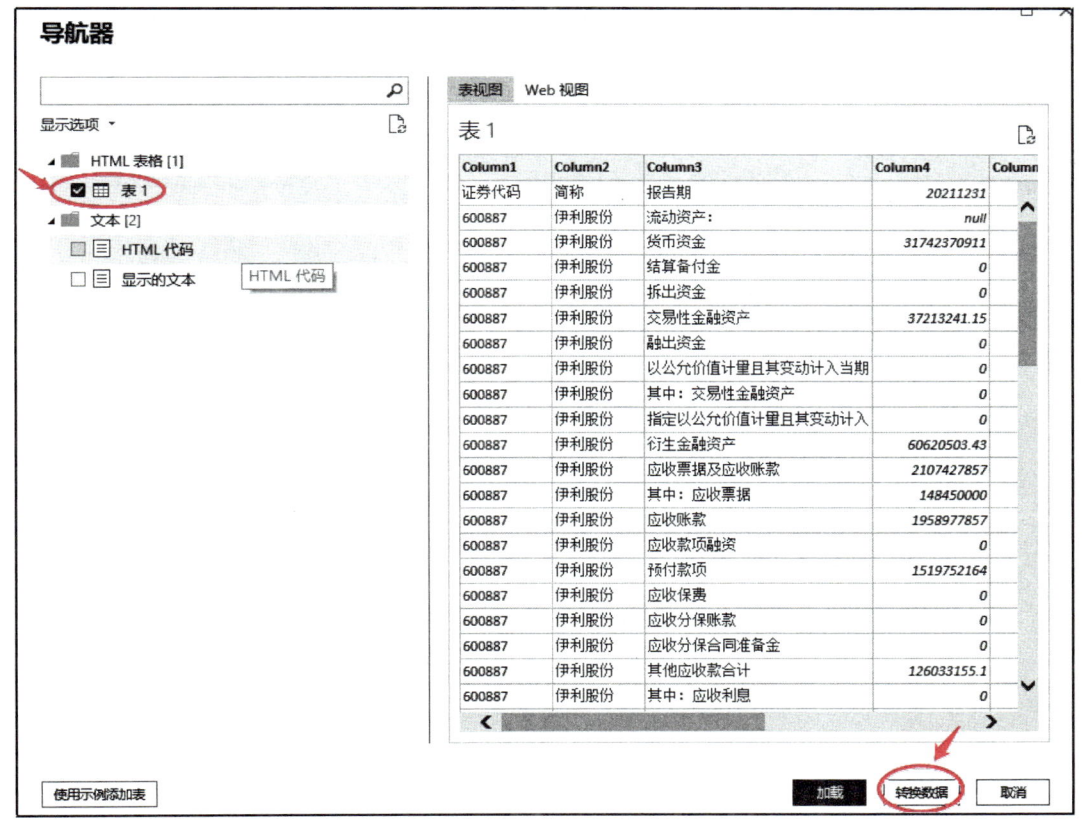

图 4-12　导入伊利股份资产负债表

提升标题行。在"Power Query 编辑器"窗口中，执行"转换"—"将第一行用作标题"，或者点开表格左上角的下拉按钮,选择"将第一行用作标题",如图 4-13 所示,可以将标题行提升。

图 4-13 将第一行用作标题

转换一维表。按住"Ctrl"键,选中"证券代码""简称""报告期"(实际是科目)这三列,点击鼠标右键,从弹出的快捷菜单中选择"逆透视其他列"命令,如图 4-14 所示,完成后即可将数据表转成一维表。

图 4-14 逆透视其他列

重命名列。分别选中"报告期""属性""值"这三列,点击鼠标右键,从弹出菜单中选择"重命名"命令,将"报告期"列名称改为"科目",将"属性"列名称改为"报告期",将"值"列名称改为"金额"。

修改数据类型。与前述的操作方法相同,将"报告期"的格式改为"日期"。

重命名表。与前述的操作方法相同,将"表 1"重命名为"资产负债表"。

执行"主页—关闭并应用",退出 Power Query 编辑器(需等待数据存贮完)。

(四)创建"年度表"数据并进行建模

点击导航栏的"输入数据"按钮,新建一个表格,在名称处将表格命名为"年度表"。输入的对应的报告期和年份,如图 4-15 所示,完成之后点击"加载"按钮。

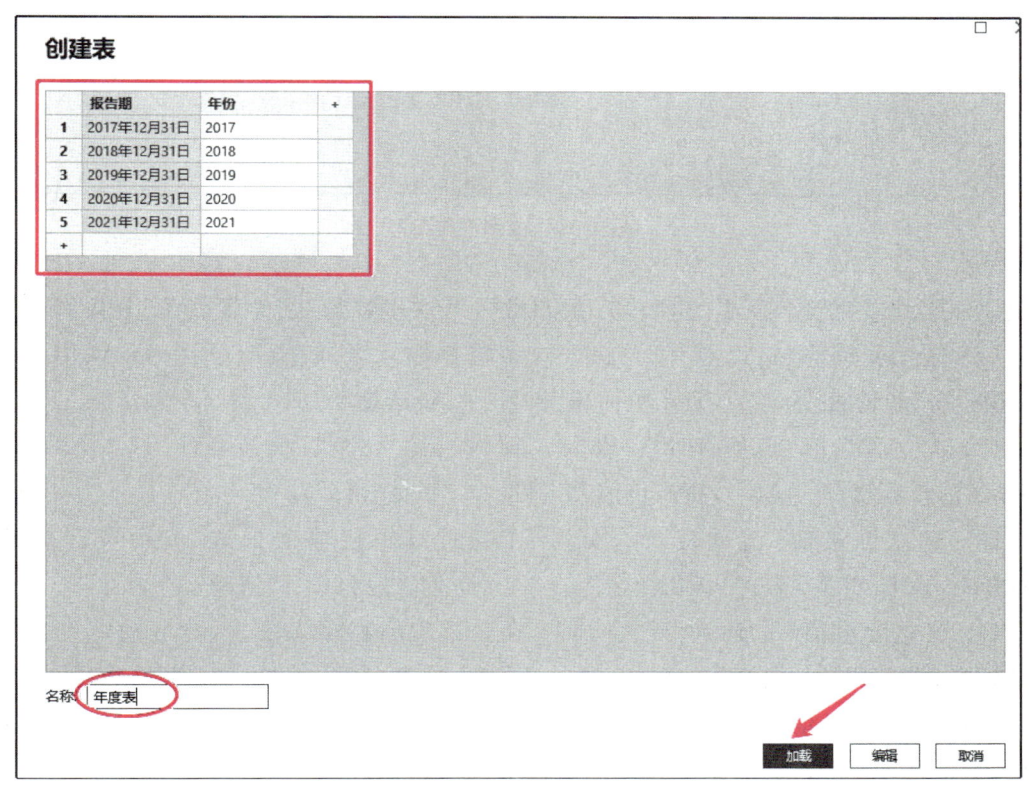

图 4-15　创建年度表

点击窗口左侧的"模型视图"按钮,检查"资产负债表"和"年度表"是否自动建立关联。若未自动建模,可以将"年度表"的关键字段"报告期"拖拽到"资产负债表"的"报告期"字段,进行手动建模,如图 4-16 所示。

(五)创建度量值

点击导航栏的"输入数据",新建一个度量值表格,命名为"度量值"。本报表页中,我们希望用图表来展示伊利股份不同年度的资产合计、负债合计、股东权益合计、流动资产合计、流

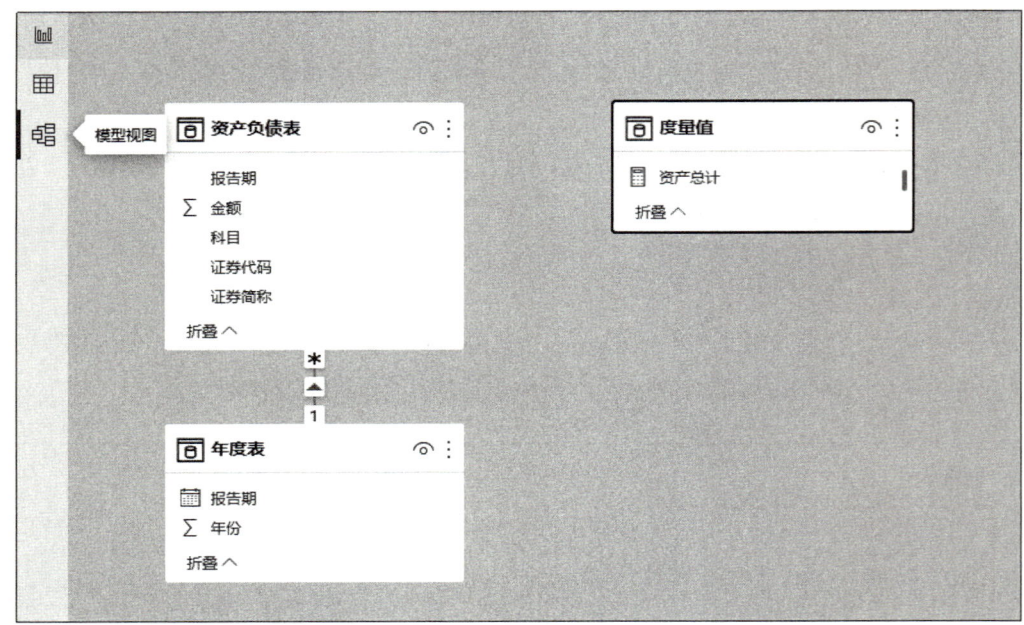

图 4-16　模型视图窗口

动负债合计、非流动资产合计、非流动负债合计这七个关键数据。各个度量值的设置如下。

（1）建立度量值"资产总计"。在公式编辑栏输入公式：资产总计＝CALCULATE（SUM('资产负债表'［金额］),'资产负债表'［科目］＝"资产总计"）。

（2）建立度量值"负债合计"。在公式编辑栏输入公式：负债合计＝CALCULATE（SUM('资产负债表'［金额］),'资产负债表'［科目］＝"负债合计"）。

（3）建立度量值"流动资产合计"。在公式编辑栏输入公式：流动资产合计＝CALCULATE（SUM('资产负债表'［金额］),'资产负债表'［科目］＝"流动资产合计"）。

（4）建立度量值"非流动资产合计"。在公式编辑栏输入公式：非流动资产合计＝CALCULATE（SUM('资产负债表'［金额］),'资产负债表'［科目］＝"非流动资产合计"）。

（5）建立度量值"流动负债合计"。在公式编辑栏输入公式：流动负债合计＝CALCULATE（SUM('资产负债表'［金额］),'资产负债表'［科目］＝"流动负债合计"）。

（6）建立度量值"非流动负债合计"。在公式编辑栏输入公式：非流动负债合计＝CALCULATE（SUM('资产负债表'［金额］),'资产负债表'［科目］＝"非流动负债合计"）。

（7）建立度量值"股东权益合计"。在公式编辑栏输入公式：股东权益合计＝CALCULATE（SUM('资产负债表'［金额］),'资产负债表'［科目］＝"股东权益合计"）。

（六）制作导航菜单及跳转

插入 Logo 和文本框标题。企业 Logo 可以突出体现企业的品牌形象,在本实验中,插入伊利股份的 Logo 和标题,可以清楚地反映该可视化报表的主题。如图 4-17 所示,执行"插入"—"图像"命令插入"附加资料"下载的 Logo 图片,调整大小;点击"文本框"按钮,插入文本框并输入标题"资产负债表可视化分析"。最终完成效果如图 4-18 所示。

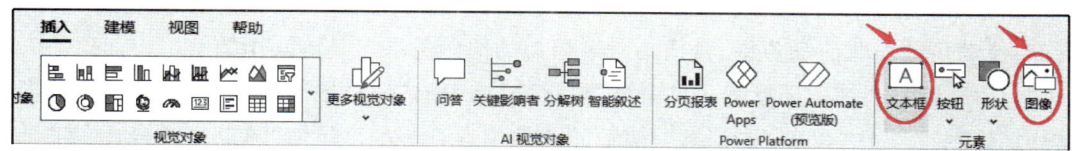

图 4-17　插入图像和标题文本框

图 4-18　设置 Logo 和标题

（七）设置年份筛选器

点击"可视化"窗格中的"切片器"按钮，调整大小。点击"生成视觉对象"图标，将右侧"年度表"中的"年份"拖拽到"可视化"窗格下方的"字段"参数中，并将切片器样式改为"磁贴"，将"切片器标头"设置为"关闭"，如图 4-19 所示。

（八）设置卡片图

点击"可视化"窗格中的"卡片图"按钮，调整大小，制作"资产"卡片图。点击"生成视觉对象"图标，将右侧度量值"资产总计"拖拽到"可视化"窗格下方的"字段"参数中。采用相同的方法，制作"负债"和"股东权益"卡片图，最终效果如图 4-20 所示。

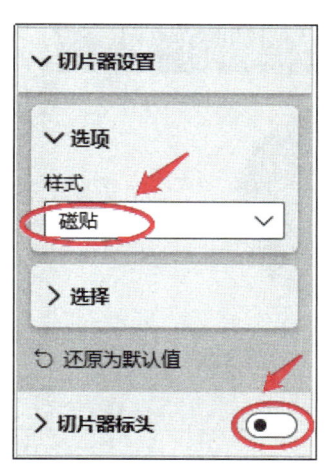

图 4-19　设置年份筛选器样式

图 4-20　设置关键指标卡片图

（九）制作环形图和饼图

本报表页中,我们希望通过环形图和饼图来反映伊利股份不同年度流动资产与非流动资产、流动负债与非流动负债、负债与股东权益的比例关系。具体操作如下。

（1）设置资产结构环形图。点击"可视化"窗格中的"环形图"按钮,调整大小,制作资产结构环形图。点击"生成视觉对象"图标,将右侧字段列表的度量值"流动资产合计"和"非流动资产合计"拖拽到"可视化"窗格下方的"值"参数中。设置环形图的格式(图例位置、标签内容、数值单位、标题样式等),生成的环形图如图 4-21 所示。

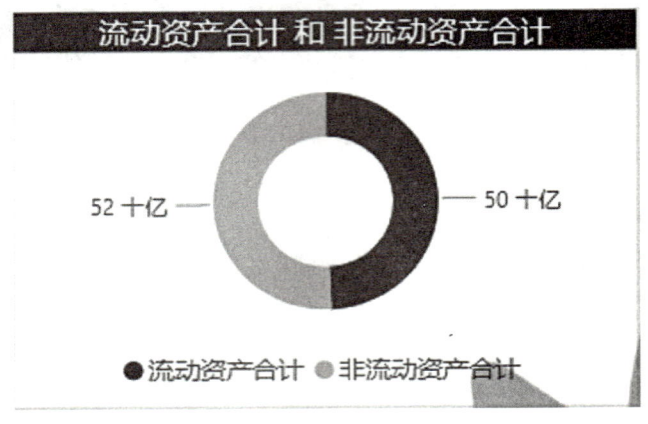

图 4-21　资产结构环形图

（2）设置资本结构饼图。点击"可视化"窗格中的"饼图"按钮,调整大小,将"负债合计"和"股东权益合计"拖入"值"。在可视化编辑区,参照前述步骤,设置饼图的格式,最终效果如图 4-22 所示。

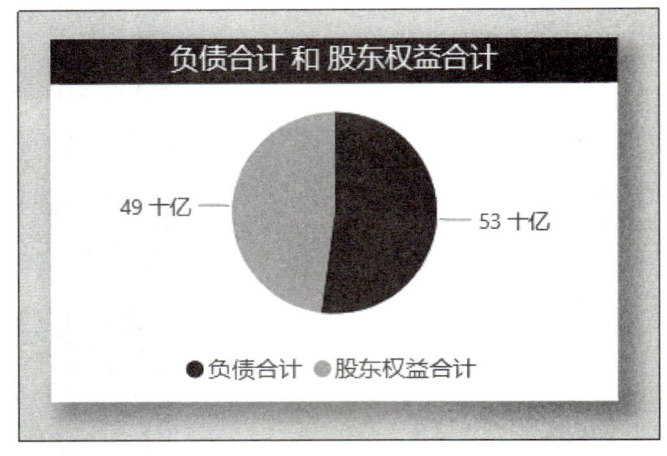

图 4-22　资本结构饼图

（3）设置负债结构环形图。参照前述中描述的步骤,设置负债结构环形图,最终效果如

图 4-23 所示。

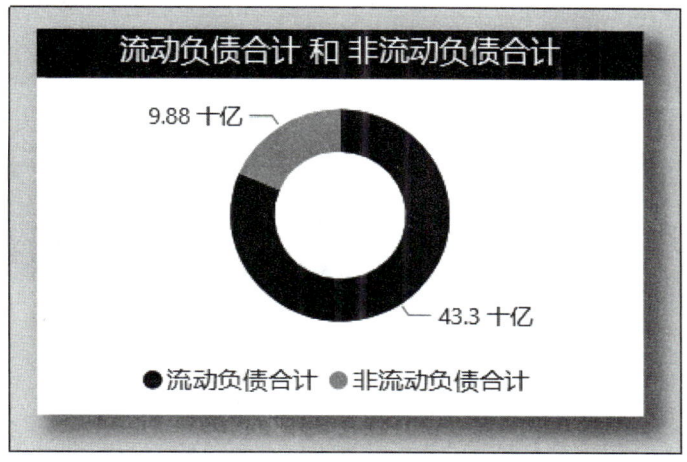

图 4-23 负债结构环形图

（十）制作折线图和堆积柱图

（1）设置资产变化趋势折线图。点击"可视化"窗格中的"折线图"按钮，调整大小，制作资产变化趋势折线图。将"资产总计"拖入"Y 轴"，将"年度表"的"年份"拖入"X 轴"。在可视化编辑区，设置折线图的格式，最终效果如图 4-24 所示。

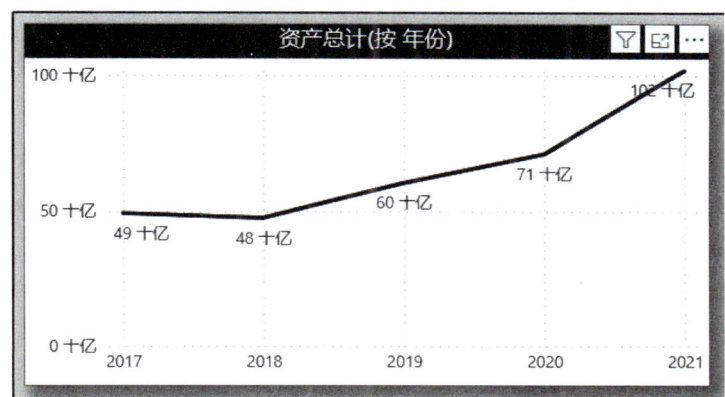

图 4-24 伊利股份资产变化趋势折线图

（2）设置资本结构变化趋势图。点击"可视化"窗格中的"堆积柱形图"按钮，调整大小，制作资本结构变化趋势堆积柱形图。将"负债合计"和"股东权益合计"拖入"Y 轴"，将"年度表"的"年份"拖入"X 轴"。在可视化编辑区，设置柱形图的格式，最终效果如图 4-25 所示。

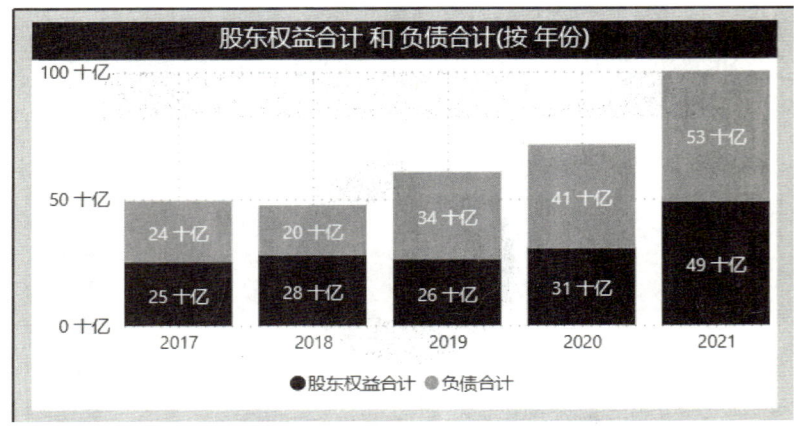

图 4-25　伊利股份资本结构变化趋势图

 **技能实战**

点击"大数据财务分析"教学平台,选择"资产负债表分析-可视化设计案例-光明乳业",完成"光明乳业"的可视化看板分析,如图 4-26 所示。

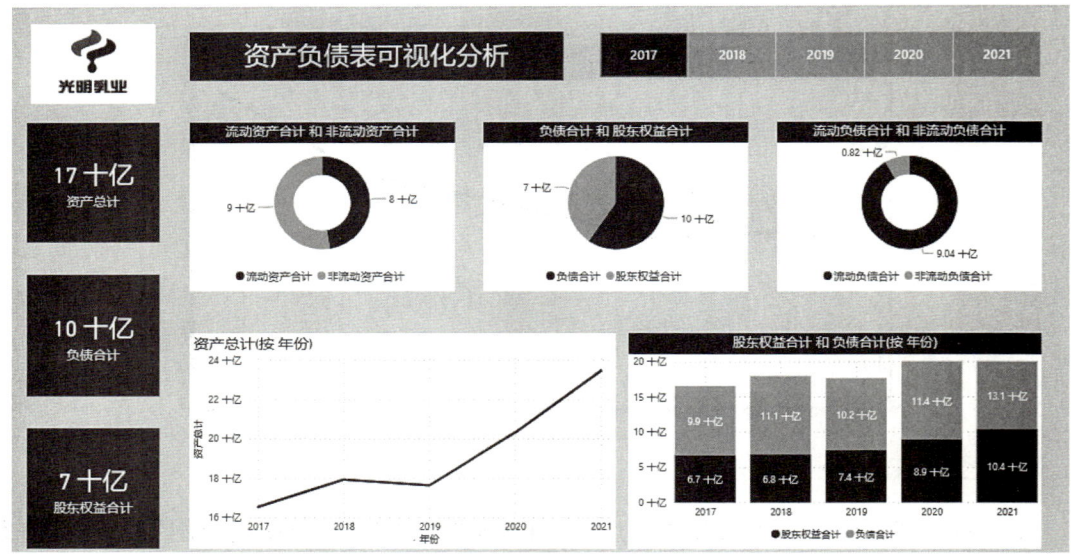

图 4-26　光明乳业资本结构变化趋势图

利 润 表 分 析

◇ 知识目标

1. 了解利润表的格式,理解其作用。
2. 掌握利润表的水平分析。
3. 掌握利润表的垂直分析。
4. 熟悉收入、费用、利润的阅读与分析。
5. 掌握利润表驾驶舱分析与可视化设计流程思路。

◇ 能力目标

1. 能够准确运用利润表及其相关资料。
2. 运用有效分析方法完成利润表的水平分析。
3. 运用有效分析方法完成利润表的垂直分析。
4. 运用有关分析方法对利润表内项目进行有效分析。
5. 独立完成利润表驾驶舱分析与可视化看板制作。

◇ 素养目标

1. 锻炼数据思维,提升报表分析维度。
2. 培养管理思维,提升经营管理质量。

 知识导图

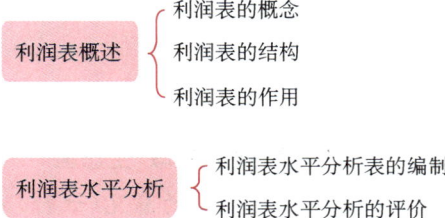

利润表概述 { 利润表的概念 / 利润表的结构 / 利润表的作用

利润表水平分析 { 利润表水平分析表的编制 / 利润表水平分析的评价

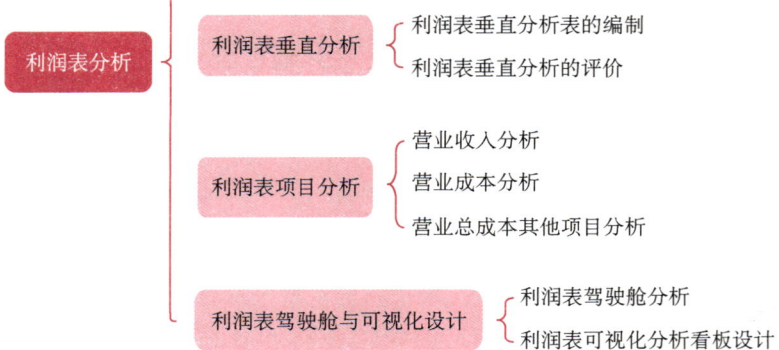

发展中药材产业　拓宽农民致富路

黄芩、射干、苍术，黄花、蓝花、粉花……金山岭长城以北，燕山山脉中段，苍翠群峰间，中草药铺满一片片山坡，各色花朵摇曳其间。在一处中药材种植基地务工的当地村民王田告诉记者："土地流转有租金，基地打工有薪金，咱挣两份钱。"

这里是河北省承德市滦平县，素有"八山一水一分田"之称。得益于当地地势高差大、昼夜温差大等自然条件，大山里孕育出丰富、优质的野生中药材资源。滦平县迄今共发现野生中药材资源600余种，其中"滦平黄芩"成功注册地理标志证明商标。

习近平总书记指出，产业振兴是乡村振兴的重中之重，要落实产业帮扶政策，做好"土特产"文章，依托农业农村特色资源，向开发农业多种功能、挖掘乡村多元价值要效益，向一二三产业融合发展要效益，强龙头、补链条、兴业态、树品牌，推动乡村产业全链条升级，增强市场竞争力和可持续发展能力。

依托特色资源，立足区位优势，滦平县近年来大力发展中药材产业，推动规模化、标准化种植，发展精细化、多元化加工，打造观光旅游、健康养生等项目，不断推动一二三产业融合发展，走出一条富有特色的中药材产业发展之路。

资料来源：节选自《人民日报》2024年05月10日第17版的新闻《发展中药材产业　拓宽农民致富路》。

坚决破除财务造假"生态圈"

日前，证监会印发《关于加强上市公司监管的意见（试行）》，提出坚决破除财务造假"生态圈"。

财务造假是资本市场的毒瘤。随着市场的发展，财务造假手法不断翻新，越来越复杂：

业绩变脸有之;财务"洗澡"有之;虚假贸易有之;通过供应链金融、商业保理和票据交易等"空转""走单"有之⋯⋯甚至形成了相互依存、互为链条的造假"生态圈",体现出系统性造假、上下游配合造假的特点,更具隐蔽性、欺骗性。这种造假"生态圈"发育后,危害性更大。比如,有上市公司的供应商、客户,甚至金融机构等,共同参与并配合实施财务造假活动,从业务流、资金流、票据流方面配合虚构证据链闭环,构建虚假业务,极大增加了注册会计师和监管部门发现的难度。

财务真实性是资本市场健康发展的基础和前提。如果上市公司"说假话""做假账",会严重误导投资者的价值判断和投资决策,不仅损害资本市场健康稳定发展,而且对中国经济高质量发展也会造成恶劣影响。因此,严打财务造假,既是资本市场固本强基之举,也是严监严管之重。针对财务造假的新情况、新趋势,需要瞄准重点、精准爆破,坚决破除这种危害尤甚的造假"生态圈"。

资料来源:节选自《经济日报》2024年3月26日第7版的新闻《坚决破除财务造假"生态圈"》。

任务一　利润表概述

任务描述

通过本任务的学习,学生能够了解熟悉利润表的概念、结构和作用。

知识储备

利润表分析
概述

一、利润表的概念

利润表是反映企业一定时期(年度、季度、月份)内的经营成果的财务报表。利润表根据收入、费用和利润三个会计要素的内在联系,反映企业一定时期内的经营成果。

利润表是企业的主要财务报表之一,是一张动态报表。通过利润表获取相关信息,有助于了解企业的经营业绩、盈利能力,有助于了解企业收益的稳定性和可持续性,有助于预测企业的未来收益等。

二、利润表的结构

利润表的格式主要有单步式和多步式两种。我国企业会计准则规定,企业编制利润表应采用多步式利润表。企业可以按照下列三个步骤编制多步式利润表:

在"营业收入"的基础上,减去"营业成本""税金及附加""销售费用""管理费用""财务费用""资产减值损失",加上"公允价值变动收益"或减去"公允价值变动损失",加上"投资收益"或减去"投资损失",最终计算出"营业利润"。

在"营业利润"的基础上,加上"营业外收入",减去"营业外支出",计算出"利润总额"。

在"利润总额"的基础上,减去"所得税费用",计算出"利润"。

利润表一般包括表头和表身两个部分,利润表的表头是报表的标志,包括报表的名称、编制单位、编制时间和金额单位四个部分。其中,编制时间应为利润表报告期间的一段时间。

利润表的表身是利润表的主体,包括"营业收入""营业成本""税金及附加""销售费用""管理费用""财务费用""资产减值损失""公允价值变动收益""投资收益""营业利润""营业外收入""营业外支出""利润总额""所得税费用""净利润""每股收益"等,具体如表 5-1 所示。

表 5-1 利润表

编制单位: 　　　　　　　　编制日期: 　　　　　　　　单位:

项目	行数	本月数	累计数
一、营业收入	1		
减:营业成本	2		
税金及附加	3		
销售费用	4		
管理费用	5		
研发费用	6		
财务费用	7		
其中:利息费用	8		
利息收入	9		
加:其他收益	10		
投资收益(损失以"—"号填列)	11		
其中:对联营企业和合营企业的投资收益	12		
以摊余成本计量的金融资产终止确认收益	13		
净敞口套期收益(损失以"—"号填列)	14		
公允价值变动收益(损失以"—"号填列)	15		
信用减值损失(损失以"—"号填列)	16		
资产减值损失(损失以"—"号填列)	17		
资产处置收益(损失以"—"号填列)	18		
二、营业利润(亏损以"—"号填列)	19		
加:营业外收入	20		
减:营业外支出	21		

（续表）

项目	行数	本月数	累计数
三、利润总额（亏损总额以"－"号填列）	22		
减：所得税费用	23		
四、净利润（净亏损以"－"号填列）	24		
五、每股收益			
基本每股收益			

三、利润表的作用

利润表所反映的会计信息，可以用来了解企业一定期间内的收入和成本费用情况，判断企业盈利能力和利润的来源；可以用来评价一个企业的经营效率和经营成果，评估投资的价值和回报，进而衡量一个企业在经营管理上的成功程度。具体来说，有以下三个方面的作用：

（1）利润表可以反映企业利润形成的过程，作为分配的依据。利润表反映企业在某一会计期间的营业收入、营业成本、税金及附加、各期间费用和营业外收支等项目，最终计算出利润综合指标以反映企业在该会计期间实现的净利润或者是发生亏损的情况。利润表上的数据直接影响到许多相关利益集团的利益，如国家的税收收入、管理人员的报酬、职工的薪酬、股东的股利等。

（2）利润表能综合反映企业生产经营活动的各个方面，有助于评价企业的盈亏状况、经营者的业绩。企业在生产、经营、投资和筹资等各个项目活动中的管理效率和效益都可以从利润数额的增减变化中综合反映出来。通过将收入、成本费用、利润与企业的生产经营计划对比，企业可以考核生产经营计划的完成情况，体现经营者能力水平的高低、管理工作的好坏，表明经营者在生产、经营和管理方面的效率和效益。利润表是企业经营绩效的直接反映。

（3）利润表可以用来分析企业的获利能力，预测企业未来的盈亏、未来的现金流量。利润表揭示了企业经营利润、投资净收益和营业外收支净额的详细资料，可以据以分析企业的盈利水平。

 技能实战

资料：WZW 公司 2022 年度与 2023 年度的利润表，如表 5-2 所示。

表 5-2　利润表

编制单位：WZW 公司　　　　　　　编制日期：2023 年　　　　　　　单位：万元

项目	2023 年	2022 年
一、营业收入	1 044 938.60	1 071 000.35

（续表）

项目	2023 年	2022 年
减：营业成本	846 372.68	858 580.30
税金及附加	12 774.64	12 702.94
销售费用	137 032.49	135 482.00
管理费用	39 420.35	39 246.65
研发费用		
财务费用	695.67	637.81
其中：利息费用	764.87	708.18
利息收入	122.20	117.37
加：其他收益		
投资收益（损失以"—"号填列）		
其中：对联营企业和合营企业的投资收益		
以摊余成本计量的金融资产终止确认收益		
净敞口套期收益（损失以"—"号填列）		
公允价值变动收益（损失以"—"号填列）		
信用减值损失（损失以"—"号填列）		
资产减值损失（损失以"—"号填列）		
资产处置收益（损失以"—"号填列）		
二、营业利润（亏损以"—"号填列）	8 642.78	24 350.67
加：营业外收入		
减：营业外支出		
三、利润总额（亏损总额以"—"号填列）	8 642.78	24 350.67
减：所得税费用	2 036.24	5 795.46
四、净利润（净亏损以"—"号填列）	6 606.54	18 555.21

要求：

1. WZW 公司 2023 年度与 2022 年度相比，利润总额有何变化？

2. WZW 公司 2023 年度变化最大的项是什么；变化最小的项又是什么？

3. WZW 公司的净利润项 2023 年度与 2022 年度相比有何变化？

4. 结合利润表中信息，对 WZW 公司的 2023 年经营业绩做简要评述。

任务二 利润表水平分析

利润表水平分析

任务描述

通过本任务的学习,学生能够掌握利润表各项数据与历史数据、预期数据等标准进行横向对比的方法,计算企业经营活动产生差异的金额,并具体分析其原因。

知识储备

一、利润表水平分析表的编制

利润表水平分析,主要是指对利润表主表中各项利润额的增减变动情况进行分析,即对企业的利润额、利润结构、企业收入、成本费用等方面进行分析,以了解企业的盈利状况和经营成果。具体来说,利润表水平分析主要指利润额增减变动分析。通过对利润表的水平分析,从利润的形成角度,反映利润额的变动情况,揭示企业在利润形成过程中的管理业绩及存在的问题。通过以上分析,可以了解企业的利润构成及主要来源,成本支出数额及成本支出的构成,以及企业收益水平,从而评价企业的可持续发展能力。对投资者而言,更为关注上市企业的盈利水平,故它是资本市场的"晴雨表"。

表 5-3 是 WZW 公司的利润表水平分析表。

表 5-3 利润表水平分析表

编制单位:WZW 公司　　　　　　编制日期:2023 年 12 月 31 日　　　　　　单位:万元

项目	2023 年	2022 年	增减额	增减率
一、营业收入	1 044 938.60	1 071 000.35	−26 061.75	−2.43%
减:营业成本	846 372.68	858 580.30	−12 207.62	−1.42%
税金及附加	12 774.64	12 702.94	71.70	0.56%
销售费用	137 032.49	135 482.00	1 550.49	1.14%
管理费用	39 420.35	39 246.65	173.70	0.44%
研发费用				
财务费用	695.67	637.81	57.86	9.07%
其中:利息费用	764.87	708.18	56.69	8.01%

（续表）

项目	2023 年	2022 年	增减额	增减率
利息收入	122.20	117.37	4.83	4.12%
加：其他收益				
投资收益（损失以"－"号填列）				
其中：对联营企业和合营企业的投资收益				
以摊余成本计量的金融资产终止确认收益				
净敞口套期收益（损失以"－"号填列）				
公允价值变动收益（损失以"－"号填列）				
信用减值损失（损失以"－"号填列）				
资产减值损失（损失以"－"号填列）				
资产处置收益（损失以"－"号填列）				
二、营业利润（亏损以"－"号填列）	8 642.78	24 350.67	−15 707.89	−64.51%
加：营业外收入				
减：营业外支出				
三、利润总额（亏损总额以"－"号填列）	8 642.78	24 350.67	−15 707.89	−64.51%
减：所得税费用	2 036.24	5 795.46	−3 759.22	−64.86%
四、净利润（净亏损以"－"号填列）	6 606.54	18 555.21	−11 948.67	−64.40%

二、利润表水平分析的评价

通过上述利润表水平分析数据，可以得出企业的利润取决于收入和费用、直接计入当期利润的利得和损失金额的计量。从总体来看，WZW 公司 2023 年相比 2022 年营业利润、利润总额和净利润均有较大的下降。利润表增减变动分析应抓住几个关键利润指标的变动情况，分析其变动原因。

（一）净利润分析

净利润是指企业所有者最终取得的财务成果，或可供企业所有者分配或使用的财务成果。其主要由营业收入、投资收益、营业外收入等多个部分组成，了解各部分的贡献程度和变动情况，有助于深入理解公司的盈利模式和经营策略。其分析内容主要包括以下五个方面：

（1）净利润的变化趋势。通过比较不同时间段的净利润数据，可以观察净利润的变化趋势，进而判断企业的盈利能力是否稳定。

（2）净利润与成本费用的关系。分析净利润与成本费用（如营业成本、销售费用、管理费用、财务费用等）之间的关系，了解成本控制情况及费用支出的合理性和有效性。

（3）净利润与资产质量的关系。分析净利润与资产质量的关系，如应收账款、存货等资产项目的质量，以及它们对净利润的影响。有助于发现潜在的风险和问题，如坏账损失、存货积压等。

（4）净利润与税收政策的关系。分析净利润与税收政策的关系，了解税收政策对企业净利润的影响。不同地区的税收政策、税收优惠等因素都可能对企业的净利润产生影响。

（5）净利润与行业比较。将企业的净利润与行业平均水平或竞争对手进行比较，可以评估企业在行业中的竞争地位和盈利能力。

WZW 公司 2023 年实现净利润 6 606.54 万元，比上年减少了 11 948.67 万元，增长率为 −64.40％，下降幅度较大。从水平分析表看，公司净利润的减少主要是营业利润比上年减少 15 707.89 万元引起的，由于所得税费用比上年减少 3 759.22 万元，缓解了净利润减少的项目，最终在两者作用下净利润 2023 年只减少了 11 948.67 万元。

（二）利润总额分析

利润总额是反映企业全部财务成果的指标，它不仅能够反映企业的营业利润，还可以反映企业的营业外收支情况。其分析内容主要包括以下六个方面：

（1）利润总额构成分析。需要详细分析利润总额的构成部分，包括营业利润、投资收益、营业外收支等。了解这些组成部分对利润总额的贡献程度，可以揭示企业盈利的主要来源和结构特点。

（2）营业利润分析。营业利润是利润总额的主要组成部分，对其进行深入分析至关重要，包括分析销售收入、销售成本、期间费用等的变化情况，以及它们对营业利润的影响。同时，还需要关注毛利率、净利率等关键指标的变化趋势，以评估企业盈利能力的稳定性和增长性。

（3）投资收益分析。投资收益是企业利用闲置资金进行投资所获得的收益。分析投资收益的来源、规模和稳定性，可以了解企业资金运用的效率和风险情况。此外，还需要关注投资收益对企业整体利润的贡献程度，以评估其对企业盈利能力的影响。

（4）营业外收支分析。营业外收支包括非经常性项目，如政府补助、罚款等。分析营业外收支的规模和变化原因，有助于了解企业非经营性因素对利润总额的影响。同时，还需要关注营业外收支的可持续性，以判断其对未来利润的影响。

（5）利润总额变化趋势分析。通过对比不同时间段的利润总额数据，分析利润总额的变化趋势。这有助于判断企业盈利能力的稳定性和增长性，以及预测未来可能的盈利情况。

（6）利润总额与同行业比较。将企业的利润总额与同行业其他企业进行比较，可以评估企业在行业中的竞争地位和盈利能力。这有助于企业制定针对性的经营策略，提高市场竞争力。

WZW 公司 2023 年利润总额减少 15 707.89 万元，增长率为 −64.51％，关键原因是公司营业利润比上年减少,营业利润减少是影响利润总额减少的直接因素。

(三)营业利润分析

营业利润是企业计算利润的第一步,通常也是一定时期内企业盈利最主要、最稳定的关键来源,具体是指企业营业收入与营业成本、税金及附加、期间费用、资产减值损失、资产变动净收益之间的差额。它既包括企业在销售商品、提供劳务等日常活动中所产生的营业毛利润,又包括企业公允价值变动净收益和对外投资的净收益,营业利润反映了企业自身生产经营业务的财务成果。

WZW 公司营业利润减少主要是营业收入减少和期间费用增加所致。2023 年营业收入比上年减少 26 061.75 万元,增长率为 −2.43%。同时,由于税金及附加、管理费用、销售费用、财务费用等期间费用的增长,使增减相抵后营业利润减少 15 707.89 万元,增长率为 −64.51%。

 **技能实战**

完成上市企业江西欧派利润表水平分析并填入表 5-4 中(金额计算结果保留小数点后 2位;变动率采用百分号表示,计算结果保留百分号前 2 位小数)。

表 5-4　利润表水平分析

编制单位:江西欧派　　　　　　　编制日期:2022 年 12 月 31 日　　　　　　　金额单位:万元

项目	本期余额	上期余额	本期与上期变动情况	
			变动额	变动率
一、营业收入	301 151.50	202 663.14		
减:营业成本	204 169.52	137 369.15		
税金及附加	1 962.00	1 457.80		
销售费用	17 763.13	17 442.94		
管理费用	8 633.74	7 355.82		
财务费用	747.13	−192.16		
(略)				
二、营业利润	51 835.02	30 994.96		
加:营业外收入	132.90	135.05		
减:营业外支出	280.78	730.72		
三、利润总额	51 687.14	30 399.29		
减:所得税费用	7 756.05	3 512.61		
四、净利润	43 931.09	26 886.68		

 任务三　利润表垂直分析

利润表垂直分析

 任务描述

　　通过本任务学习,我们要掌握利润表垂直分析的因素及编制垂直分析表,并通过计算各项目在营业收入所占比重,分析说明财务成果的结构及其增减变动的合理性。

知识储备

一、利润表垂直分析表的编制

　　利润表垂直分析,即根据利润表中的资料,通过计算各因素或各种财务成果在营业收入中所占的比重,分析说明财务成果的结构及其增减变动的合理程度。

　　WZW 公司利润表垂直分析表如表 5-5 所示。

表 5-5　利润表垂直分析表

编制单位:WZW 公司　　　　　　　编制日期:2023 年 12 月 31 日　　　　　　　单位:万元

项目	2023 年	2022 年	2023 年占比	2022 年占比
一、营业收入	1 044 938.60	1 071 000.35	100.00%	100.00%
减:营业成本	846 372.68	858 580.30	81.00%	80.17%
税金及附加	12 774.64	12 702.94	1.22%	1.19%
销售费用	137 032.49	135 482.00	13.11%	12.65%
管理费用	39 420.35	39 246.65	3.77%	3.66%
研发费用				
财务费用	695.67	637.81	0.07%	0.06%
其中:利息费用	764.87	708.18	0.07%	0.07%
利息收入	122.20	117.37	0.01%	0.01%
加:其他收益				
投资收益(损失以"一"号填列)				
其中:对联营企业和合营企业的投资收益				
以摊余成本计量的金融资产终止确认收益				

（续表）

项目	2023 年	2022 年	2023 年占比	2022 年占比
净敞口套期收益（损失以"－"号填列）				
公允价值变动收益（损失以"－"号填列）				
信用减值损失（损失以"－"号填列）				
资产减值损失（损失以"－"号填列）				
资产处置收益（损失以"－"号填列）				
二、营业利润（亏损以"－"号填列）	8 642.78	24 350.67	0.83％	2.27％
加：营业外收入				
减：营业外支出				
三、利润总额（亏损总额以"－"号填列）	8 642.78	24 350.67	0.83％	2.27％
减：所得税费用	2 036.24	5 795.46	0.19％	0.54％
四、净利润（净亏损以"－"号填列）	6 606.54	18 555.21	0.63％	1.73％

二、利润表垂直分析的评价

利润表垂直分析评价可从两方面进行：

（一）利润结构的分析评价

通过分析主营业务利润、其他业务利润以及期间费用（如营业费用、管理费用、财务费用）等构成项目，可以了解各部分的占比及其对营业利润的贡献程度。特别是对主营业务利润的分析，能够揭示企业主要业务活动的盈利能力和效率。

（1）投资收益结构分析。投资收益是企业利润的重要来源之一。分析投资收益的构成，包括对外投资项目的盈利情况、投资收益的稳定性以及与其他企业相比的投资回报率等，有助于评估企业对外投资的效益和风险。

（2）营业外收支结构分析。营业外收支通常包括非日常经营活动的收入和支出，如政府补助、罚款、捐赠等。分析营业外收支的规模和结构，可以了解其对利润总额的影响程度，以及是否存在依赖非经营性因素来支撑利润的情况。

（3）利润与成本费用的关系分析。分析利润与各项成本费用的关系，如成本费用的构成、变化趋势以及对利润的影响等，有助于企业发现成本控制的问题和潜力，提高盈利能力和效率。

（4）利润与资产质量的关系分析。资产质量对利润的影响也是利润结构分析的重要方面。通过分析应收账款、存货等资产项目的质量及其对利润的贡献程度，可以揭示潜在的风险和问题，如坏账损失、存货积压等。

WZW 公司 2023 年度各项经营财务成果的构成情况如表 5-5 所示。其中，营业利润占营业收入的比重为 0.83%，比上年度的 2.27% 减少了 1.44%；2023 年度利润总额占营业收入的比重为 0.83%，比上年度的 2.27% 下降了 1.44%；2023 年度净利润的占比为 0.63%，比上年的 1.73% 下降了 1.10%。可见，从利润的构成情况上看，WZW 公司盈利能力 2023 年比上年度稍有下降。

（二）营业利润结构的分析评价

营业利润结构分析主要关注构成营业利润的各要素之间的比例关系以及它们对整体营业利润的贡献程度。营业利润结构分析主要有以下四部分。

（1）主营业务利润分析。主营业务是企业日常经营活动的核心，其利润贡献通常是营业利润的主要部分。分析主营业务利润需要关注其规模、增长趋势以及毛利率等指标。通过比较不同时间段或不同产品（服务线）的主营业务利润，企业可以判断其主营业务的稳定性和增长潜力。

（2）其他业务利润分析。除了主营业务外，企业还可能从事其他业务活动，如销售副产品、提供辅助服务等。这些业务虽然可能不是企业的主要收入来源，但它们的利润贡献也不容忽视。分析其他业务利润可以帮助企业了解其多元化经营的效果，并发现潜在的新的盈利增长点。

（3）期间费用分析。期间费用包括销售费用、管理费用和财务费用等，它们是企业日常经营活动中不可避免的支出。分析期间费用的规模和结构，可以了解企业在运营过程中的效率和管理水平。特别是通过比较不同期间的费用变化，可以识别出可能存在的浪费或不合理支出，进而优化费用结构，提高盈利能力。

（4）营业利润与成本费用的关系分析。营业利润是营业收入减去营业成本及期间费用后的余额。分析营业利润与成本费用的关系，可以揭示企业在成本控制和费用管理方面的表现。通过比较不同产品或服务线的营业利润率，企业可以发现哪些产品或服务具有更高的盈利潜力，从而优化资源配置。

WZW 公司 2023 年度营业利润减少，主要是税金及附加、销售费用、管理费用、财务费用上升所致。

 **技能实战**

完成上市公司江西欧派利润表垂直分析并填入表 5-6 中。（金额计算结果保留小数点后 2 位；所占比重采用百分号表示，计算结果保留百分号前 2 位小数）

表 5-6　利润表垂直分析

编制单位：江西欧派　　　　　　　编制日期：2022 年 12 月 31 日　　　　　　　金额单位：万元

项目	本期余额	上期余额	本期占比	上期占比
一、营业收入	30 1151.50	202 663.14		

（续表）

项目	本期余额	上期余额	本期占比	上期占比
减：营业成本	204 169.52	137 369.15		
税金及附加	1 962.00	1 457.80		
销售费用	17 763.13	17 442.94		
管理费用	8 633.74	7 355.82		
财务费用	747.13	−192.16		
…（略）				
二、营业利润	51 835.02	30 994.96		
加：营业外收入	132.90	135.05		
减：营业外支出	280.78	730.72		
三、利润总额	51 687.14	30 399.29		
减：所得税费用	7 756.05	3 512.61		
四、净利润	43 931.09	26 886.68		

任务四　利润表项目分析

营业收入分析

任务描述

通过本任务的学习，学生能够掌握利润表内各项目并进行独立分析。通过把握利润表重要项目的分析方法，更好地理解企业整体的利润质量。

知识储备

一、营业收入分析

营业收入是指企业在生产经营活动中，因销售产品或提供劳务而取得的各项收入，它不仅是企业利润的基础，也是货币资金的主要来源，同时也是财务分析的起点。营业收入的构成、多少、质量好坏等非常重要，关系到企业的生存和发展。营业收入分析的维度根据管理和经营决策的不同需求，在对营业收入分析时，可从不同维度进行，常见营业收入分析的维度有：

（一）营业收入的构成维度

根据管理决策的需要可以从不同角度对营业收入进行划分，分别向管理者提供不同的信息。常见的有按产品、按行业、按地区、按项目等进行划分,从而了解不同项目对营业收入的贡献度和公司采取的发展战略。

(二)营业收入的质量维度

营业收入的质量一般来讲,指的是营业收入的稳定性和可收回性。稳定性是指营业收入变化波动正常且呈上升趋势,一般我们认为这样的企业市场地位较稳定,产品比较受市场欢迎,当然企业处在不同发展阶段营业收入会呈现行业生命周期特征。一般通过横向方法进行分析。可收回性是指收入能否按时收回货款,如果发生大量坏账这样的收入质量是有问题的,管理者要引起注意。可收回性一般结合现金流量表来进行分析。

(三)营业收入的市场维度

通过分析营业收入占整个行业市场份额,一方面能够了解公司的市场开发与销售能力和对销售部门的投入的大小,同样也能了解公司产品受市场欢迎程度以及公司在行业市场中的地位和影响力。

对于营业收入金额的异常,也需要我们及时关注,常见营业收入异常及主要原因有以下四个方面。

(1)营业收入项目内部构成不合理。主营业务收入没其他业务收入占比大,如果企业其他业务收入占比比主营业务收入大,一般这种情况是不可持续的,最有可能的原因是企业正在进行市场调整,处在淘汰老产品、上线新产品的过渡期。如果长期出现这种情况,企业存在问题的可能性较大,要作进一步具体核实分析。

(2)营业收入总体对利润的贡献较小。营业收入贡献小说明企业利润不是靠营业收入,而是靠投资收益、营业外收入等非主业活动,这说明企业主业萎缩或管理团队不务正业。这种企业长期业绩一定堪忧,投资者对这种企业要慎重。

(3)营业收入对应的货款长期收不回来。如果企业营业收入规模不错,而现金流量表上"销售商品和提供劳务收到的现金"金额较少与营业收入或应收账款严重不匹配。说明公司回收货款管理出了问题,或营业收入有虚增的可能性。

(4)营业收入波动异常。有些企业营业收入横向来看变化幅度较大,出现异常波动。可能的原因有市场出现较大突发性的不可预测因素,如果经常出现异常波动有可能是企业出于某些目的在人为操纵利润,要作进一步核实分析。

二、营业成本分析

营业成本是指企业本期已实现销售商品和已对外提供劳务的成本,营业成本应当与营业收入相匹配,包括主营业务成本和其他业务成本。营业成本高低反映了企业生产经营成本管控水平,直接决定企业盈利空间。

营业成本分析

对企业的营业成本分析实际上就是对生产成本的分析,因为营业成本是已销售的产品或已提供劳务对应成本的会计形式上的转化,在实务中对营业成本分析一般可以从以下三个方面进行。

（一）成本总额的分析

企业成本管控的目标是合理降低成本、增加利润，具体分析时可用同比分析或标准成本法进行。通过同比分析，了解企业成本升降趋势及其原因，为企业成本管理提供数据支持。同比分析可以用绝对额和比值两种形式进行，用本期成本额减去基期成本额得出本期增减金额，用增减额除以基期成本额得出升降率。通过同比分析可以评估企业成本管控措施是否有效，如果降低说明控制措施有效，如果上升则需要进一步分析具体的原因。

（二）单位成本的分析

对营业成本总额进行分析只能发现企业成本管控总体的情况，要了解引起成本总额增减变动的具体原因还要对单位成本进行分析，具体分析方法同成本总额可利用同比或标准成本进行，通过同比等方法了解单位成本上升或下降后，针对升降原因还要进一步对成本构成项目展开具体分析。

（三）成本项目的分析

产品成本主要由材料、人工、制造费用三部分组成，在对产品成本分析时一般按这三大项目进行，同时还需对每个项目进行细分，以便能找出成本升降的最终源头。

（1）材料项目分析。直接材料在产品成本中占比一般较大，引起材料成本增减主要是价格和用量两个因素。价格是由市场决定的，企业管控空间较小，更多的是被动适应。用量则是企业内部可管控的。所以，企业更多要从内部加强管理、提高效益来降低材料消耗。

（2）人工项目分析。直接人工成本同样在产品成本中占比较大，尤其在人力资本密集型企业更是如此。人工成本一般从工资率水平和工作效率两个因素进行分析，工资率一般是由企业所在地区一般工资水平决定，降低空间有限，企业更多要从工作效率方面进行管控。不同企业工资支付形式也不一样，可以选择按件数或者按小时，也可同时利用两种方式。

（3）制造费用项目分析。制造费用项目分析是企业财务管理中至关重要的一环，它涉及对生产过程中除直接材料、直接人工以外的各项间接生产费用的详细剖析和评估。企业可以全面了解制造费用的成本构成和变动趋势，找出成本控制中的薄弱环节和潜在问题，从而采取有效措施降低制造成本，提高经济效益。

营业成本分析应关注的问题：

（1）不同类型的企业营业成本构成项目比重不同。不同类型企业营业成本构成项目比重不同，比如传统制造业材料成本占比较大，人工成本次之，制造费用相对较少，而软件开发类企业人工成本占比较大，材料和制造费用相对较少，在做具体分析时要结合不同行业企业特征来进行。

（2）营业成本升降波动幅度异常。一般来讲，营业成本高低走势都符合这个行业企业一般特征，如果企业营业成本升降幅度异常，可能存在人为粉饰报表。常见通过营业成本来粉饰报表的手法有：①通过少结转或少列支成本达到虚增利润目的；②通过少提折旧方式达到虚增利润目的；③关联方采购不计成本达到虚增利润目的；④通过选择存货计价方法来达到调节营业成本目的;⑤通过提前或滞后结转成本来达到调节利润目的;⑥通过张冠李戴式会计处理来达到调节利润目的。

（3）配合营业收入造假而虚增营业成本。为了提高业绩虚增利润,有些企业通过提前确认或其他方式虚增营业收入,为与营业收入匹配从而虚增营业成本,这种会计操作方法往往比较隐蔽且逻辑顺畅,单从趋势、关联性等形式上分析很难发现问题。

三、营业总成本其他项目分析

营业总成本其他项目分析主要包括税金及附加、期间费用、研发费用和资产减值损失的项目分析。

营业总成本
其他项目分
析

（一）税金及附加的分析

税金及附加项目反映企业上交给国家的税费等相关支出,主要包括消费税、城市维护建设税、资源税、教育费附加、房产税、城镇土地使用税、车船税和印花税等。在 2016 年全面营改增之前,并不包括房产税、土地增值税、车船税和印花税等四小税,全面营改增后才纳入四小税。该项目是一个派生项目,它的大小、多少取决于企业经营数据和其他财税数据,对该项目分析一般都是对产生它的原生项目的分析,例如:消费税多少取决于应税收入多少,城建税及教育附加费取决于流转税的多少,通过该项目分析能够看出企业经营业务、土地房产等的基本情况。

（二）期间费用的分析

期间费用是指企业日常活动发生的不能计入特定成本对象,而应计入损益的费用化支出。企业在毛利一定的情况下,最终利润的多少取决于期间费用的多少,所以企业都非常注重对期间费用的管控,期间费用主要包括销售费用、管理费用、财务费用。

1. 销售费用

销售费用是反映企业销售部门为销售产品提供劳务而发生的各项支出。销售费用水平与企业所在行业特征密切相关,不同行业企业的销售费用有明显区别,可通过垂直和对比分析来评估销售费用相对于营业收入和产能的合理性。

1）销售费用行业特征

不同行业企业的商业和营销模式不同,对如何把产品和劳务提供送达到消费者手中去的渠道、方式、方法也不一样,相应的发生的费用也会明显不一样。在分析时,先要了解企业行业特征和经营管理模式,再分析相对于销售规模是否合理。例如:农业企业、建筑安装企业、金融保险业销售费用就很低,而制造业、批发零售等贸易型企业销售费用就高得多。

2）销售费用分析的思路

针对销售费用分析,在实务中常用的分析方法和思路有:

（1）趋势分析。通过对比不同时间段的销售费用数据,分析销售费用的变化趋势,判断其增长或下降的合理性。

（2）结构分析。分析各项销售费用在总销售费用中的占比,了解费用构成的合理性及变动情况。

（3）详细项目分析。对销售费用中的各项费用进行详细分析，了解其变动原因及对企业财务状况的影响。

（4）预算对比分析。将实际销售费用与预算进行对比，分析差异产生的原因，并评估预算的执行情况。

（5）费销比分析。计算销售费用与销售收入的比例（费销比），评估销售费用的投入产出效率。

（6）投入产出分析。分析销售费用的投入是否带来了相应的销售收入增长，评估销售费用的有效性。

2. 管理费用

作为企业运营中不可或缺的一环，管理费用是指为有效组织、协调及监督生产经营活动而发生的各项费用支出。其涵盖范围广泛，从人力资源配置到行政管理，再到员工福利与无形资产摊销等，每一项都深刻影响着企业的运营效率与成本控制。因此，对管理费用的深入分析，不仅应聚焦于总额的变化，还需细致考察各费用项目的性质、趋势及背后的管理逻辑。

1）管理费用分析的多维视角

（1）总额分析。通过对比管理费用总额与预算、行业平均水平及历史数据，评估其合理性与增长（或减少）的合理性。这一过程有助于揭示企业管理团队在成本控制与资源配置上的综合能力。

（2）具体费用项目剖析。鉴于管理费用构成的复杂性，针对每一项费用进行细化分析尤为关键。这有助于识别企业在不同管理领域（如人力资源管理、行政管理等）的优势与不足，为精准施策提供数据支持。

（3）人均效能评估。虽然管理费用受行业特性影响有限，但通过人均管理费用（即管理费用总额除以员工人数）的对比，可以直观反映企业管理的精细化程度与效率。高效能的企业往往能在保持业务增长的同时，有效控制管理费用支出。

（4）产能规模关联分析。管理费用与企业产能规模紧密相关。随着产能的扩大，管理复杂度增加，管理费用相应上升。因此，分析管理费用与产能规模的关系，有助于判断管理费用增长的合理性及企业扩张的可持续性。

2）管理费用异常波动的深度解读

（1）上升趋势。这可能预示着企业规模的扩张或管理效率的下降，需结合产能与销售数据，判断增长是否源于健康的市场拓展或内部管理问题。

（2）下降趋势。这可能反映企业规模缩减或管理水平提升。同样需结合业务实际，分析下降背后的原因及其对企业长期发展的影响。

（3）与行业对比：若管理费用水平显著高于同行业，需警惕企业可能存在的利润操纵行为或管理水平低下问题。

（4）预算管理。频繁超出预算的管理费用，提示企业在成本管控与预算管理方面存在不足,需加强内部控制与预算执行的监督。

3)上市企业管理费用的特别关注

对于上市企业而言,管理费用因其可调节性成为利润操纵的"重灾区"。企业应警惕并防范以下行为:无形资产摊销不合规、管理费用结转不全、资本化与费用化处理的混淆以及随意列支管理费用等。这些行为不仅损害企业信誉,还可能引发监管风险。因此,建立健全的管理费用核算与监督机制,对于维护企业健康发展和保护投资者利益至关重要。

3. 财务费用

作为企业筹集和运用资金过程中不可避免的成本,财务费用深刻体现了企业的融资策略与财务风险水平,同时展现出鲜明的行业特色。深入剖析财务费用,有助于我们准确把握企业运用财务杠杆的程度以及潜在的财务风险状况。需明确的是,财务费用直接关联于企业的筹资活动,而非直接反映其产能或销售规模。

1)财务费用分析的多重视角

(1)融资策略透视。财务费用规模是企业融资策略的镜像。高额的财务费用往往意味着企业依赖大量的债务融资,这既彰显了其较强的融资能力,也可能意味着较高的融资成本。相反,低财务费用则可能指向较低的债务融资比例或相对有限的融资能力。

(2)财务风险评估。财务费用不仅是融资成本的体现,更是企业财务风险的风向标。一般而言,财务费用越高,伴随的财务风险也越大,要求企业在享受债务杠杆带来的好处时,必须谨慎管理资金,以防财务风险失控。反之,较低的财务费用虽表明财务风险较低,但也可能限制了企业利用杠杆加速发展的机会。

(3)资本结构解析。通过财务费用,我们可以窥见企业的资本结构轮廓。不同的财务费用水平反映了企业债务融资与股权融资之间的比例关系,进而揭示了企业的资本结构和财务稳健性。

2)财务费用分析需警惕的要点

(1)报表粉饰风险。在分析财务费用时,应警惕企业通过调整财务费用来粉饰财务报表的行为。特别是当财务费用与债务规模明显不符时,需进一步核查是否存在财务造假嫌疑。

(2)还款能力考量。利息和债务本金的偿还是刚性支出,它们对企业现金流管理提出了严峻挑战。因此,在分析财务费用时,务必关注企业的还款能力,包括其资金预算管理的有效性、现金流的充裕程度以及应对突发事件的能力,确保企业能够按时偿还债务,避免陷入财务困境。

(三)研发费用的分析

企业研发费用是指企业在产品、技术、材料、工艺、标准的研究开发过程中发生的各项支出。随着国家鼓励企业转型升级研发创新,对研发费用加计扣除的税收优惠力度也越来越大,在提高了企业创新研发积极性的同时,也有些企业为享受税收优惠政策而虚列研发费用骗取税收优惠。通过对研发费用的分析,能够了解企业在研发方面的战略,也能预测其未来的发展驱动力和竞争能力。

针对研发费用分析,一般关注以下几个问题:

(1)研发费用的行业特征。不同行业企业的技术研发要求是不一样的,研发投入也不一样,比如高新技术企业比传统制造业研发投入要多,软件行业要比物流行业投入要多,在对研发费用分析时要关注企业所在行业。

(2)研发费用与新产品销售收入匹配研发的目的是要转化为商业运用,最终会体现在研发出新产品的销售收入上,如果企业研发费用一直很大,但新产品销售收入却很低,要进一步分析研发的有效性和真实性。

(3)研发费用的核算问题。研发费用的核算是否合法、合规,是否存在不符合研发的支出计入研发费用;该资本化的费用化,该费用化的资本化;研发费用申报扣除金额与实际账面金额是否一致等问题。

(4)研发费用对应的研发项目进度研发费用金额与研发项目所处研发阶段有直接关系,关注与研发阶段的相关性。

(5)研发费用占收入比变动幅度通过对比分析研发费用的变化趋势,关注异常波动,了解企业研发战略的变化。通过不同企业的研发投入规模,了解企业对研发的重视程度和发展潜力。

(四)资产减值损失的分析

资产减值损失是指因资产的账面价值高于其可收回金额而造成的损失。企业会计准则规定当资产发生减值时要入账反映减值的损失,但对于资产减值的具体判断,企业会计准则并无明确标准,计提时涉及较多的商业判断甚至靠会计个人行业经验,因而主观性较强。所以该项目也是众多上市企业进行利润操纵重点对象。

分析时,一般关注以下三个方面:

(1)了解资产减值损失常用操纵手法。当期多提,减少当期利润,以后冲回,增加后期利润;不提或少提,增加当期利润;一次性大额计提,降低资产的账面价值,从而减少后期的折旧和摊销,增加后期利润。

(2)关注资产减值损失变动幅度异常。如果资产减值损失前后各期变动幅度较大,则人为会计操控的可能性较大。

(3)关注资产减值损失金额大小。在正常经济环境下资产减值损失金额一般不会太大,如果出现金额非常大,人为会计操控可能性较大。

 **技能实战**(多选题)

根据上市企业古井贡酒的期间费用与毛利分析图,如图 5-1 所示,以下说法正确的有( )。

A. 2016—2021 年,古井贡酒管理费用和销售费用费效比率均高于行业平均水平,且与

行业头部企业五粮液相比仍有一定差距,费用管理水平有待提高

B. 2016—2021 年,古井贡酒期间费用占毛利比重逐年下降,反映出较好的成本管控水平

C. 2020 年古井贡酒管理费用增长主要是由于职工薪酬较 2019 年出现较大幅度增长,这也使得管理费用增长率远高于收入

D. 2016—2021 年,古井贡酒财务费用效率优于行业平均水平,这主要得益于财务费用中利息收入占绝大部分

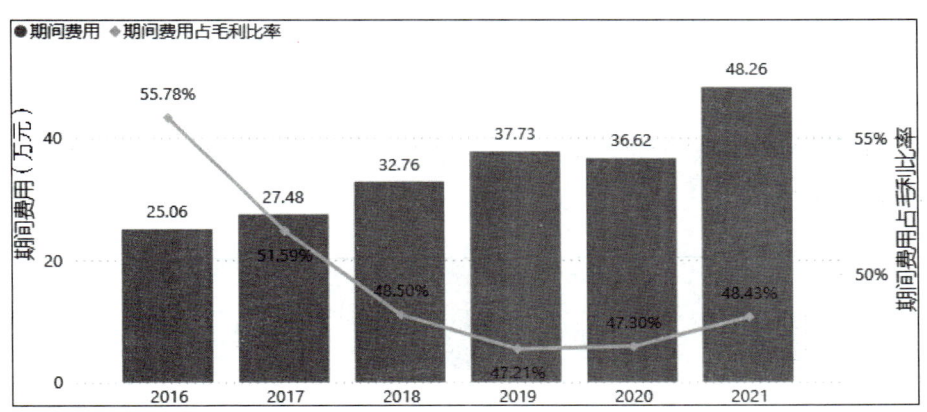

图 5-1　古井贡酒期间费用与毛利分析图

 **利润表驾驶舱分析与可视化设计**

 **任务描述**

　　通过本任务的学习,学生能够掌握围绕一家上市企业进行利润表驾驶舱分析和可视化看板制作,更好地利用大数据和可视化图形进行利润表的解读。

任务实施

一、利润表驾驶舱分析

　　以创元科技(股票代码:000551)作为目标企业、以新纶科技(股票代码:002341)作为对标企业,通过阅读上市企业财报、附注明细、企业基本介绍和分析报告参考资料,以及搜集企业及其所属行业的相关资料,梳理分析指标体系,在数字化驾驶舱中,撰写创元科技利润表分析报告。

利润可视化
分析驾驶舱
实战

点击"企业数据",录入上市企业股票代码"000551",阅读目标企业和对标企业的财务报表及附注明细,如图 5-2 所示。

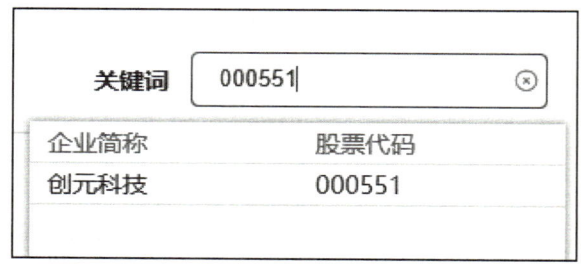

图 5-2　录入上市企业股票代码

点击"背景资料",下载"创元科技公司基本情况. pdf",阅读企业基本介绍及分析报告参考资料,如图 5-3 所示。

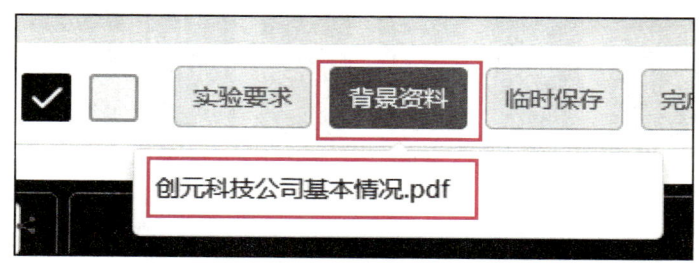

图 5-3　阅读企业基本介绍及分析报告参考资料

搜集企业及其所属行业的相关资料,了解企业及其所属行业的基本情况,选择"专用设备"后,勾选"环保设备",如图 5-4 所示。

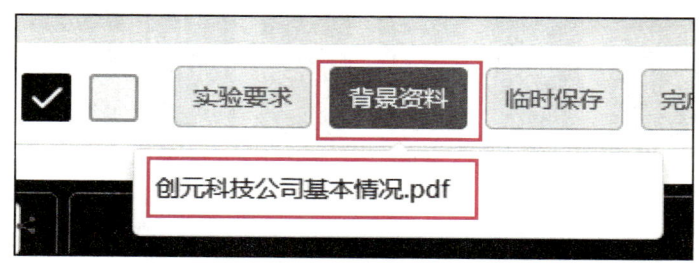

图 5-4　企业及其所属行业的基本情况

围绕企业的核心目标,思考并构建合理的利润表分析指标体系,如图 5-5 所示。

图 5-5 利润表驾驶舱分析指标

在数字化驾驶舱中,将指标库指标拖拽到画布上生成分析图表、将文本框拖拽到画布上编写评价文字,完成分析报告的撰写,如图 5-6 所示。

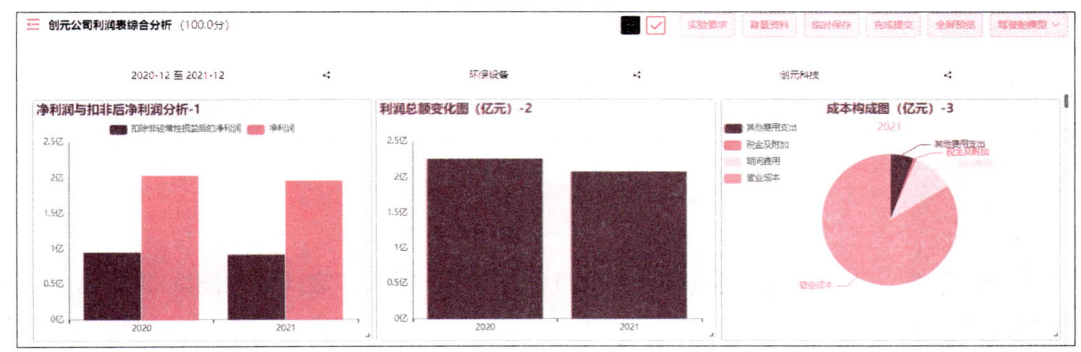

图 5-6 利润表驾驶舱分析

二、利润表可视化分析看板设计

下面将通过 10 个子任务详细介绍锦江酒店利润表的可视化实现过程。

(一) 下载资料

登录网中网大数据财务分析平台,进入"利润表可视化设计实验"项目,在"附加资料"中将资料下载,保存备用。

(二) 下载数据

登录网中网大数据财务分析平台,进入"利润表可视化报表设计"项目的实验界面,进入

"大数据中心"模块,获取锦江酒店 2016—2020 年的利润表数据。

通过关键词搜索公司,点击"查看详情"进入锦江酒店财务数据详情,在左侧的菜单栏,执行"财务报表"—"利润表"命令,在"报告期"处输入"2016-01"—"2020-12",点击"查询"按钮,出现锦江酒店 2016—2020 年的利润表数据后,点击"复制地址"按钮,如图 5-7 所示。

图 5-7 从大数据中心获取锦江酒店利润表地址

(三)导入"利润表"数据并进行整理

执行"主页"—"获取数据"—"更多"—"其他"—"Web"命令,在弹出的窗口中,粘贴从大数据中心复制的地址,然后点击"确定"按钮,如图 5-8 所示。

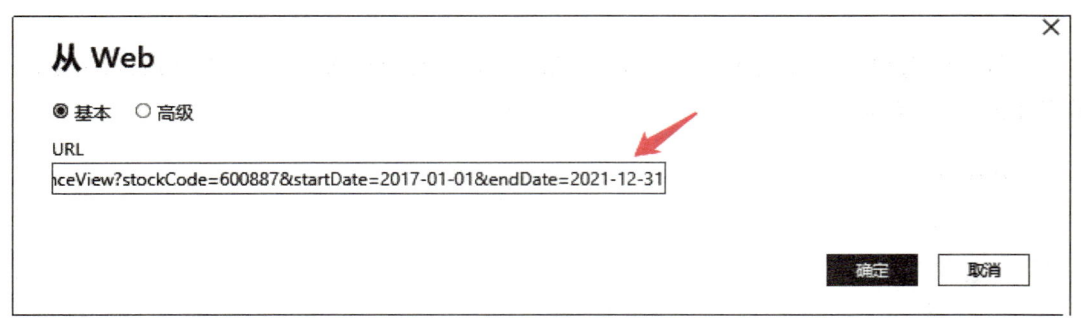

图 5-8 输入锦江酒店利润表地址

选择数据源。此时会显示数据源,在窗口的左侧表格勾选"表 1",如图 5-9 所示,点击"转换数据"按钮,会打开一个新窗口,即"Power Query 编辑器"窗口。数据的清洗、整理操作都在 Power Query 编辑器中完成。

选择"主页"—"Excel 工作簿",导入利润表,点击"转换数据"按钮后进入 Power Query 查询编辑器,选择"主页"—"将第一行用作标题",将第一行提升为标题,将第一行提升为标题,选中"证券代码""证券简称"和"项目",右键选择逆透视其他列,然后将"属性"这一列重命名为"报告期",将"值"这一列重命名为"金额",最后将"证券代码"的数据类型更改为文本,将"报告期"的数据类型更改为日期,如图 5-10 所示。

复制上一步中整理好的利润表,作为新查询,选择"项目"这一列,选择菜单"转换"—"透视列",在弹出的窗口中选择"值列"为"金额"列,最后将查询名称修改为"利润表 1",如图 5-11 所示。

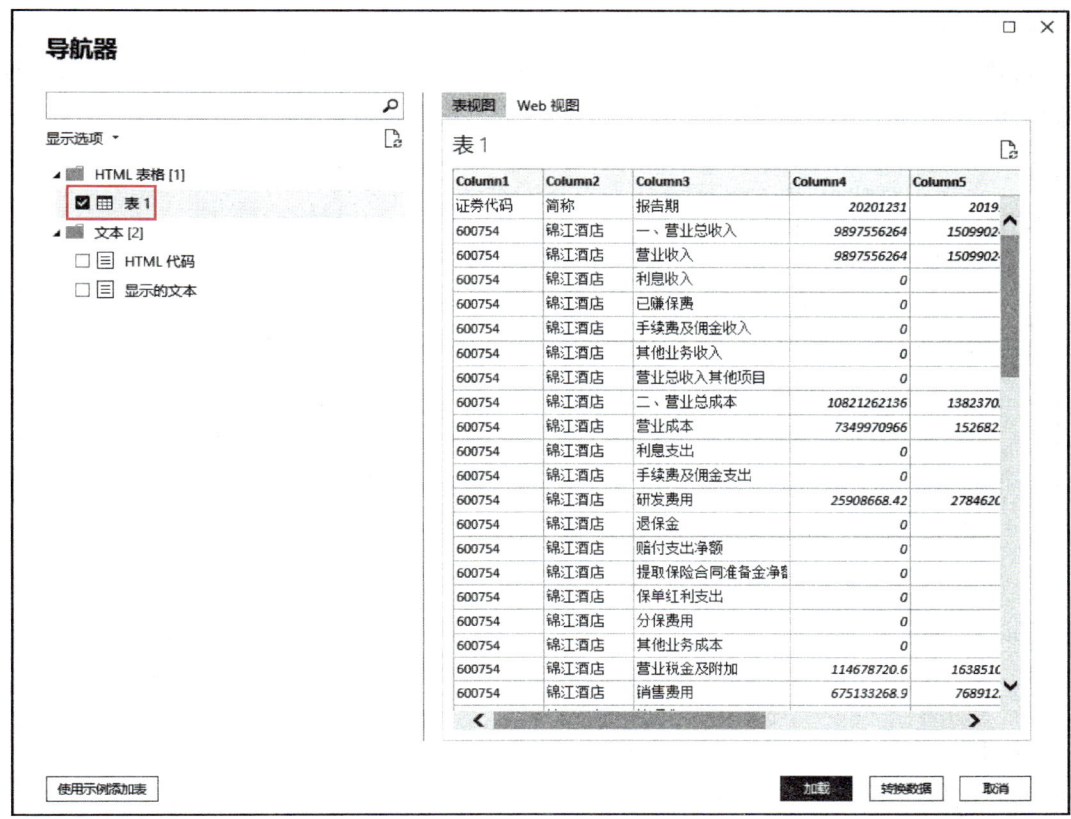

图 5-9　导入锦江酒店利润表

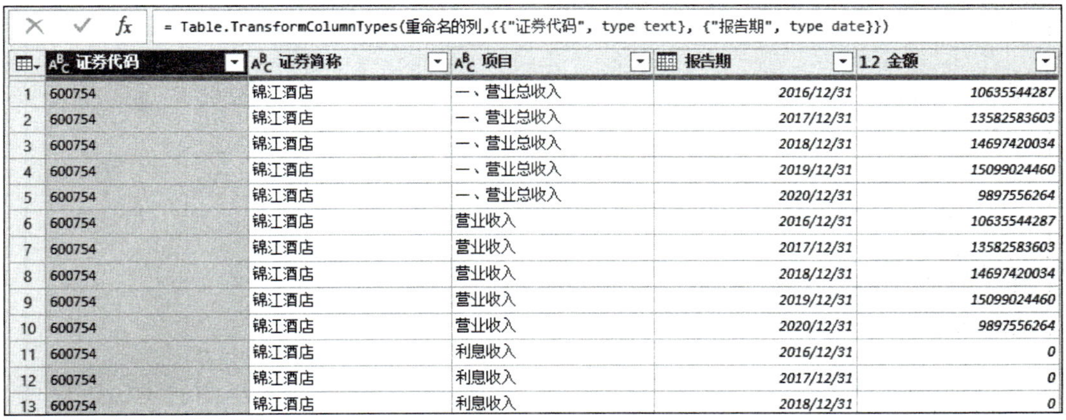

图 5-10　创建并转换"利润表"

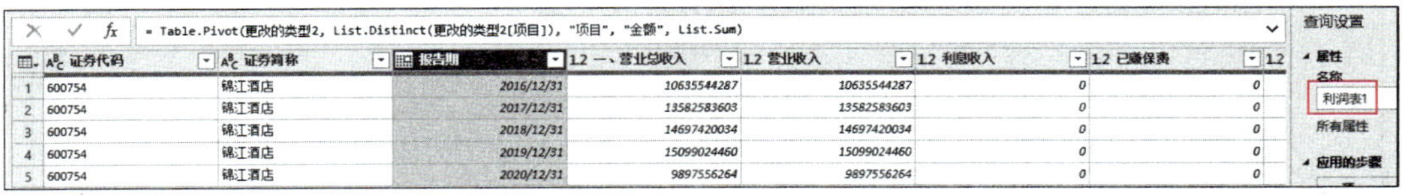

图 5-11　修改名称为"利润表 1"

再次复制上一步中整理好的利润表，作为新查询，通过选择利润表项目并删除重复项来创建科目表。选择"项目"列，右键选择"删除其他列"，再右键选择"删除重复项"，然后选择"添加列"—"索引列"，添加索引列，选择修改为"科目表"，如图5-12所示。

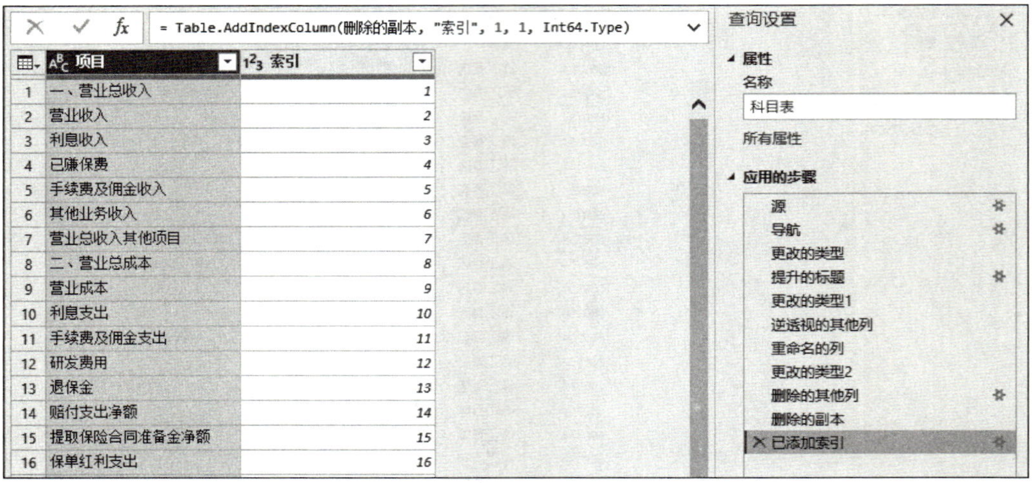

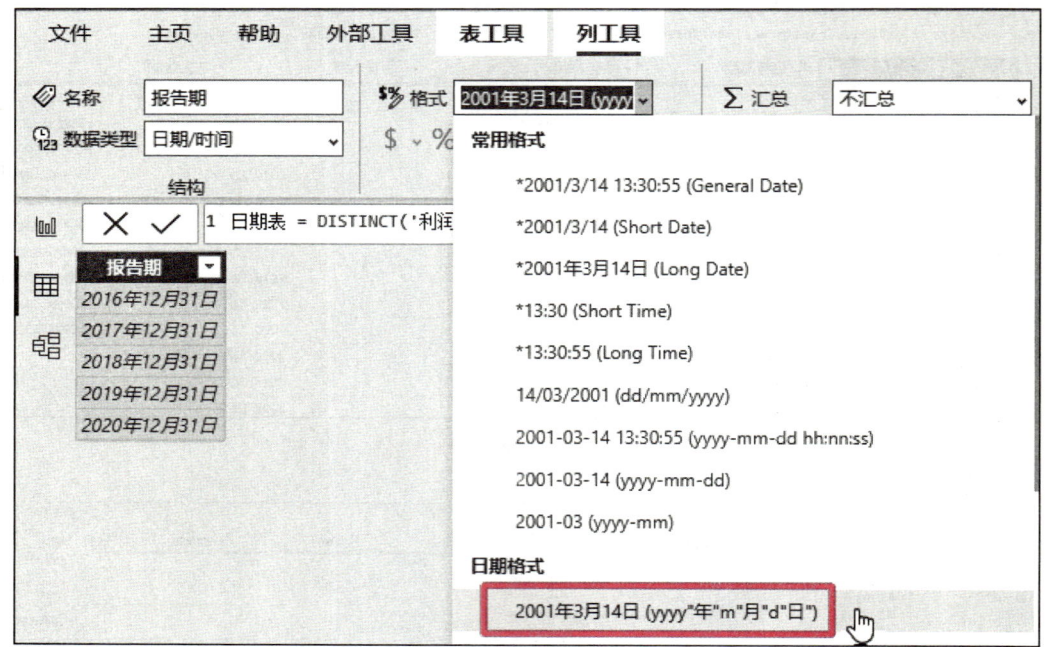

图5-12　创建并修改名称为"科目表"

回到Power BI报表视图，点击菜单"建模"—"新建表"，输入公式"日期表＝DISTINCT（利润表［报告期］）"，通过获取利润表"报告期"这一列的不重复项目来创建"日期表"。选择"报告期"，将数据格式修改为""yyyy"年"m"月"d"日"，如图5-13所示。

图5-13　修改报告期

在模型视图中,为数据表之间建立关联关系。将日期表中的"报告期"字段分别与利润表、利润表1中的"报告期"进行关联,再将科目表"项目"与利润表"项目"进行关联,如图 5-14 所示。完成数据建模,如图 5-15 所示。

关联表	关联字段	关联关系
日期表与利润表	报告期	一对多
日期表与利润表1	报告期	一对多
科目表与利润表	项目	一对多

图 5-14　关联关系图

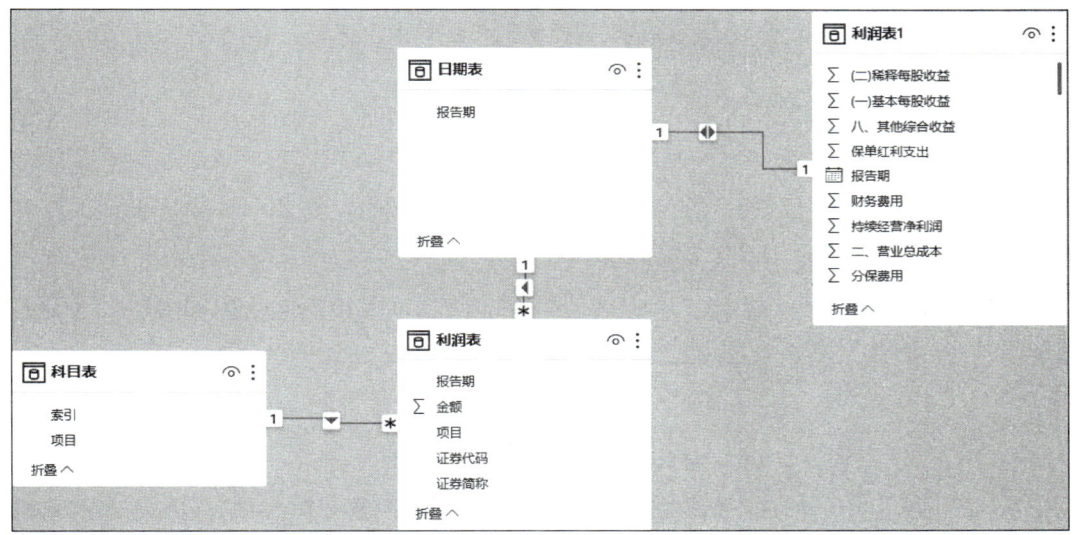

图 5-15　完成数据建模

（四）设置标题和日期

在报表视图,选择"插入"—"文本框",添加文本框,输入"锦江酒店"。添加视觉对象-切片器,字段选择"日期表—报告期",如图 5-16 所示。

图 5-16　日期切片器

打开"格式"—"切片器设置",关闭"标题",将切片器样式改为"磁贴",选择"单项选择",

关闭"切片器标头",如图 5-17 所示。

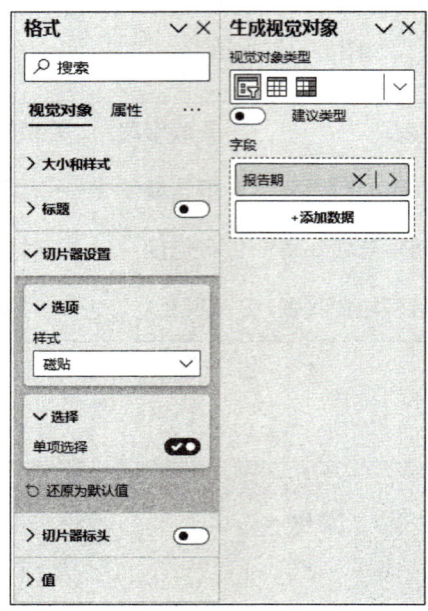

图 5-17　修改为"磁贴"样式

(五) 设置主要项目占收入比重分析

选择"主页"—"更多视觉对象"—"从我的文件",导入华夫饼图视觉对象,如图 5-18 所示。

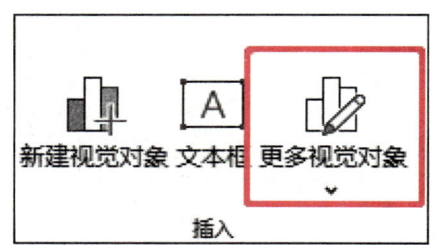

图 5-18　"更多视觉对象"图标

选择"主页"—"输入数据",创建一张空白表存放度量值,如表 5-7 所示表名为度量值表,点击"加载"按钮。

表 5-7　度量值公式

序号	度量值名称	公式
1	利润表金额	CALCULATE(SUM('利润表'[金额]))
2	营业总收入	CALCULATE(SUM('利润表 1'[一、营业总收入]))
3	占收入百分比	DIVIDE([利润表金额],[营业总收入])*100

添加视觉对象—华夫饼图，Category Data 选择"科目表—项目"，Values 选择度量值"占收入百分比"，并设置此视觉对象筛选器，如图 5-19 所示。

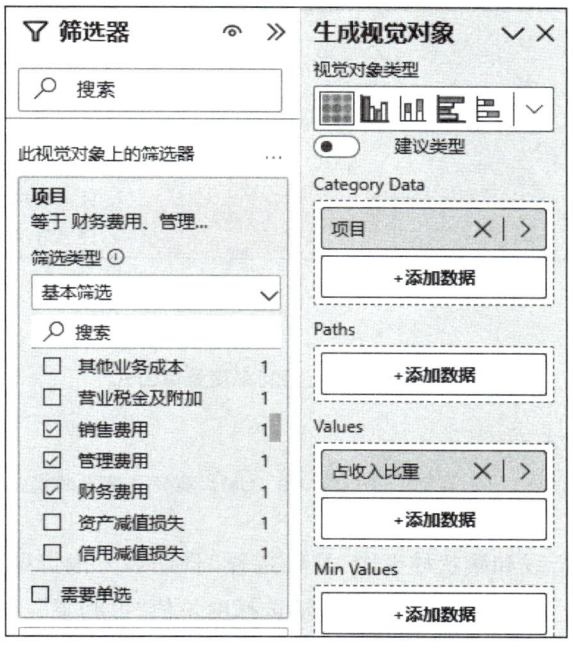

图 5-19　视觉筛选器

项目为"营业成本、销售费用、管理费用、财务费用、净利润"。打开"格式"，关闭"标题"，效果如图 5-20 所示。

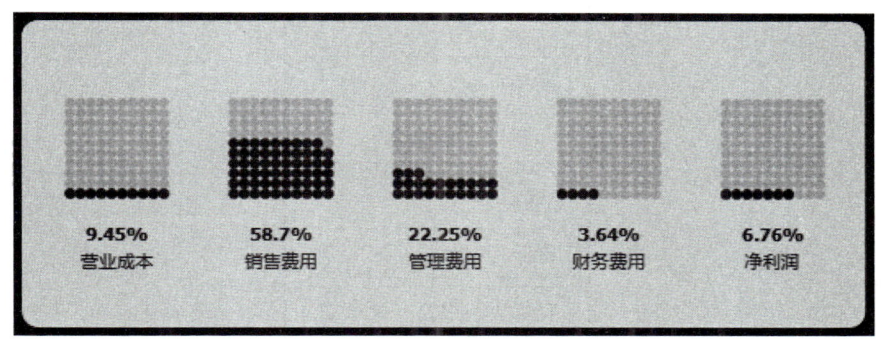

图 5-20　主要项目占收入比重图

选择"科目表—项目"，选择"列工具"—"按列排序"—"索引"，按"索引"列排序，然后将华夫饼图排列轴改为按"项目"，再勾选"以升序排序"，如图 5-21 所示。

（六）设置营业收入、营业成本及毛利率分析

新建度量值，如表 5-8 所示。并选择"度量工具"—"％"，将格式设置为百分比。

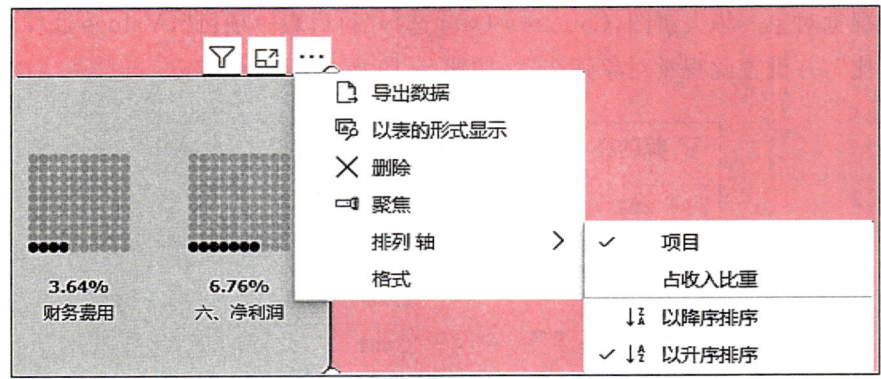

图 5-21　设置排列轴

表 5-8　营业毛利率度量值公式

序号	度量值名称	公式
1	毛利率	DIVIDE(SUM('利润表 1'[营业收入])- SUM ('利润表 1'[营业成本]), SUM ('利润表 1'[营业收入]))

添加视觉对象—折线和簇状柱形图，X 轴选择"日期表—报告期"，列 y 轴选择"利润表 1—营业收入""利润表 1—营业成本"，行 y 轴选择度量值"毛利率"，如图 5-22 所示。

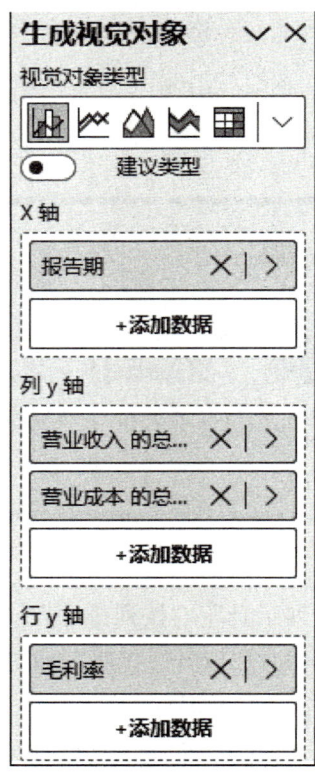

图 5-22　添加视觉对象

打开"格式"，关闭"标题"，并取消与日期切片器的交互。最终生成分析图，如图 5-23 所示。

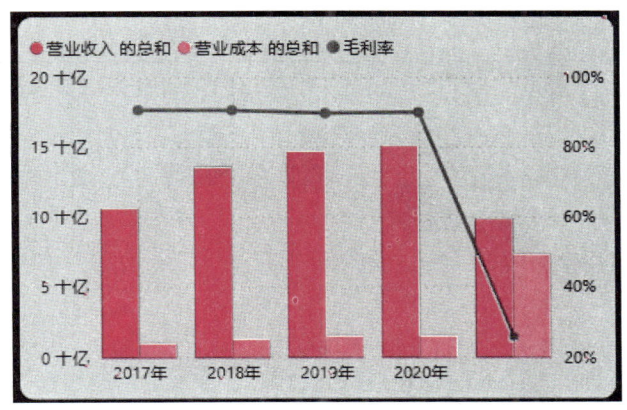

图 5-23　营业收入、营业成本及毛利率分析图

（七）设置销售净利率分析

选择"主页"—"更多视觉对象"—"从我的文件"，导入点线图视觉对象。新建度量值，如表 5-9 所示，并选择"度量工具"—"％"，将格式设置为百分比。

表 5-9　销售净利率度量值公式

序号	度量值名称	公式
1	销售净利率	DIVIDE(SUM('利润表1'[六、净利润]),[营业总收入])

添加视觉对象-点线图，日期选择"日期表—报告期"，值选择度量值"销售净利率"，如图 5-24 所示。

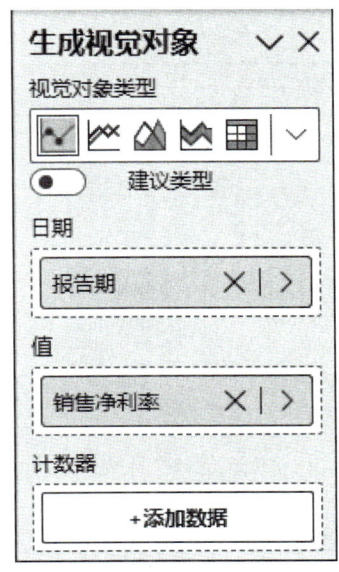

图 5-24　设置销售净利率视觉对象

打开"格式",关闭"标题"。同样取消与日期切片器的交互。最终生成分析图,如图 5-25 所示。

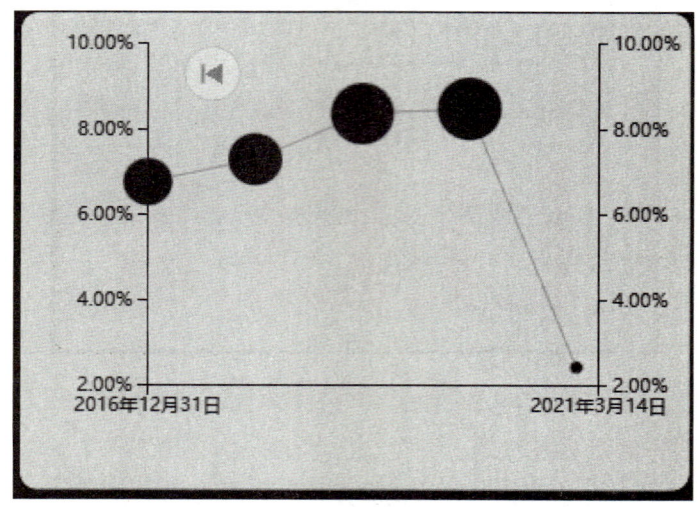

图 5-25　销售净利率分析图

(八) 设置境内酒店客房的省份分布分析

导入"境内客房间数"表,选择"转换数据"按钮,进入 Power Query 查询编辑器。接着同时选择第一、第二列,右键选择合并列,分隔符选择逗号,合并这两列。然后删除"城市数"这一列,选择"转换"—"转置",将这张表行列转置;再选中第一、第二列,右键选择"填充"—"向下",把第一行提升做标题,然后选择前三列,右键选择逆透视其他列;再选中"属性"这一列,右键选择"拆分列"—"按分隔符",按逗号拆分此列,修改列名为类别、直营/加盟、指标、报告期、省/自治区/直辖市、数值。最终效果如图 5-26 所示。

类别	直营/加盟	指标	报告期	省/自治区/直辖市	数值
1	中国大陆境内开业酒店	直营酒店	酒店家数	2020/12/31	北京市	35
2	中国大陆境内开业酒店	直营酒店	酒店家数	2020/12/31	天津市	10
3	中国大陆境内开业酒店	直营酒店	酒店家数	2020/12/31	河北省	5
4	中国大陆境内开业酒店	直营酒店	酒店家数	2020/12/31	山西省	21
5	中国大陆境内开业酒店	直营酒店	酒店家数	2020/12/31	内蒙古自治区	1
6	中国大陆境内开业酒店	直营酒店	酒店家数	2020/12/31	辽宁省	23
7	中国大陆境内开业酒店	直营酒店	酒店家数	2020/12/31	吉林省	11
8	中国大陆境内开业酒店	直营酒店	酒店家数	2020/12/31	黑龙江省	8
9	中国大陆境内开业酒店	直营酒店	酒店家数	2020/12/31	上海市	59
10	中国大陆境内开业酒店	直营酒店	酒店家数	2020/12/31	江苏省	51
11	中国大陆境内开业酒店	直营酒店	酒店家数	2020/12/31	浙江省	28
12	中国大陆境内开业酒店	直营酒店	酒店家数	2020/12/31	安徽省	9
13	中国大陆境内开业酒店	直营酒店	酒店家数	2020/12/31	福建省	14
14	中国大陆境内开业酒店	直营酒店	酒店家数	2020/12/31	江西省	22
15	中国大陆境内开业酒店	直营酒店	酒店家数	2020/12/31	山东省	13
16	中国大陆境内开业酒店	直营酒店	酒店家数	2020/12/31	河南省	7
17	中国大陆境内开业酒店	直营酒店	酒店家数	2020/12/31	湖北省	38

图 5-26　数据处理

选择"主页—关闭并应用",退出 Power Query 编辑器。在"模型视图"中,通过"报告期"关联"境内酒店信息"与"日期表"。选择"文件"—"选项和设置"—"选项"—"预览功能",勾选"形状映射视觉对象"。新建度量值，如表 5-10 所示。

表 5-10　客房间数度量值公式

序号	度量值名称	公式
1	客房间数	CALCULATE(SUM('境内酒店信息'[数值]),'境内酒店信息'[指标]="客房间数")

选中"境内酒店信息—省/自治区/直辖市"，选择"列工具"—"数据类别"，将数据类别更改为"省/自治区/直辖市"。添加视觉对象-形状地图，位置选择"境内酒店信息—省/自治区/直辖市"，色彩饱和度选择度量值"客房间数"，如图 5-27 所示。

打开"格式"，关闭"标题"，地图设置里的映射类型选择"自定义地图"，在添加映射类型中导入"中华人民共和国.json"，并修改填充颜色为"渐变"，如图 5-28 所示。

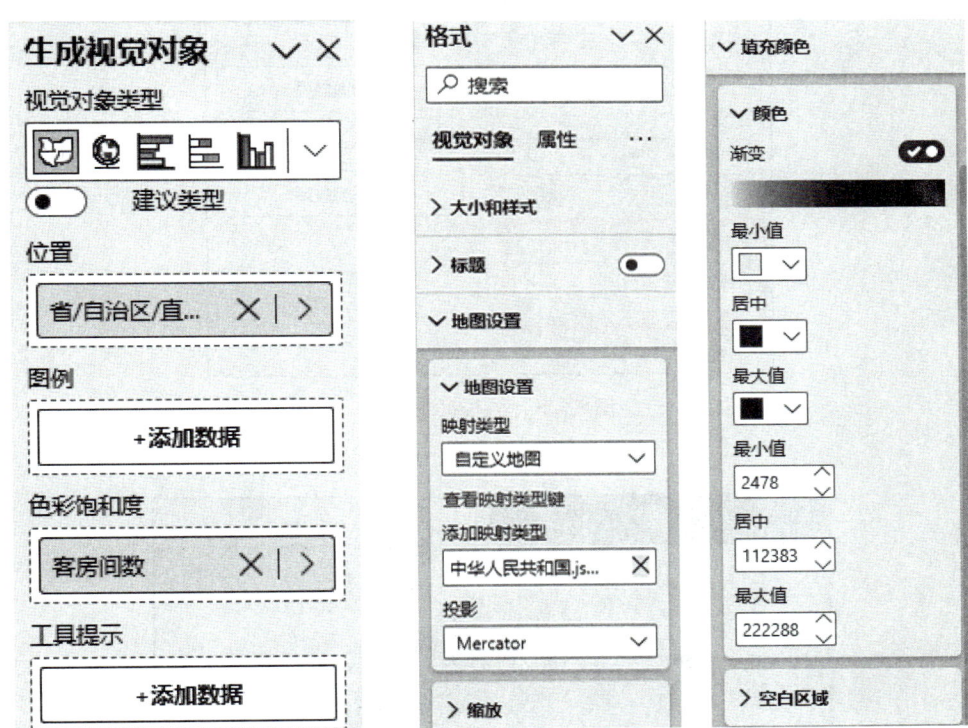

<table>
<tr><td>图 5-27　设置客房间数视觉对象</td><td>图 5-28　形状地图设置</td></tr>
</table>

（九）设置收入明细分析

导入"收入明细"表，点击"加载"按钮。在"模型视图"中，通过"报告期"关联"收入明细"和"日期表"。添加视觉对象-切片器，字段选择"收入明细—类型"，如图 5-29 所示。

添加视觉对象—饼图，图例选择"收入明细—明细"，对象值选择"收入明细—收入"。打开"格式"，关闭"标题"，关闭图例，在"详细信息标签"里选择标签内容为"类别，总百分比"。最终生成分析图，如图 5-30 所示。

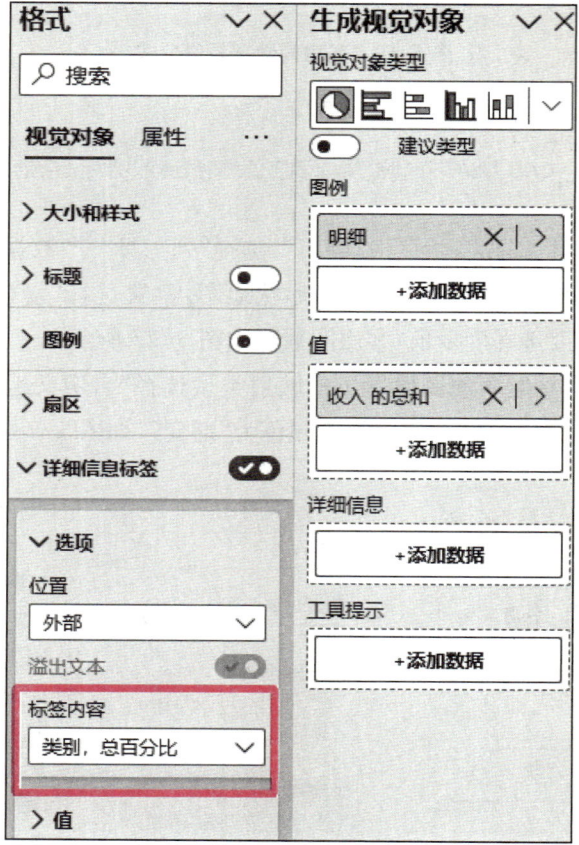

图 5-29　收入明细设置

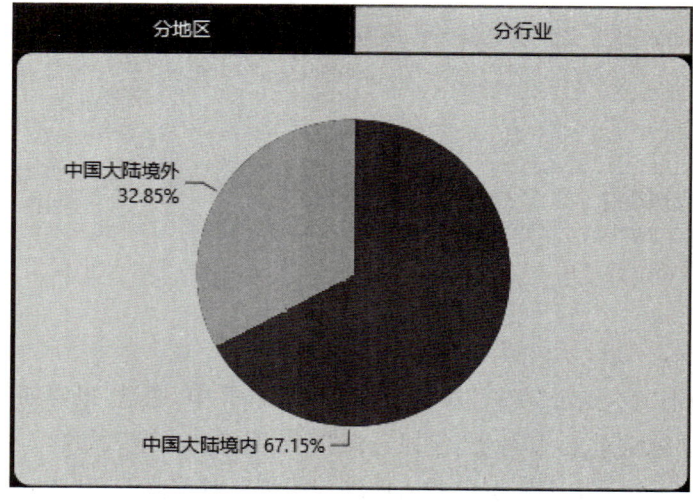

图 5-30　收入明细分析图

（十）成本明细分析

导入"成本费用明细"表，点击"加载"按钮。在"模型视图"中，通过"报告期"关联"成本费用明细"和"日期表"。添加视觉对象—树状图，类别选择"成本费用明细—成本费用项目"，对象值选择"成本费用明细—金额"。打开"格式"，关闭"标题"，打开"数据标签"，如图 5-31 所示。最终效果如图 5-32 所示。

图 5-31　成本明细设置

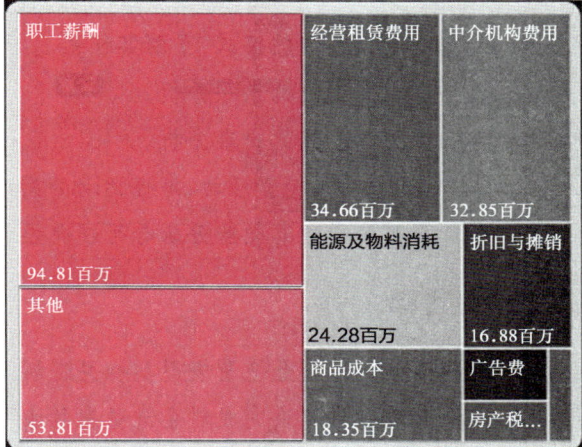

图 5-32　成本明细树形图

 **技能实战**

点击"大数据财务分析"教学平台，选择"利润表可视化设计实验"，完成"南都物业利润表分析"的可视化看板。

项目六

现金流量表分析

知识目标

1. 理解现金流量表的格式,了解其作用。
2. 掌握现金流量表的水平分析。
3. 掌握现金流量表的垂直分析。
4. 熟悉经营活动、投资活动、筹资活动的阅读与分析。
5. 掌握现金流量表驾驶舱分析与可视化设计流程思路。

能力目标

1. 能够准确运用现金流量表及其相关资料。
2. 运用有效分析方法完成现金流量表的水平分析。
3. 运用有效分析方法完成现金流量表的垂直分析。
4. 运用有关分析方法对现金流量表三项活动进行有效分析。
5. 独立完成现金流量表驾驶舱分析与可视化看板制作。

素养目标

1. 培养管理思维,提升资金管理水平。
2. 锻炼数据思维,提升报表分析维度。

知识导图

现金流量表概述
- 现金流量表的概念
- 现金流量表的结构
- 现金流量表的作用

现金流量表水平分析
- 现金流量表水平分析表的编制
- 现金流量表水平分析的评价

现金流量表分析
- 现金流量表垂直分析
  - 现金流量表垂直分析表的编制
  - 现金流量表垂直分析的评价
- 现金流量表项目分析
  - 经营活动产生的现金流量项目分析
  - 投资活动产生的现金流量项目分析
  - 筹资活动产生的现金流量项目分析
- 现金流量表驾驶舱与可视化设计
  - 现金流量表驾驶舱分析
  - 现金流量表可视化分析看板设计

思政园地

国家出台恢复和扩大消费 20 条措施

2023 年 7 月 31 日,国家发展改革委副主任李春临介绍,《关于恢复和扩大消费的措施》经国务院同意,已由国务院办公厅转发各地方、各部门,并向社会公开发布。措施围绕 6 个方面提出 20 条具体政策举措,力求长短兼顾、务实有效。

在稳定大宗消费方面,措施提出,优化汽车购买使用管理,扩大新能源汽车消费,支持刚性和改善性住房需求,提升家装家居和电子产品消费。在扩大服务消费方面,措施明确,扩大餐饮服务消费;丰富文旅消费,全面落实带薪休假制度;促进文娱体育会展消费;提升健康服务消费。在促进农村消费方面,措施明确,开展绿色产品下乡,完善农村电子商务和快递物流配送体系,推动特色产品进城,大力发展乡村旅游。

在拓展新型消费方面,措施提出,壮大数字消费,推广绿色消费。在完善消费设施方面,措施提出,加快培育多层级消费中心,着力补齐消费基础设施短板,完善消费基础设施建设支持政策。在优化消费环境方面,措施还提出,加强金融对消费领域的支持,持续提升消费服务质量水平,完善促进消费长效机制。

资料来源:节选自《光明日报》2023 年 08 月 01 日第 04 版的新闻《我国出台恢复和扩大消费 20 条措施》。

案例导读

红星美凯龙前三季度营收 86.75 亿元,经营活动现金流量净额 27.68 亿元

2023 年 10 月 28 日,红星美凯龙发布了 2023 年三季报。财报显示,2023 年前三季度红星美凯龙实现营业收入 86.75 亿元,扣非后归母净利润为－3.35 亿元,经营活动产生的现金流量净额为 27.68 亿元。

对于亏损的原因,红星美凯龙表示,受到宏观经济环境、房地产行业政策等因素影响,居民收入增长放缓,消费信心不足,其所处行业目前估值处于低位,景气度需逐步恢复。

幸运的是,景气度正在得到改善。国家统计局数据显示,9月份,社会消费品零售总额39 826亿元,同比增长5.5%。1月至9月,社会消费品零售总额342 107亿元,同比增长6.8%。社会消费品零售总额,反映了普通老百姓是否愿意花钱买东西的日常消费状况。这一指标的反弹意味着居民的消费意愿在提升。

政策层面也在积极助力家居行业复苏。国家发展改革委出台的《关于恢复和扩大消费的措施》提出,促进家庭装修消费,鼓励室内全智能装配一体化。商务部办公厅印发《关于组织开展"家居焕新消费季"活动的通知》,将于2023年9~12月在全国范围内组织开展"家居焕新消费季"活动。

资料来源:节选自中国财经网2023年10月30日的新闻《红星美凯龙前三季度营收86.75亿元,经营活动现金流量净额27.68亿元》。

任务一　现金流量表概述

现金流量表
分析概述

 任务描述

通过本任务的学习,学生能够熟悉现金流量表的概念、结构和作用。

 知识储备

一、现金流量表的概念

现金流量表是反映企业一定会计期间现金及现金等价物流入、流出状况的动态会计报表。现金流量表可以揭示企业获取现金和现金等价物的能力,从而评价企业的经营活动及其成果的质量;可以反映企业现金和现金等价物的流入、流出结构的变动情况和变动原因,便于信息使用者更好地了解企业净利润的情况,从而评价和预测企业的财务状况。现金流量表是企业的主要财务报表之一,每一个会计主体都必须按照规定定期编制现金流量表。

二、现金流量表的结构

现金流量表采用报告式结构,包含"本期金额"和"上期金额"两栏的数据金额。现金流量表的主表分为表头和表身两部分。现金流量表主表的表头是报表的标志,包括报表的名

称、编制单位、编制时间和金额单位四个部分。其中,编制时间应为现金流量表报告期间的一段时间。现金流量表的表身是报表的主体,通过经营活动产生的现金流量、投资活动产生的现金流量、筹资活动产生的现金流量、汇率变动对现金及现金等价物的影响、现金及现金等价物净增加额、期末现金及现金等价物余额六个方面的内容来反映企业一定时期现金及现金等价物的流入、流出状况。具体如表 6-1 所示。

表 6-1 现金流量表

编制单位: 编制日期: 单位:

项目	本期金额	上期金额
一、经营活动产生的现金流量:		
销售商品、提供劳务收到的现金		
收到的税费返还		
收到其他与经营活动有关的现金		
经营活动现金流入小计		
购买商品、接受劳务支付的现金		
支付给职工及为职工支付的现金		
支付的各项税费		
支付其他与经营活动有关的现金		
经营活动现金流出小计		
经营活动产生的现金流量净额		
二、投资活动产生的现金流量:		
收回投资收到的现金		
取得投资收益收到的现金		
处置固定资产、无形资产和其他长期资产收回的现金净额		
处置子公司及其他营业单位收到的现金净额		
收到其他与投资活动有关的现金		
投资活动现金流入小计		
购建固定资产、无形资产和其他长期资产支付的现金		
投资支付的现金		
取得子公司及其他营业单位支付的现金净额		
支付其他与投资活动有关的现金		
投资活动现金流出小计		
投资活动产生的现金流量净额		

（续表）

项目	本期金额	上期金额
三、筹资活动产生的现金流量：		
吸收投资收到的现金		
取得借款收到的现金		
收到其他与筹资活动有关的现金		
筹资活动现金流入小计		
偿还债务支付的现金		
分配股利、利润或偿付利息支付的现金		
支付其他与筹资活动有关的现金		
筹资活动现金流出小计		
筹资活动产生的现金流量净额		
四、汇率变动对现金及现金等价物的影响		
五、现金及现金等价物净增加额		
加：期初现金及现金等价物余额		
六、期末现金及现金等价物余额		

三、现金流量表的作用

现金流量表在财务报表中扮演着重要角色，主要具有以下作用：

（1）提供现金流入和流出的信息。现金流量表详细记录了企业在一定时期内的现金和现金等价物的流入和流出情况，帮助报表使用者了解企业的现金流量质量。

（2）分析企业的偿债能力和支付能力。现金流量表通过展示经营活动、投资活动和筹资活动产生的现金流量，帮助分析企业的偿债能力和支付股利的能力。

（3）预测企业未来的现金流量。通过分析企业未来获取现金的能力，现金流量表可以预测企业的发展前景和投资价值。

（4）评估企业的收益质量。现金流量表能够从现金流量的角度了解净利润的质量，从而帮助评估企业的收益质量。

（5）辅助企业做出更科学的经营决策。现金流量表的信息有助于管理者做出更为科学的经营决策。

（6）与资产负债表和利润表相辅相成。现金流量表是连接资产负债表和利润表的桥梁，为报表使用者提供更全面的财务信息。

总之，现金流量表是财务报表的重要组成部分，它不仅为报表使用者提供了关于企业现金流动的详细信息，还有助于企业内外各方对企业的整体财务状况做出客观评价。

 **技能实战**

资料：WZW公司2022年度与2023年度的现金流量表，如表6-2所示。

表6-2　现金流量表

编制单位：WZW公司　　　　　　　　编制日期：2023年　　　　　　　　单位：万元

项目	2023年度	2022年度
一、经营活动产生的现金流量：		
销售商品、提供劳务收到的现金	188 958.90	177 096.70
收到的税费返还		
收到其他与经营活动有关的现金	5 005.50	3 993.40
经营活动现金流入小计	193 964.40	181 090.10
购买商品、接受劳务支付的现金	40 159.80	46 204.60
支付给职工及为职工支付的现金	18 721.90	17 900.90
支付的各项税费	24 554.30	25 416.60
支付其他与经营活动有关的现金	26 720.60	20 855.90
经营活动现金流出小计	110 156.60	110 378.00
经营活动产生的现金流量净额	83 807.80	70 712.10
二、投资活动产生的现金流量：		
收回投资收到的现金	384 560.00	149 115.00
取得投资收益收到的现金	6 682.70	2 511.80
处置固定资产、无形资产和其他长期资产收回的现金净额	104.70	156.50
处置子公司及其他营业单位收到的现金净额		
收到其他与投资活动有关的现金		
投资活动现金流入小计	391 347.40	151 783.30
购建固定资产、无形资产和其他长期资产支付的现金	5 361.00	11 791.20
投资支付的现金	519 680.00	229 200.00
取得子公司及其他营业单位支付的现金净额	22 023.40	
支付其他与投资活动有关的现金		
投资活动现金流出小计	547 064.40	240 991.20
投资活动产生的现金流量净额	−155 717.00	−89 207.90

（续表）

项目	2023 年度	2022 年度
三、筹资活动产生的现金流量：		
吸收投资收到的现金	3 795.90	
取得借款收到的现金		
收到其他与筹资活动有关的现金	44 709.00	55 246.10
筹资活动现金流入小计	48 504.90	55 246.10
偿还债务支付的现金		
分配股利、利润或偿付利息支付的现金	30 743.90	15 750.00
支付其他与筹资活动有关的现金	7 361.50	
筹资活动现金流出小计	38 105.40	15 750.00
筹资活动产生的现金流量净额	10 399.50	39 496.10
四、汇率变动对现金及现金等价物的影响		
五、现金及现金等价物净增加额	−61 509.70	21 000.30
加：期初现金及现金等价物余额	79 668.30	58 668.00
六、期末现金及现金等价物余额	18 158.60	79 668.30

要求：

1. WZW 公司 2023 年度与 2022 年度相比，经营活动现金流量金额有何变化？

2. WZW 公司 2023 年度变化最大的项目是什么？变化最小的项目又是什么？

3. WZW 公司的投资活动净现金流量 2023 年度与 2022 年度相比有何变化？

4. 结合经营活动、投资活动、筹资活动产生的净现金流量金额，对 WZW 公司的 2023 年现金流量活动作简要评述。

任务二　　现金流量表水平分析

现金流量表
水平分析

任务描述

通过本任务的学习，学生应掌握现金流量表各项数据与历史数据、预期数据等进行横向对比的方法，计算企业在经营活动、投资活动、筹资活动中现金流量产生变动的金额，并具体分析其原因。

知识储备

一、现金流量表水平分析表的编制

现金流量表水平分析是指通过对比不同时期的各项现金流量变动情况,揭示企业当期现金流量水平及其变动情况,反映企业现金流量管理的水平和特点。与一般分析相比,它的特点在于通过编制水平分析表,反映不同时期的现金变动,主要提供以下几方面信息:①不同会计年度现金净流量的总体变动额及原因;②不同会计年度的经营活动、投资活动、筹资活动现金变动额及原因;③结合现金流量表的补充资料,详细分析经营活动现金净流量的变动额及影响因素。

现金流量表水平分析通常按照下列程序进行:

第一步,根据资料编制现金流量表水平分析表,计算不同会计年度经营活动、投资活动、筹资活动现金流量的横向差异,即增减额和增减率。

第二步,分析不同会计年度现金净增加额的总体变动额及原因,不同会计年度的经营活动、投资活动、筹资活动现金流量变动额及原因;结合现金流量表的补充资料,详细分析经营活动现金流量净额的变动额及影响因素。

采用现金流量表水平分析法,可以说明企业当期现金流量产生的原因,还可以揭示当期现金流量与前期或预计现金流量的差异。现金流量表水平分析根据企业现金流产生情况的不同,可分为经营活动现金流量分析、筹资活动现金流量分析、投资活动现金流量分析三部分。

WZW 股份有限公司的现金流量表水平分析表,如表 6-3 所示。

表 6-3　现金流量表水平分析表

编制单位:WZW 公司　　　　　　编制日期:2023 年 12 月 31 日　　　　　　　　单位:万元

项目	2023 年度	2022 年度	变动额	变动率
一、经营活动产生的现金流量:				
销售商品、提供劳务收到的现金	188 958.90	177 096.70	11 862.20	6.70%
收到的税费返还				
收到其他与经营活动有关的现金	5 005.50	3 993.40	1 012.10	25.34%
经营活动现金流入小计	193 964.40	181 090.10	12 874.30	7.11%
购买商品、接受劳务支付的现金	40 159.80	46 204.60	−6 044.80	−13.08%
支付给职工及为职工支付的现金	18 721.90	17 900.90	821.00	4.59%
支付的各项税费	24 554.30	25 416.60	−862.30	−3.39%

（续表）

项目	2023 年度	2022 年度	变动额	变动率
支付其他与经营活动有关的现金	26 720.60	20 855.90	5 864.70	28.12%
经营活动现金流出小计	110 156.60	110 378.00	−221.40	−0.20%
经营活动产生的现金流量净额	83 807.80	70 712.10	13 095.70	18.52%
二、投资活动产生的现金流量：				
收回投资收到的现金	384 560.00	149 115.00	235 445.00	157.89%
取得投资收益收到的现金	6 682.70	2 511.80	4 170.90	166.05%
处置固定资产、无形资产和其他长期资产收回的现金净额	104.70	156.50	−51.80	−33.10%
处置子公司及其他营业单位收到的现金净额				
收到其他与投资活动有关的现金				
投资活动现金流入小计	391 347.40	151 783.30	239 564.10	157.83%
购建固定资产、无形资产和其他长期资产支付的现金	5 361.00	11 791.20	−6 430.20	−54.53%
投资支付的现金	519 680.00	229 200.00	290 480.00	126.74%
取得子公司及其他营业单位支付的现金净额	22 023.40		22 023.40	
支付其他与投资活动有关的现金				
投资活动现金流出小计	547 064.40	240 991.20	306 073.20	127.01%
投资活动产生的现金流量净额	−155 717.00	−89 207.90	−66 509.10	74.56%
三、筹资活动产生的现金流量：				
吸收投资收到的现金	3 795.90		3 795.90	
取得借款收到的现金				
收到其他与筹资活动有关的现金	44 709.00	55 246.10	−10 537.10	−19.07%
筹资活动现金流入小计	48 504.90	55 246.10	−6 741.20	−12.20%
偿还债务支付的现金				
分配股利、利润或偿付利息支付的现金	30 743.90	15 750.00	14 993.90	95.20%
支付其他与筹资活动有关的现金	7 361.50		7 361.50	
筹资活动现金流出小计	38 105.40	15 750.00	22 355.40	141.94%
筹资活动产生的现金流量净额	10 399.50	39 496.10	−29 096.60	−73.67%

（续表）

项目	2023 年度	2022 年度	变动额	变动率
四、汇率变动对现金及现金等价物的影响				
五、现金及现金等价物净增加额	−61 509.70	21 000.30	−82 510.00	−392.90％
加：期初现金及现金等价物余额	79 668.30	58 668.00	21 000.30	35.80％
六、期末现金及现金等价物余额	18 158.60	79 668.30	−61 509.70	−77.21％

二、现金流量表水平分析的评价

通过上述现金流量表水平分析数据，可以得出，WZW 公司 2023 年净现金流量比 2022 年减少了 82 510.00 万元。经营活动、投资活动和筹资活动产生的净现金流量较 2022 年的变动额分别是 13 095.70 万元、−66 509.10 万元和−29 096.60 万元。

（一）经营活动分析

2023 年经营活动净现金流量比 2022 年增长了 13 095.70 万元，增长率为 18.52％。经营活动的现金流入量和流出量分别比 2022 年变化了 7.11％和−0.20％，变动额分别为 12 874.30 万元和−221.40 万元。经营活动现金流入量远远大于经营活动现金流出量，致使经营活动现金净流量有了大幅增长。经营活动现金流入量的增加主要是因为销售商品、提供劳务收到的现金增加了 11 862.20 万元，增长率为 6.70％。经营活动现金流出量的增加是因为支付其他与经营活动有关的现金增加了 5 864.70 万元，增长率为 28.12％。支付给职工及为职工支付的现金增加了 821.00 万元，增长率为 4.59％。经营活动现金流出量的减少是因为购买商品、接受劳务支付的现金减少了 6 044.80 万元，降低率为 13.08％；支付的各项税费减少了 862.30 万元，降低率为 3.39％。

（二）投资活动分析

投资活动现金净流量比 2022 年减少了 66 509.10 万元，增长率为 74.56％，主要是因为 2023 年投资活动现金流出量比 2022 年多。2023 年和 2022 年的投资活动现金流出量都大于投资活动现金流入量，且 2023 年的投资活动现金流入量和流出量都比 2022 年多，主要是因为：收回投资收到的现金增加了 235 445.00 万元，增长率为 157.89％；取得投资收益收到的现金增加了 4 170.90 万元，增长率为 166.05％，说明 2023 年投资活动资金收回情况得到大幅增加，并且减少了购买固定资产等长期资产。

（三）筹资活动分析

筹资活动净现金流量本年比上年减少了 29 096.60 万元，增长率为−73.67％，主要是因为分配股利、利润现金增加了 14 993.90 万元，说明该公司筹资活动的大部分开支用于分配现金股利，分配利润等活动。

 **技能实战**

完成上市企业格力电器现金流量表水平分析并回答问题。格力电器现金流量表信息和格力电器经营活动现金流量表信息如表 6-4 和表 6-5 所示。

表 6-4　格力电器现金流量表信息

编制单位:格力电器　　　　　　　编制日期:2018 年 12 月 31 日　　　　　　　单位:亿元

项目	2018 年	对应上期增减额	对应上期增减率	2017 年	对应上期增减额	对应上期增减率
期初金额	213.59	−499.62	−70.05%	713.21	−60.44	−7.81%
经营净额	269.41	105.82	64.69%	163.59	14.99	10.08%
投资净额	−218.45	404.08	64.91%	−622.53	−430.07	−223.45%
筹资净额	25.14	47.83	210.77%	−22.69	34.82	60.54%
汇率变动	−1.96	16.02	89.08%	−17.98	−58.93	−143.91%
期末金额	287.72	74.13	34.71%	213.59	−499.62	−70.05%

表 6-5　格力电器经营活动现金流量表信息

编制单位:格力电器　　　　　　　编制日期:2018 年 12 月 31 日　　　　　　　单位:亿元

项目	2018 年	对应上期增减额	对应上期增减率	2017 年	对应上期增减额	对应上期增减率
销售商品、提供劳务收到的现金	1 350.29	274.30	25.49%	1 075.99	377.02	53.94%
收到的税费返还	23.57	7.00	42.20%	16.57	5.18	45.46%
收到的其他与经营活动有关的现金	75.67	48.87	182.36%	26.80	−2.59	−8.81%
其他现金收入	12.57	−4.48	−26.27%	17.05	1.64	10.67%
购买商品、接受劳务支付的现金	780.46	196.80	33.72%	583.65	178.86	44.19%
支付给职工以及为职工支付的现金	85.75	8.91	11.59%	76.85	20.28	35.85%
支付的各项税费	151.42	19.45	14.74%	131.97	18.63	16.44%
支付的其他与经营活动有关的现金	150.27	−5.63	−3.61%	155.90	72.18	86.23%
其他现金支出	24.79	0.33	1.36%	24.46	76.32	147.17%
经营净额	269.41	105.82	64.69%	163.59	14.99	10.08%

1. 格力电器 2018 年现金变动金额最大的部分是什么?

2. 引起格力电器 2018 年经营活动现金流入变化最大的因素是什么?

3. 引起格力电器 2018 年经营活动现金流出变化最大的因素是什么？

任务三 现金流量表垂直分析

任务描述

通过本任务的学习,学生能够掌握现金流量表垂直分析的因素及编制垂直分析表,采用垂直分析法进行分析的目的在于揭示现金流入量和现金流出量的结构情况,从而抓住现金流量管理的重点,并评价现金流量质量。

知识储备

一、现金流量表垂直分析表的编制

现金流量表垂直分析,又称现金流量表结构分析,通过计算企业各项现金流入量占现金总流入量的比重,以及各项现金流出量占现金总流出量的比重,揭示企业经营活动、投资活动和筹资活动的特点及对现金流量净额的影响方向和程度。

现金流量表垂直分析是指同一时期现金流量表中不同项目间的比较与分析,其步骤如下:

（1）计算现金流入总额、现金流出总额和现金余额;计算各现金流入项目和各现金流出项目占现金流入总额和流出总额的比例。

（2）计算企业各项业务,包括经营活动、投资活动、筹资活动中现金收支净流量占现金余额的比例,分析各类现金流入小计和各类现金流出小计占现金流入总额和现金流出总额的比例。

（3）按比例大小或比例变动大小,找出重要项目,了解现金流量的形成、变动过程及其变动原因。

WZW 公司的现金流量垂直分析表如表 6-6 所示。

现金流量表垂直分析（一）

表 6-6 WZW 公司现金流量表垂直分析表

编制单位:WZW 公司　　　　　　　　编制日期:2023 年 12 月 31 日　　　　　　　　单位:万元

项 目	2023 年				2022 年			
	金额	流入结构	流出结构	内部结构	金额	流入结构	流出结构	内部结构
一、经营活动产生的现金流量:	—	—	—	—	—	—	—	—

（续表）

项 目	2023 年				2022 年			
	金额	流入结构	流出结构	内部结构	金额	流入结构	流出结构	内部结构
销售商品、提供劳务收到的现金	188 958.90	29.81%		97.42%	177 096.70	45.63%		97.79%
收到的税费返还								
收到其他与经营活动有关的现金	5 005.50	0.79%		2.58%	3 993.40	1.03%		2.21%
经营活动现金流入小计	193 964.40	30.60%		100.00%	181 090.10	46.66%		100.00%
购买商品、接受劳务支付的现金	40 159.80		5.78%	36.46%	46 204.60		12.59%	41.86%
支付给职工及为职工支付的现金	18 721.90		2.69%	17.00%	17 900.90		4.88%	16.22%
支付的各项税费	24 554.30		3.53%	22.29%	25 416.60		6.92%	23.03%
支付其他与经营活动有关的现金	26 720.60		3.84%	24.26%	20 855.90		5.68%	18.89%
经营活动现金流出小计	110 156.60		15.84%	100.00%	110 378.00		30.07%	100.00%
经营活动产生的现金流量净额	83 807.80				70 712.10			
二、投资活动产生的现金流量：	—	—	—	—	—	—	—	—
收回投资收到的现金	384 560.00	60.67%		98.27%	149 115.00	38.42%		98.24%
取得投资收益收到的现金	6 682.70	1.05%		1.71%	2 511.80	0.65%		1.65%
处置固定资产、无形资产和其他长期资产收回的现金净额	104.70	0.02%		0.03%	156.50	0.04%		0.10%
处置子公司及其他营业单位收到的现金净额								
收到其他与投资活动有关的现金								
投资活动现金流入小计	391 347.40	61.75%		100.00%	151 783.30	39.11%		100.00%
购建固定资产、无形资产和其他长期资产支付的现金	5 361.00			0.98%	11 791.20		3.21%	4.89%
投资支付的现金	519 680.00		74.74%	94.99%	229 200.00		62.43%	95.11%

（续表）

项　目	2023 年				2022 年			
	金额	流入结构	流出结构	内部结构	金额	流入结构	流出结构	内部结构
取得子公司及其他营业单位支付的现金净额	22 023.40		3.17%	4.03%				
支付其他与投资活动有关的现金								
投资活动现金流出小计	547 064.40		78.68%	100.00%	240 991.20		65.64%	100.00%
投资活动产生的现金流量净额	−155 717.00				−89 207.90			
三、筹资活动产生的现金流量：	—	—	—	—	—	—	—	—
吸收投资收到的现金	3 795.90	0.60%		7.83%				
取得借款收到的现金								
收到其他与筹资活动有关的现金	44 709.00	7.05%		92.17%	55 246.10	14.23%		100.00%
筹资活动现金流入小计	48 504.90	7.65%		100.00%	55 246.10	14.23%		100.00%
偿还债务支付的现金								
分配股利、利润或偿付利息支付的现金	30 743.90		4.42%	80.68%	15 750.00		4.29%	100.00%
支付其他与筹资活动有关的现金	7 361.50		1.06%	19.32%				
筹资活动现金流出小计	38 105.40		5.48%	100.00%	15 750.00		4.29%	100.00%
筹资活动产生的现金流量净额	10 399.50				39 496.10			
现金流入总额	633 816.70	100.00%			388 119.50	100.00%		
现金流出总额	695 326.40		100.00%		367 119.20		100.00%	
四、汇率变动对现金及现金等价物的影响								
五、现金及现金等价物净增加额	−61 509.70				21 000.30			
加：期初现金及现金等价物余额	79 668.30				58 668.00			
六、期末现金及现金等价物余额	18 158.60				79 668.30			

二、现金流量表垂直分析的评价

现金流量表
垂直分析
（二）

现金流量表垂直分析评价可从三个方面进行：

（一）现金流入结构分析

现金总流入结构是反映企业经营活动的现金流入量、投资活动的现金流入量和筹资活动的现金流入量分别占现金总流入量的比重。内部流入结构反映的是经营活动、投资活动和筹资活动等各项业务活动现金流入中具体项目的构成情况。现金流入结构分析可以明确企业的现金来自哪里，增加现金流入应在哪些方面采取措施等。

从表6-6可以看出，WZW公司2023年现金流入总量为633 816.70万元。其中，经营活动现金流入量、投资活动现金流入量和筹资活动现金流入量所占比重分别为30.60％、61.75％和7.65％，可见该公司的现金流入主要由投资活动产生，2023年相对于2022年投资活动产生的现金流入还有所上升，主导地位加强。

经营活动现金流入的构成，最主要是销售商品、提供劳务收到的现金。

投资活动现金流入的构成，最主要是收回投资所收到的现金，收回投资所收到的现金百分比继续上升，继续占主导地位。

筹资活动现金流入的构成，最主要是收到其他与筹资活动有关的现金，虽然收到其他与筹资活动有关的现金较上年有所下降，但还是处于主导地位。

总体来说，企业的现金流入量中，投资活动的现金流入量应当占较高比例，特别是其收回投资所收到的现金应明显高于其他业务活动流入的现金。但是对于不同性质的企业，这个比例也可能有较大的差异。

（二）现金流出结构分析

现金总流出结构是反映企业经营活动的现金流出量、投资活动的现金流出量和筹资活动的现金流出量分别在全部现金流出量中所占的比重。内部现金流出结构，反映的是经营活动、投资活动和筹资活动等各项业务活动现金流出中具体项目的构成情况。现金流出结构可以表明企业的现金来自哪里，节约开支应从哪些方面入手等。

从表6-6可以看出，WZW公司2023年现金流出总量为695 326.40万元。其中，经营活动现金流出量、投资活动现金流出量和筹资活动现金流出量所占比重分别为15.84％、78.68％和5.48％，可见该公司的现金流出主要是由投资活动产生，2023年的经营活动现金流出比2022年下降了14.23％，公司的经营能力略有下滑，而投资活动和筹资活动的现金流出较上年都上升了，公司结构略有调整。

2023年和2022年购买商品、提供劳务支付的现金所占经营活动现金流出小计的比重为36.46％和41.86％，是引起大量现金流出的主要原因，其他项目有所调整。支付给职工以及为职工支付的现金占全部现金流出结构为2.69％，占经营活动现金流出量比重为17.00％，相对较低，较上年还下降了2.19％，说明职工的收益偏低，企业的员工士气可能会受到影响。

2023年和2022年的投资活动的主要构成都是投资支付的现金，所占投资活动现金流出合计的比重为 74.74％和 62.43％,是投资活动流出的主要原因。

2023 年和 2022 年分配股利、利润或偿付利息支付的现金所占筹资活动现金流出小计的比重为 80.68％和 100％,成为筹资活动现金流出的主要项目,处于主导地位,说明该公司筹资活动处于盈利状态。

 **技能实战**

完成上市公司格力电器现金流量表垂直分析并回答问题。相关资料如表 6-7 和表 6-8 所示。

表 6-7　格力电器现金流入结构分析

项目	2014 年	2015 年	2016 年	2017 年	2018 年
经营活动现金流入	88.31％	90.46％	80.81％	81.46％	79.55％
投资活动现金流入	1.34％	0.90％	3.68％	2.87％	5.41％
筹资活动现金流入	10.35％	8.64％	15.51％	15.67％	15.04％
现金流入小计	100.00％	100.00％	100.00％	100.00％	100.00％

表 6-8　格力电器现金流出结构分析

项目	2014 年	2015 年	2016 年	2017 年	2018 年
经营活动现金流出	81.08％	74.91％	58.55％	51.84％	67.69％
投资活动现金流出	4.79％	5.93％	21.90％	35.30％	18.05％
筹资活动现金流出	14.13％	19.16％	19.55％	12.86％	14.26％
现金流出小计	100.00％	100.00％	100.00％	100.00％	100.00％

1. 格力电器 2018 年现金流入占比和现金流出占比最高的项目是什么?

2. 结合格力电器的经营背景,评价 2014—2018 年的格力电器的现金流入结构是否合理?

　**现金流量表项目分析**

现金流量表
项目分析

 **任务描述**

通过本任务的学习,学生能够对现金流量表内各项目进行独立分析。通过把握现金流量表重要项目的分析方法,更好地理解企业资金流动的去向和效率。

 **知识储备**

现金流量表将现金活动分为了三大块:经营活动产生的现金流量、投资活动产生的现金流量、筹资活动产生的现金流量。经营活动产生的现金流量,负责展示企业通过经营挣到的现金。投资活动产生的现金流量,展示了企业的股权投资带来的现金回报。筹资活动产生的现金流量,展示了企业的筹集资金情况。

一、经营活动产生的现金流量项目分析

(一)销售商品、提供劳务收到的现金

该项目是企业现金流入的主要来源,通常具有数额大、占比高的特点。将该项目与利润表中的营业收入项目相对比,可以判断企业销售收款情况。现金流量表中的基本逻辑关系为:销售商品、提供劳务收到的现金＝营业收入×(1＋税率)－应收账款增加额－应收票据增加额＋预收账款增加额。当销售商品、提供劳务收到的现金与营业收入×(1＋增值税税率)基本相等时,表示企业当年销售商品及提供劳务的资金基本收回。销售商品、提供劳务收到的现金与营业收入比率这个指标可以评价企业现金回款的效率,该指标越大越好,说明企业经营活动现金回款效率高。

(二)购买商品、接受劳务支付的现金

该项目是企业现金流出的主要方向,通常也具有数额大、占比重大的特点。与资产负债表的"应付账款""应付票据""预付账款"等项目相比较,可以判断企业购买商品付现率的情况,以了解企业资金的紧张程度或企业的商业信用情况,从而更加清楚地认识到企业目前面临的财务状况。

(三)支付给职工以及为职工支付的现金

该项目反映本期实际支付职工的工资、奖金、各种津贴和补贴等职工薪酬。但是应由在建工程、无形资产负担的职工薪酬以及支付给离退休人员的职工薪酬,分别反映在"购建固定资产、无形资产和其他长期资产支付的现金"和"支付其他与经营活动有关的现金"项目。本项目可以与上市公司财报中披露的人员情况结合起来分析,企业支付的职工薪酬是否合理。

现金流量表项目分析案例(一)

(四)经营活动产生的现金流量净额

可以将经营活动产生的现金流量净额与企业净利润进行对比,比值大于1,表明公司经营利润变成了实实在在的现金,如果两者比值持续大于1,说明公司产品或服务供不应求,买家需要提前付款才能发货。但也有一些重资产型企业,折旧比较高,但折旧并不消耗现金,所以比值也会大于1。

(五)经营活动净现金流量阶段性分析

企业成长过程各个阶段经营活动净流量阶段性分析及其评价结果如表6-9所示。

表 6-9 经营活动净流量阶段性分析评价

现金流量	萌芽期	成长期	成熟期	衰退期
经营活动产生的现金流量<0	正常	长期持续状态,说明回笼现金能力很差		很差
经营活动产生的现金流量=0	中等	长期持续状态,说明回笼现金能力很差		一般
经营活动产生的现金流量>0,但不足以补偿当期的非现金消耗性成本	较好	长期持续状态,仍然不能给予较高评价		较好
经营活动产生的现金流量>0,并恰好能补偿当期的非现金消耗性成本	好	较好	好	好
经营活动产生的现金流量>0,在补偿当期的非现金消耗性成本后仍有剩余	很好	很好	很好	很好

现金流量表
项目分析案
例(二)

二、投资活动现金流量项目分析

(一)收回投资收到的现金、取得投资收益收到的现金

收回投资收到的现金,反映企业出售、转让或到期收回的交易性金融资产、长期股权投资而收到的现金,以及收回长期债权投资本金而收到的现金。取得投资收益收到的现金,反映企业因股权性投资而分得的现金股利,从子公司、联营企业或合营企业分回利润而收到的现金,以及因债权性投资而取得的现金利息收入,股票股利除外。

(二)处置固定资产、无形资产和其他长期资产收回的现金净额

该项目反映企业出售、报废固定资产、无形资产和其他长期资产所取得的现金(含因资产损毁收到的保险赔偿),减去为处置而支付的相关费用后的净额,现金净额为负数的除外。该项目一般金额不大,如果数额比较大,可能是企业经营能力衰败的标志,企业已经到了需要变卖资产度日的地步,需要警惕。

(三)购建固定资产、无形资产和其他长期资产支付的现金

该项目可以结合资产负债表中的固定资产、无形资产和其他长期资产进行分析。该项目表明企业扩大再生产能力的强弱,可以了解企业未来经营方向和获利能力,揭示企业未来经营方式和经营战略的变化。

(四)投资支付的现金

该项目反映企业取得的除现金等价物以外的权益性投资和债权性投资所支付的现金以及支付的佣金、手续费等。该项目表明企业参与资本市场运作、实施股权及债权投资能力的强弱,可用来分析投资风险与企业的战略目标是否一致。

三、筹资活动现金流量项目分析

（一）吸收投资收到的现金

该项目表明企业通过资本市场筹资能力的强弱,如果有发生额,金额会比较大,可以结合资产负债表中股本和应付债券等项目的增加额进行分析。

（二）取得借款收到的现金

该项目反映企业借款的来源,各种短期、长期借款收到的现金。可结合资产负债表短期借款、长期借款科目进行分析。该项目表明企业通过银行筹资能力的强弱,一定程度上代表了企业商业信用的高低。

（三）偿还债务支付的现金

该项目反映企业现金偿还债务的本金,表明企业资金周转是否已到达良性循环状态。

 **技能实战**（多选题）

如表 6-10 所示,分析牧原股份的现金流量表,下列说法中正确的有(　　　)。

A. 2014 年到 2019 年三季度,牧原股份经营现金流净额不能满足投资活动产生的现金净额,一直靠融资才能满足现金流正常

B. 2014 年到 2019 年三季度,牧原股份筹资活动的现金流入主要靠股权筹集

C. 2014 年到 2019 年三季度,牧原股份的债权筹资特点是借新债还旧债

D. 2014 年到 2019 年三季度,牧原股份投资活动资金流出主要是为了购置固定资产和生产性生物资产

表 6-10 牧原股份现金流量表

编制单位:牧原股份　　　　　　编制日期:2019 年 9 月 30 日　　　　　　单位:亿元

项目	2019 年 Q3	2018 年	2017 年	2016 年	2015 年	2014 年
一、经营活动产生的现金流量:						
销售商品、提供劳务收到的现金	116.79	134.46	100.51	56.14	29.92	26.05
收到其他与经营活动有关的现金	5.46	6.29	6.23	2.05	1.69	1.05
经营活动现金流入小计	122.25	140.75	106.74	58.19	31.62	27.10
购买商品、接受劳务支付的现金	46.30	102.09	73.44	37.73	18.23	19.96
支付给职工以及为职工支付的现金	20.02	17.70	11.51	5.49	2.34	1.74
支付的各项税费	0.24	0.21	0.18	0.09	0.08	0.05
支付其他与经营活动有关的现金	8.43	7.17	3.75	2.06	1.82	0.80
经营活动现金流出小计	74.99	127.17	88.87	45.37	22.47	22.55

（续表）

项目	2019 年 Q3	2018 年	2017 年	2016 年	2015 年	2014 年
经营活动产生的现金流量净额	47.26	13.58	17.87	12.82	9.15	4.55
二、投资活动产生的现金流量：						
收回投资收到的现金	15.56	59.85	14.50	13.86	3.10	7.13
取得投资收益收到的现金	0.12	0.53	0.15	0.05	0.00	0.01
处置固定资产、无形资产和其他长期资产收回的现金净额	0.84	0.09	0.00	0.01	0.00	0.00
收到其他与投资活动有关的现金						
投资活动现金流入小计	16.53	60.47	14.65	13.92	3.11	7.15
购建固定资产、无形资产和其他长期资产支付的现金	58.58	50.47	62.76	43.62	17.99	7.35
投资支付的现金	18.09	67.81	16.30	8.96	8.23	8.49
支付其他与投资活动有关的现金						
投资活动现金流出小计	76.67	118.28	79.06	52.58	26.22	15.84
投资活动产生的现金流量净额	−60.14	−57.81	−64.41	−38.66	−23.11	−8.69
三、筹资活动产生的现金流量：						
吸收投资收到的现金	49.79	14.11	55.11		9.93	6.77
其中：子公司吸收少数股东投资收到的现金		14.11				
取得借款收到的现金	76.93	92.06	60.75	51.03	27.44	15.66
发行债券收到的现金		44.90	30.92	9.91		
收到其他与筹资活动有关的现金	0.02	0.07	0.12	0.05	0.00	0.03
筹资活动现金流入小计	126.73	151.13	146.90	60.99	37.37	22.45
偿还债务支付的现金	101.02	109.56	55.40	30.69	18.05	15.24
分配股利、利润或偿付利息支付的现金	6.24	14.74	10.96	3.42	1.45	1.63
支付其他与筹资活动有关的现金	0.05	0.35	0.02	0.17	0.07	0.08
筹资活动现金流出小计	107.31	124.65	66.38	34.28	19.57	16.96
筹资活动产生的现金流量净额	19.42	26.47	80.52	26.71	17.79	5.49
四、汇率变动对现金及现金等价物的影响	0.00	0.00				
五、现金及现金等价物净增加额	6.54	−17.76	33.98	0.88	3.84	1.36

（续表）

项目	2019 年 Q3	2018 年	2017 年	2016 年	2015 年	2014 年
加:期初现金及现金等价物余额	23.99	41.75	7.77	6.89	3.06	1.70
期末现金及现金等价物余额	30.53	23.99	41.75	7.77	6.89	3.06

 **任务五　现金流量表驾驶舱分析与可视化设计**

 **任务描述**

　　通过本任务的学习,学生能够围绕一家上市企业进行现金流量表驾驶舱分析和可视化看板制作,更好地利用大数据和可视化图形进行现金流量表的解读。

现金流量表
可视化分析
驾驶舱实战

 **任务实施**

一、现金流量表驾驶舱分析

　　以创元科技(股票代码:000551)作为目标企业、以新纶科技(股票代码:002341)作为对标企业,通过阅读上市企业财报、附注明细、企业基本介绍和分析报告参考资料,以及搜集企业及其所属行业的相关资料,梳理分析指标体系,在数字化驾驶舱中,撰写创元科技现金流量表分析报告。

　　点击"企业数据",录入上市企业股票代码"000551",阅读目标企业和对标企业的财务报表及附注明细,如图 6-1 所示。

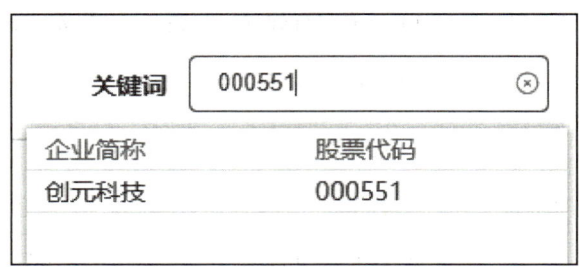

图 6-1　录入上市企业股票代码

　　点击"背景资料",下载"创元科技基本情况.pdf",阅读企业基本介绍及分析报告参考资料,如图 6-2 所示。

　　搜集企业及其所属行业的相关资料,了解企业及其所属行业的基本情况,选择"专用设

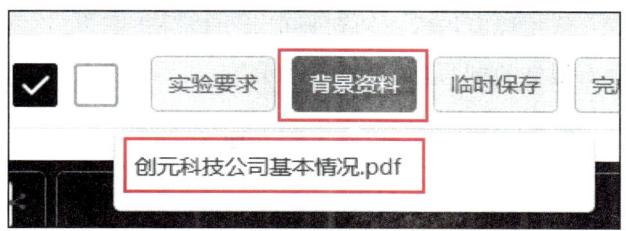

图 6-2 阅读企业基本介绍及分析报告参考资料

备"后,再勾选"环保设备",如图 6-3 所示。

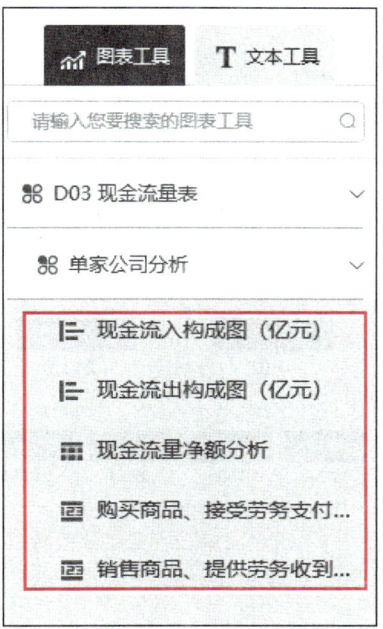

图 6-3 企业及其所属行业的基本情况

围绕企业的核心目标,思考并构建合理的现金流量表分析指标体系,如图 6-4 所示。

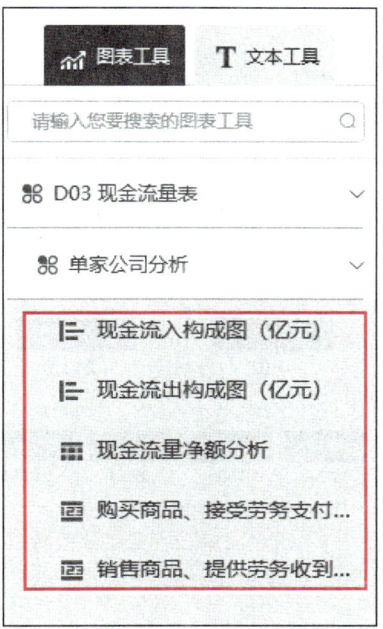

图 6-4 现金流量表驾驶舱分析指标

在数字化驾驶舱中,将指标库指标拖拽到画布上生成分析图表、将文本框拖拽到画布上编写评价文字,完成分析报告的撰写,如图6-5所示。

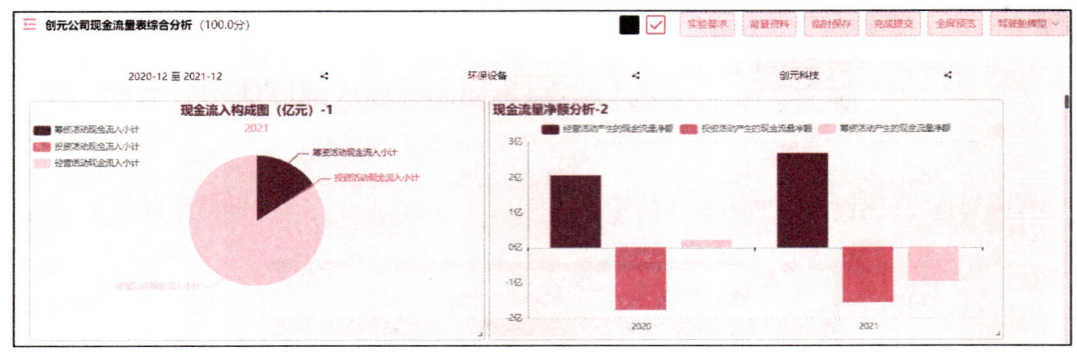

图 6-5　现金流量表驾驶舱分析

二、现金流量表可视化分析看板设计

在平台大数据中心下载"美的集团、格力电器、依米康、春兰股份"四家企业 2016 年至 2021 年的现金流量表数据,利用 Power BI 对数据进行可视化设计,实现效果如图6-6所示。下面通过 4 个子任务详细介绍美的集团现金流量表的可视化实现过程。

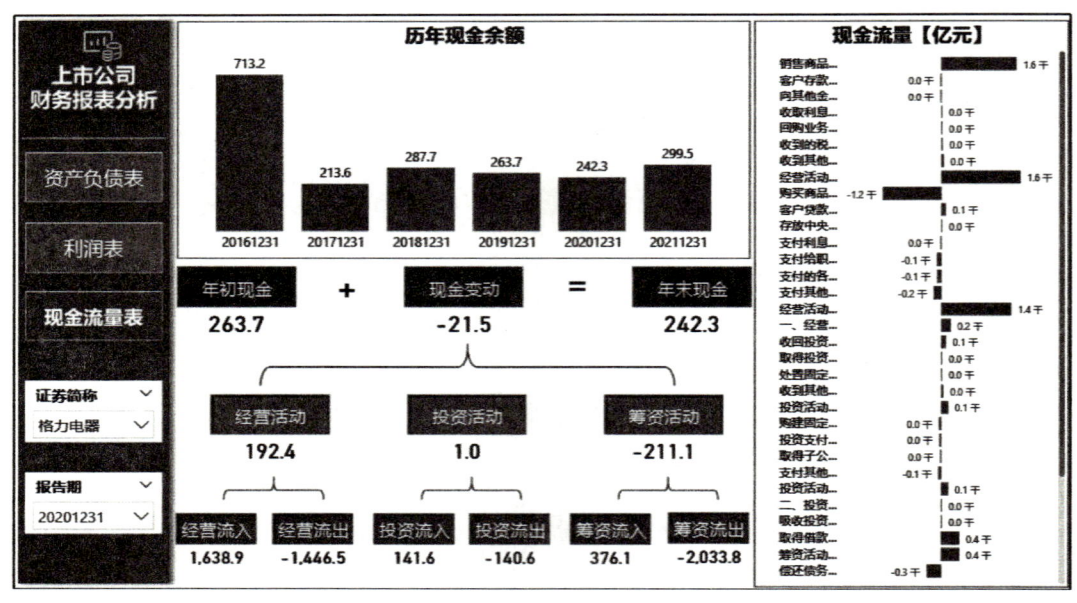

图 6-6　现金流量表可视化分析看板

(一) 下载资料

登录网中网大数据财务分析平台,进入"现金流量表可视化分析(一)"项目,在"附加资料"中将资料下载,保存备用。

(二) 下载数据

打开 Power BI 初始文件,里面已经有"资产负债表"和"利润表"两张可视化报表,这些已经提供好,不需要制作。只需要制作第三张"现金流量表"即可。

进入"实验—大数据中心",在关键字中分别输入"美的集团""格力电器""依米康""春兰股份",搜索四家企业的企业数据。

通过关键词搜索美的集团,点击"查看详情"进入美的集团财务数据详情,在左侧的菜单栏,执行"财务报表"—"现金流量表"命令,在"报告期"处输入"2016-01"-"2021-12",点击"查询"按钮,出现美的集团 2016—2021 年的现金流量表数据后,点击"复制地址"按钮,如图6-7 所示。其余企业现金流量表获取方法相同。

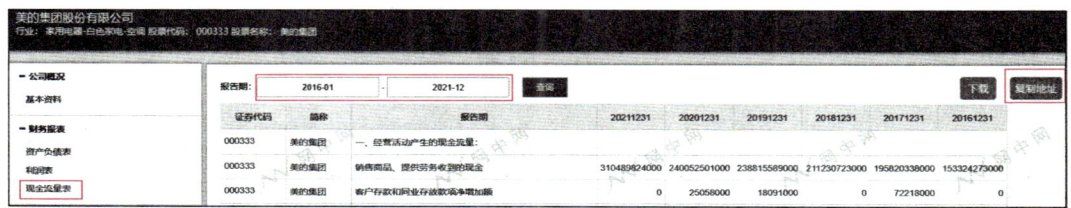

图 6-7　从大数据中心获取美的集团现金流量表地址

(三) 导入"现金流量表"数据并进行整理

执行"主页"—"获取数据"—"更多"—"其他"—"Web",在弹出的窗口中,粘贴从大数据中心复制的地址,然后点击"确定"按钮,如图 6-8 所示。

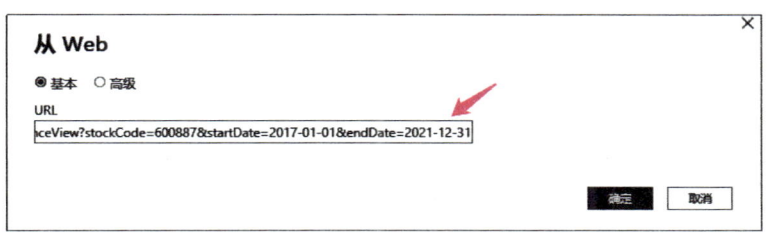

图 6-8　输入美的集团现金流量表地址

整理数据源。依次点击"获取数据—更多—文件—文件夹—连接",找到"现金流量表"文件夹,点击"确定"按钮,如图 6-9 所示。选择"组合—组合并转换数据"完成数据的导入及合并。导入文件夹时,如果文件夹中的文档已被打开,会无法导入数据,此时可以把文档关闭,继续点"组合并转换数据"。

选中"Sheet1",点击"确定"按钮,此时 Power BI 会新打开一个页面,即"Power Query 查询编辑器",在 Power Query 中可以对数据进行清洗、整理。将表名"Sheet1"改为"3、现金流量表"。第一行是英文 Column 标题,点击左上角的倒三角,或者点击"转换"中的"将第一行

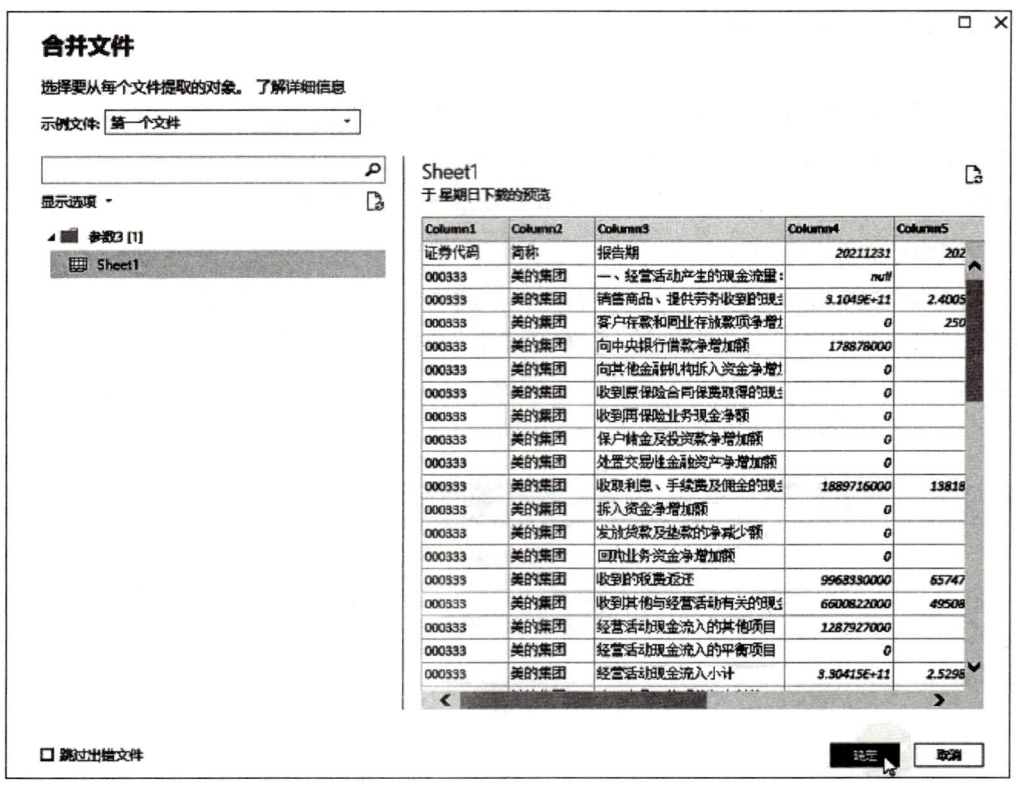

图 6-9   导入并加载分析企业的现金流量表

用作标题"，将标题提升上去。右键删除第一列"Source. Name"。再选中前三列[证券代码、简称、报告期（实际是科目）]，右键选择"逆透视其他列"，将数据表转成一维表。修改列名，将"报告期"改为"科目"，将"属性"改为"报告期"，将"值"改为"金额"。点击"主页—关闭并应用"，退出 Power Query，需等待数据存贮完，如图 6-10 所示。

证券代码	简称	报告期	属性	值
333	美的集团	销售商品、提供劳务收到的…	20211231	3.1049E+11
333	美的集团	销售商品、提供劳务收到的…	20201231	2.40053E+11
333	美的集团	销售商品、提供劳务收到的…	20191231	2.38816E+11
333	美的集团	销售商品、提供劳务收到的…	20181231	2.11231E+11
333	美的集团	销售商品、提供劳务收到的…	20171231	1.9582E+11
333	美的集团	销售商品、提供劳务收到的…	20161231	1.53324E+11
333	美的集团	客户存款和同业存放顶净…	20211231	0
333	美的集团	客户存款和同业存放顶净…	20201231	25058000
333	美的集团	客户存款和同业存放顶净…	20191231	18091000
333	美的集团	客户存款和同业存放顶净…	20181231	0
333	美的集团	客户存款和同业存放顶净…	20171231	72218000
333	美的集团	客户存款和同业存放顶净…	20161231	0
333	美的集团	向中央银行借款净增加额	20211231	178878000
333	美的集团	向中央银行借款净增加额	20201231	0
333	美的集团	向中央银行借款净增加额	20191231	0
333	美的集团	向中央银行借款净增加额	20181231	99754000

图 6-10   整理并编辑现金流量表

点击"获取数据",将"【科目分类】现金流量表"加载到 Power BI 中。点击"模型"视图窗口,检查新的表是否自动建模。若未自动建模,则可拖动"3、现金流量表"或者"【科目分类】现金流量表"中的字段"科目"到另一张表,进行手动建模,如图 6-11 所示。

图 6-11　加载"科目分类-现金流量表"并手动建模

在"报表"窗口下,点击"转换数据",进入 Power Query 对数据进行处理:选中"现金流量表",点击"主页—合并查询",选择要合并的表"【科目分类】现金流量表",分别选中"科目"列,点击"确定"按钮,则"【科目分类】现金流量表"合并到现金流量表中。

点击"展开"符号,只勾选"正负转换"列,点击"确定"按钮,如图 6-12 所示。

点击菜单"添加列—自定义列",将列命名为"金额正负",写入公式:[金额]＊[正负转换],点击"确定"按钮,如图 6-13 所示。将新增列的数据类型改为"小数"。点击"主页—关闭并应用",退出 Power Query,需等待数据存贮完。

图 6-12　勾选"正负转换"

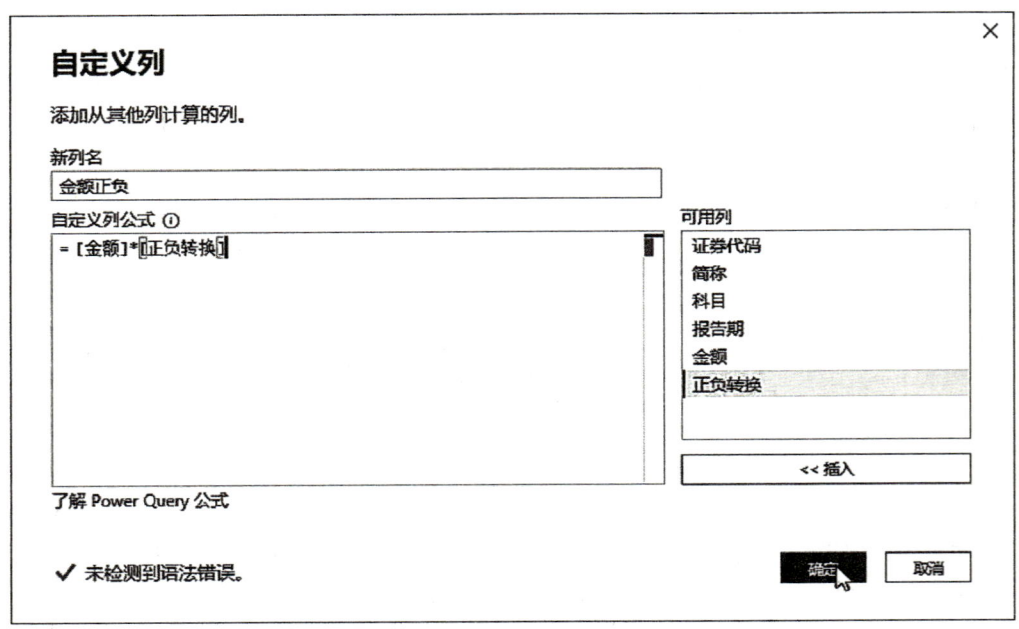

图 6-13　新增"金额正负"列

（四）制作导航菜单及跳转

点击"＋"，新增一张报表页，右键重命名为"3、现金流量表"，如图 6-14 所示。

图 6-14　新增"现金流量表"报表页

点击菜单栏"插入—形状—矩形"，将高度拉大，或在"格式—常规—属性"中将高度设为 720、宽度设为 200；在"形状"中将圆角改为 3 个像素；在"样式"中将填充颜色设为"37、144、176"；将阴影打开，颜色改为"深蓝"。

点击菜单栏"插入—形状"，插入一条"直线"，点开"形状—样式—边框"，将线条颜色设为淡蓝色。点击"插入—图像"，插入下载的小图标和 LOGO，调为适当的大小，拖到相应的位置。使用"Ctrl＋C"和"Ctrl＋V"，复制这个按钮两次，将文本分别改为"利润表""现金流量表"，将上面两个非当前按键的颜色改为浅色，如图 6-15 所示。

打开"视图—书签"窗格，添加一个新的书签，命名为"3、现金流量表"。依次选择三个按钮，点开"格式—按钮—操作"，将类型改为"书签"，在"书签"中分别选择对应的书签名，就将按钮和书签进行了绑定，如图 6-16 所示。

添加一个空白切片器，拖入"证券简称"字段，在"视觉对象—切片器

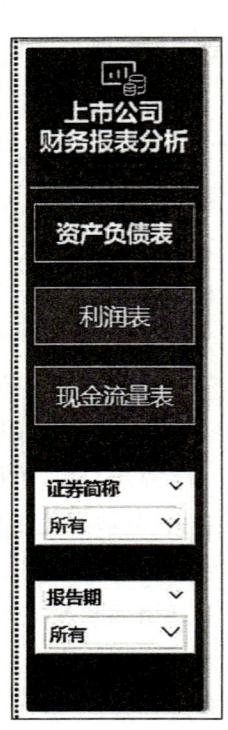

图 6-15　导航菜单栏

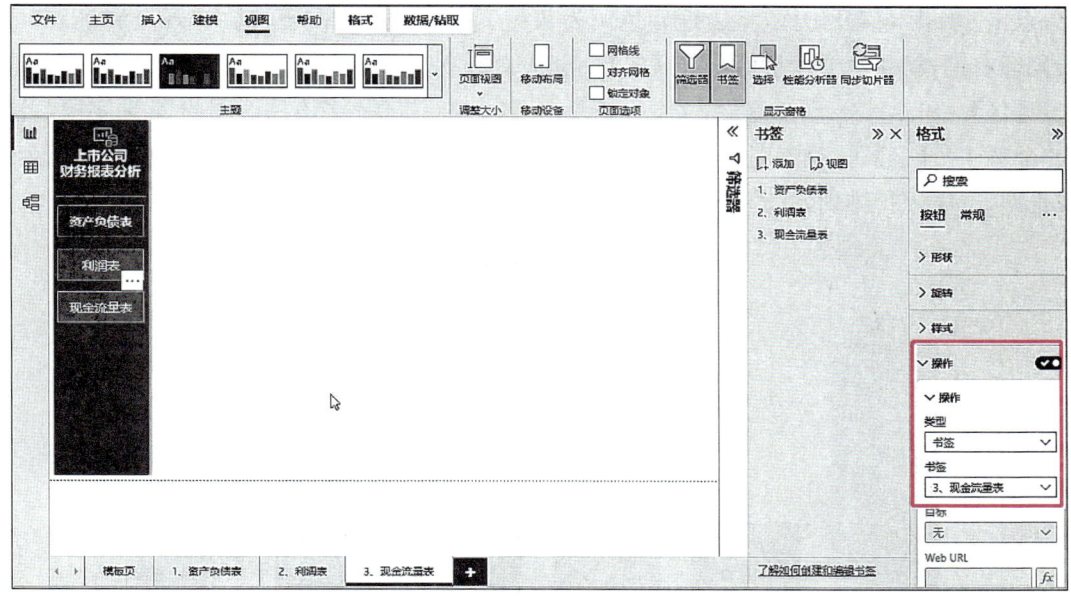

图 6-16 设置"书签"功能

设置"中将样式改为"下拉",在"值"中将字体改为 14 号字、加粗。复制第一个切片器,将字段改为"报告期",制作出日期切片器。最终切片器制作完成如图 6-17 所示。

图 6-17 设置切片器

(五)制作历年现金余额图

添加簇状柱形图,将现金流量表"报告期"拖拽至 X 轴,将现金流量表"金额正负"拖拽至 Y 轴。将现金流量表"科目"拖拽至"此视觉对象上的筛选器"中,搜索关键字"期末",找到并勾选"期末现金及现金等价物余额",只展示每一年现金流量的余额。选中"报告期"切片器,点击"格式—编辑交互",取消报告期切片器对柱形图的控制。

对柱形图进行美化设置。将 X 轴的标题关掉,将 Y 轴关掉,并将 Y 轴的标题关掉;打开数据标签,值的显示单位设为"无",小数位设为"1";标题改为"历年现金余额",居中,16 号字;点击"效果",打开边框,将边框颜色调为灰色。在"数据"视图下,选中"现金流量表",点击鼠标右键,新建两个度量值,金额【亿】＝SUM('3、现金流量表[金额])/100 000 000,金额正负【亿】＝SUM('3、现金流量表[金额正负])/100 000 000。将该柱形图的Y轴字段,替换为"金额正负【亿】"。观察图形X轴时间顺利,它未按顺序排列,可以将它的"排列轴"改为按报告期、升序进行排列,如图6-18所示。

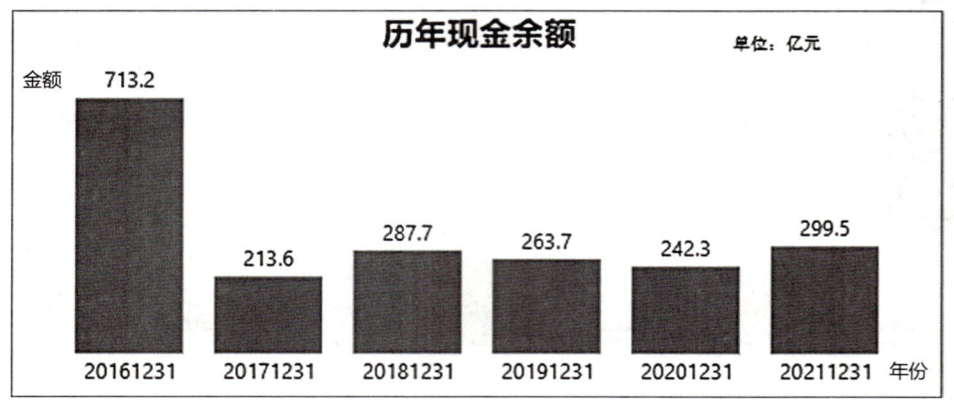

图6-18　历年现金余额图

（六）制作现金流量表拆解图

点击"插入"按钮,插入一个空白按钮,并调整至合适大小。在"属性"中将高调为50、宽为143,边框颜色改为灰色。在"样式—文本"中写上"年初现金",设为16号字、字体白色,将填充颜色设为深蓝色,透明度调为0。再插入卡片图,字段中拖入"金额【亿】",标注值设为25号字,显示单位无,值的小数位为1,关掉"类别标签"。背景透明度设为100%透明。将【科目分类】现金流量表"三大分类"拖到此卡片图的筛选器上,搜索勾选"期初现金余额"。按住Ctrl键选中按钮和卡片图,右键选择"分组",将两者组合起来,组合后它们就成为一个整体。复制组合体2次,将按钮名称分别改为:"现金变动""年末现金",将卡片图的筛选器分别改为:"现金净增加额""期末现金余额"。全选3个组合体,选择菜单"格式—对齐—横向分布/顶端对齐"。插入文本框,写上"＋",将文本框设为透明;复制一个后,将"＋"改为"＝",如图6-19所示。

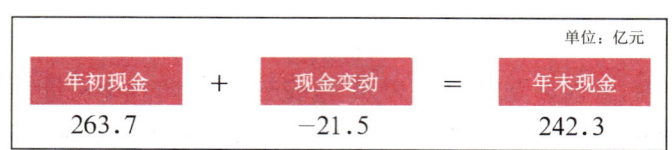

图6-19　现金流量表拆解图第一层

点击"插入"按钮,将本节实训附件图形资料"大括号"插入面板,并调整到合适的大小。复制上一步的组合体,将按钮文本改为"经营活动",填充色改为"浅蓝"。将卡片图的字段改为"金额正负【亿】",筛选器改为"经营活动现金变化"。用同样的方法制作投资活动和筹资活动,效果如图 6-20 所示。

单位:亿元

经营活动	投资活动	筹资活动
192.4	1.0	−211.1

图 6-20 现金流量表拆解图第二层

点击"插入"按钮,将本节实训附件图形资料"小括号"插入面板,同时调整到合适的大小。然后复制截图第一层的矩形方框,并将矩形方框内容修改为"经营流入",填充色改为"灰色"。将卡片图的筛选器改为"经营流入现金"。用上述方法分别制作"经营流出""投资流入""投资流出""筹资流入""筹资流出"五个矩形方框,效果如图 6-21 所示。

单位:亿元

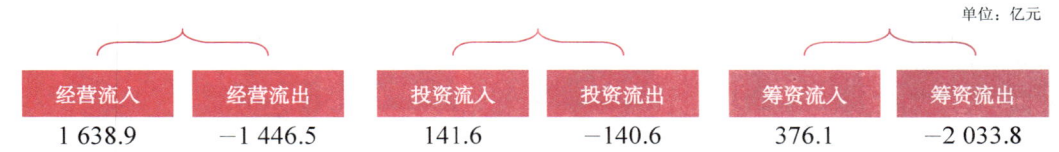

经营流入	经营流出	投资流入	投资流出	筹资流入	筹资流出
1 638.9	−1 446.5	141.6	−140.6	376.1	−2 033.8

图 6-21 现金流量表拆解图第三层

(七)制作常规现金流量表

添加簇状条形图,将"优化科目"拖拽至 Y 轴,"金额正负【亿】"拖拽至 X 轴。点击筛选器,将金额正负【亿】设为不等于 0,需点击下方的"应用筛选器"保存筛选器。选择"【科目分类】现金流量表"下的"优化科目",点击"列工具—按列排序",将该科目改成按"序号"排序。修改该视图"排列轴"为"优化科目"和"升序"。对条形图形进行美化,将 Y 轴的标题关掉,将 X 轴关掉,并将 X 轴的标题关掉。打开"数据标签",值的显示单位设为无,值的小数位设为 1。"标题"改为"现金流量【亿元】",居中,20 号字。点击"效果",打开边框,将边框颜色调为灰色,效果如图 6-22 所示。

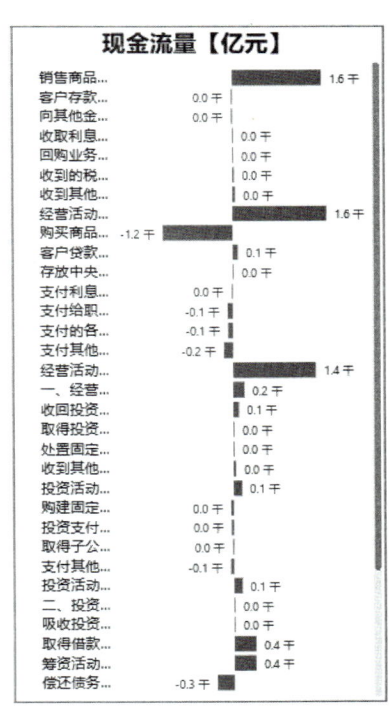

图 6-22 常规现金流量表

 **技能实战**

点击"大数据财务分析"教学平台,选择"现金流量表可视化分析(二)",利用 Power BI 软件,完成对应的可视化看板的制作,如图 6-23 所示。

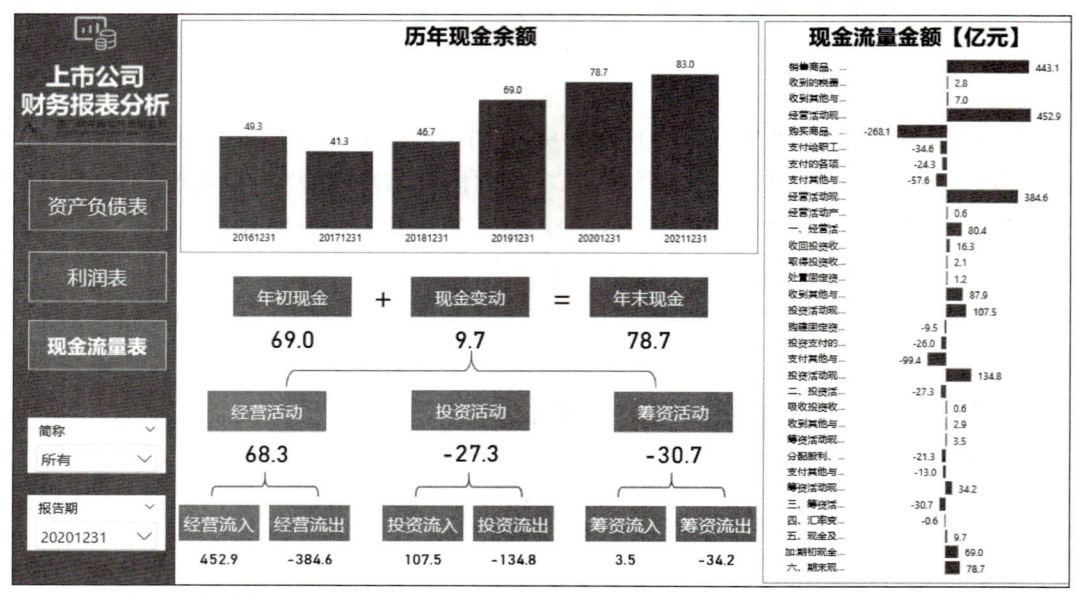

图 6-23 现金流量表可视化看板

盈利能力分析

◇ 知识目标

1. 识记盈利能力的概念。
2. 掌握盈利能力分析的方法。
3. 理解盈利能力分析的各种衡量指标。
4. 掌握盈利能力驾驶舱分析与可视化设计流程思路。

◇ 能力目标

1. 能够准确理解盈利能力及其影响因素。
2. 会计算盈利能力分析的衡量指标。
3. 运用有关分析方法对盈利能力衡量指标进行有效分析。
4. 独立完成盈利能力驾驶舱分析与可视化看板制作。

◇ 素养目标

1. 培养价值思维,提升价值分析的能力。
2. 锻炼数据思维,提升报表分析维度。

 知识导图

```
                                        ┌── 盈利能力的概念
                        盈利能力分析概述 ┤── 盈利能力分析的方法
                                        └── 盈利能力的影响因素

                                            ┌── 资本经营盈利能力的概念及衡量指标
                        资本经营盈利能力分析┤
                                            └── 资本经营盈利能力的影响因素

    盈利能力分析 ┤                              ┌── 资产经营盈利能力的概念及衡量指标
                        资产经营盈利能力分析┤
                                            └── 资产经营盈利能力的影响因素
```

```
商品经营盈利能力分析 ┤ 商品经营盈利能力的概念及衡量指标
                    └ 商品经营盈利能力的影响因素

盈利能力驾驶舱与可视化设计 ┤ 盈利能力驾驶舱分析
                         └ 盈利能力可视化分析看板设计
```

思政园地

走进安吉,看"绿水青山就是金山银山"

2005 年 8 月 15 日,时任浙江省委书记的习近平同志考察湖州市安吉县天荒坪镇余村,首次提出"绿水青山就是金山银山"科学论断。初冬时节,登高远望余村,仍是满眼绿色。周围群山连绵起伏,山坡山脚满是竹林。大片绿色间,一幢幢民居粉墙黛瓦、错落有致,宛若一幅水墨丹青。"20 多年前,我们村远没有这么漂亮。"余村村党支部书记、村委会主任汪玉成说,那时的余村时常炮声隆隆、粉尘遍地,许多村民靠开采矿石谋生。如今,矿坑变成了油菜花田、荷花藕塘。通过发展乡村旅游,好风景变成了"好钱景","乡亲们打心底里认同绿水青山就是金山银山。""下决心关停矿山是高明之举。"2020 年 3 月,习近平总书记再访余村,看到村里的变化,总书记强调:"'绿水青山就是金山银山'理念已经成为全党全社会的共识和行动,成为新发展理念的重要组成部分。实践证明,经济发展不能以破坏生态为代价,生态本身就是经济,保护生态就是发展生产力。"2022 年,安吉县实现地区生产总值 582.4 亿元,农民人均可支配收入达 4.2 万余元,分别较 2005 年增长约 5.5 倍和 5 倍。

资料来源:节选自《人民日报》2023 年 12 月 08 日第 13 版的新闻《走进安吉,看"绿水青山就是金山银山"》。

案例导读

A 股上市企业"千方百计"提升盈利与分红能力

盈利和分红能力作为上市企业高质量发展的具体标准,事关资本市场"强本强基",是资本市场提升内在稳定性的关键所在。Wind 数据显示,截至 2024 年 7 月 8 日,年内已有 1 078 家 A 股上市企业披露"提质增效重回报"或"质量回报双提升"行动方案,或通过聚焦主业、布局新赛道、资产结构调整等举措,夯实自身盈利基本盘;或通过披露现金分红计划,展现自身分红能力。

提高上市企业质量,企业必须扛起第一责任、主体责任。今年以来,A 股上市企业积极发挥主体作用,提升自身盈利能力和投资价值。

整理上述逾千家企业披露的"提质增效重回报"或"质量回报双提升"行动方案发现,为提升自身盈利能力,上市企业纷纷将聚焦主责主业列为首要任务。

例如,7月6日,上海机场披露2024年度提质增效重回报行动方案称,围绕聚焦主责主业、强化创新驱动目标,"将坚持稳中求进、先立后破,牢牢守住航空安全底线,着力提升设施保障水平、枢纽运行能级、经济运行品质、企业治理效能"。

进一步整理相关举措,各家企业可谓"千方百计":TCL科技表示,将继续坚定战略方向,半导体显示业务以"成为全球领先的显示解决方案提供商"为目标,优化业务和产品结构,夯实经营基础,强化运营能力,构筑差异化价值,提升经营效益;永创智能表示,考虑在内生增长的同时,通过投资并购国内外包装设备厂商,使企业能够覆盖更多的产品品类、占领更多细分市场,为企业的长期可持续成长奠定基础;石化油服表示,将聚焦生产要素创新性配置,大力优化人力资源,强化统筹调剂,加大外委转自营,扩大业务承揽规模,推动人力资源价值增值。正是在各方共同努力之下,A股上市企业盈利韧性不断凸显。

资料来源:节选自《证券日报》2024年7月9日第1版的新闻《A股公司"千方百计"提升盈利与分红能力》。

任务一 盈利能力分析概述

 **任务描述**

通过本任务的学习,学生能够理解利润是投资者取得投资收益、债权人收取本息的资金来源,是经营者经营业绩和管理效能的集中表现,熟悉盈利能力分析内容,并了解盈利能力的影响因素。

 **知识储备**

一、盈利能力的概念

盈利能力是指企业赚取利润的能力。一般来说,企业的盈利能力是指企业在正常运营情况下赚取利润的能力。非正常的营业状况也会给企业带来收益或损失,但这只是特殊情况下的个别情况,不能说明企业的能力。因此,在分析企业盈利能力时,应当排除以下因素:证券买卖等非正常项目、已经或将要停止的营业项目、重大事故或法律更改等特别项目、企业会计准则和财务制度变更带来的累计影响等。

二、盈利能力分析的方法

盈利能力分析是财务分析中的一项重要内容,主要分析企业的利润目标完成情况和不同年度盈利水平的变动情况,预测企业盈利前景。它包括对营业利润率、成本费用利润率、盈余现金保障倍数、总资产报酬率、净资产报酬率、资本收益率、每股收益、每股股利、市盈率以及每股净资产的分析。

盈利能力分析的方法包括盈利稳定性的分析、盈利持久性的分析、资产盈利能力分析和资本盈利能力分析。其中,盈利稳定性主要从各种业务利润结构角度分析;盈利的持久性,即企业盈利长期变动的趋势,分析盈利的持久性,通常采用将两期或数期的损益进行比较的方式。资产的盈利能力是衡量企业使用现有的资产所能获取利润的能力,主要衡量指标有总资产报酬率和成本费用利润率。资本的盈利能力则是衡量股东权益的收益水平,用以衡量企业运用自有资本的效率,指标值越高,反映企业对股东投入资本的利用效率越高。通过盈利能力分析,可以反映企业资本净收益和资本增值的状况,体现企业绩效评价指标改进的发展趋势和衡量企业成长性,有利于企业经营决策及财务计划的实施。

三、影响盈利能力的因素

盈利能力作为企业营销能力、收取现金的能力、降低成本以及回避风险等能力的综合体,其影响因素主要有以下三个方面。

(一)销售收入及其增长率

销售收入及其增长率可以综合反映企业的营销能力。营销能力是盈利能力的基础,是企业发展的根本保证。了解和分析企业的盈利性,应先分析企业的营销策略与营销状况。营销策略将对企业营销状况产生长期的影响。从一定意义上讲,较强的营销能力是科学有效的营销策略与良好营销状况的综合体现。

(二)收取现金的能力

在现代经济社会中,商业信用成为企业之间购销活动的主要方式。在商业信用大量存在的情况下,收现能力便成为企业盈利能力的主要因素之一。在有关销售额的论述中,我们均假设销售额即现金流入。事实上赊销业务越多,销售额与现金流入之间的差异越大。未收现的销售额只是观念上的收益,因此企业还必须注重收现能力的提高。了解企业的收现能力可以从企业的信用条件、收账政策等方面进行。

(三)降低成本的能力

由于企业的成本与其利润成反比,所以企业要提高利润水平,在收入一定的情况下,可以通过降低成本实现此目标。降低成本的能力主要取决于技术水平、产品设计能力、规模经济和企业成本管理水平。

 **技能实战**(多选题)

1. 分析企业盈利能力的指标有(　　　)。

A. 营业净利率

B. 营业毛利率

C. 长期资本收益率

D. 存货周转率

2. 评价上市企业盈利能力的指标有(　　　)。

A. 市盈率　　　　　　　　　　　　　　B. 市净率

C. 每股收益　　　　　　　　　　　　　D. 每股净资产

 **任务二　资本经营盈利能力分析**

资本经营
利能力分析

通过本任务的学习,我们能够了解资本经营能力的概念,掌握资本经营能力衡量指标的计算,并能够根据指标计算结果,结合资本经营盈利能力影响因素进行指标分析。

知识储备

一、资本经营盈利能力的概念及衡量指标

资本经营盈利能力是指企业所有者投入的资本通过经营取得利润的能力。反映企业资本经营盈利能力大小的指标主要有净资产收益率、净资产现金回收率。

(一)净资产收益率

反映资本经营盈利能力的基本指标是净资产收益率,也称为股东权益报酬率,是指企业在一定的会计期间实现的净利润与其平均所有者权益的比率,用以衡量股东权益创造投资回报的能力,是评价企业资本经营效率的核心指标,也是杜邦财务分析体系的核心指标。其计算公式是:

$$净资产收益率 = \frac{净利润}{平均所有者权益} \times 100\%$$

(二)净资产现金回收率

净资产现金回收率是经营活动现金净流量与平均净资产之间的比率,是对公司盈利能力做的进一步的修复和校验,有利于对公司盈利状况进行多视角、全方位综合分析,进一步反映企业的利润质量。其计算公式如下:

$$净资产现金回收率 = \frac{经营活动现金净流量}{平均净资产} \times 100\%$$

二、资本经营盈利能力的影响因素

资本经营盈利能力的影响因素有以下四个方面。

（一）总资产报酬率

净资产是企业全部资产的一部分，因此，净资产收益率必然受企业总资产报酬率的影响。在负债利息率和资本构成等其他条件不变的情况下，总资产报酬率越高，净资产收益率就越高。

（二）负债利息率

在资本结构一定的情况下，如果总资产报酬率高于负债利息率，负债利息率越低，股东获得的杠杆利益越大；反之，杠杆利益越小。如果总资产报酬率低于负债利息率，负债利息率越高，股东的杠杆损失越大；反之，杠杆损失越小。

（三）资本结构或负债与所有者权益之比

当总资产报酬率高于负债利息率时，提高负债与所有者权益之比，净资产收益率也会随之提高；反之，降低负债与所有者权益之比，净资产收益率随之降低。

（四）企业所得税税率

通常情况下，企业所得税税率提高，净资产收益率下降；反之，净资产收益率上升。

 ### 技能实战（简答题）

根据图 7-1 格力电器净资产收益率趋势图，回答以下问题。

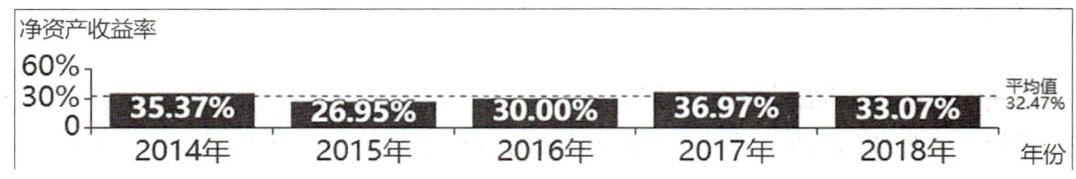

图 7-1　格力电器净资产收益率趋势图

1. 格力电器 2018 年的净资产收益率相比较 2017 年有什么变化？
2. 净资产收益率反映出 2018 年格力电器的盈利能力有什么变化？

任务三　资产经营盈利能力分析

任务描述

通过本任务的学习，我们能够了解资产经营盈利能力的概念，掌握资产经营盈利能力衡量指标的计算，并能够根据指标计算结果，结合资产经营盈利能力影响因素进行指标分析。

 知识储备

一、资产经营盈利能力的概念及衡量指标

资产经营盈利能力是指企业运营资产而产生利润的能力。反映企业资产经营盈利能力大小的指标主要有总资产报酬率、总资产净利率、流动资产收益率、固定资产收益率、资产现金回收率。

（一）总资产报酬率

总资产报酬率也称为总资产收益率，是指企业一定时期内实现的收益总额与全部资产平均额之间的比率，其计算公式为：

$$总资产报酬率 = \frac{利润总额 + 利息支出}{平均总资产} \times 100\%$$

总资产报酬率高，说明企业资产的运用效率好，也意味着企业的资产盈利能力强，所以，这个比率越高越好。但在评价总资产报酬率时，需要与本企业前期的比率、同行业其他企业的这一比率进行比较，进一步找出影响该指标的不利因素，加强企业经营管理。

（二）总资产净利率

总资产净利率是总资产收益率的另一种表现形式，是指企业在一定时期内的净利润和平均资产总额的比率，其计算公式如下：

$$总资产净利率 = \frac{净利润}{平均资产总额} \times 100\%$$

（三）流动资产收益率

流动资产收益率是指企业在一定期限内实现的利润总额与该时期企业平均流动资产总额的比率，其计算公式为：

$$流动资产收益率 = \frac{利润总额}{平均流动资产} \times 100\%$$

（四）固定资产收益率

固定资产收益率是指企业在一定期限内实现的利润总额与该时期企业平均固定资产总额的比率，其计算公式为：

$$固定资产收益率 = \frac{利润总额}{平均固定资产} \times 100\%$$

（五）资产现金回收率

资产现金回收率是指企业一定会计期间的经营活动现金净流量与平均总资产之间的比率，该指标从现金净流量的角度计算资产的获利能力，可以说明资产给企业提供的造血功

能,其计算公式为:

$$资产现金回收率 = \frac{经营活动现金净流量}{平均总资产} \times 100\%$$

二、资产经营盈利能力的影响因素

总资产报酬率的影响因素有以下两个方面。

(一)总资产周转率

总资产周转率是指企业的每一单位资产(以货币计量的资产的单位为元)能够带来的收入,该指标作为反映企业资产运营能力的指标,可用于说明企业资产的运用效率,是企业资产经营效果的直接体现。

(二)销售息税前利润率

销售息税前利润是反映每一元的销售收入所能带来的利润额,该指标反映了企业商品生产经营的盈利能力,产品盈利能力越强,销售利润率越高。

 **技能实战**(简答题)

根据图 7-2 格力电器总资产报酬率趋势图,回答以下问题。

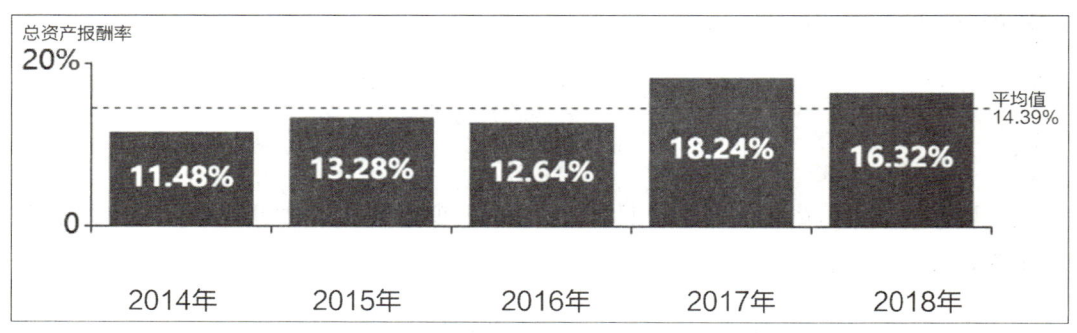

图 7-2　格力电器总资产报酬率趋势图

1. 格力电器 2018 年的净资产收益率相比较上一年有何变化?

2. 相较于近年的行业平均值,2018 年格力电器总资产报酬率对该公司的资产经营盈利能力趋势是增强还是减弱?

任务四　商品经营盈利能力分析

任务描述

通过本任务的学习,我们能够了解商品经营盈利能力的概念,掌握商品经营盈利能力衡量指标的计算,并能够根据指标计算结果,结合商品经营盈利能力影响因素进行指标分析。

知识储备

一、商品经营盈利能力的概念及衡量指标

商品经营盈利能力不考虑企业的筹资或投资问题,只研究利润与收入或成本之间的比率关系。反映企业商品经营盈利能力大小的指标主要有销售毛利率、销售利润率、销售净利率、成本费用利润率、销售获现比率、盈余现金保障倍数和净收益营运指数。

商品经营盈利能力分析

(一)销售毛利率

销售毛利即营业毛利,是营业收入与营业成本之间的差额,它可以在一定程度上反映企业生产环节效率的高低。销售毛利率,也称营业毛利率,是指企业一定期间的营业毛利与营业收入净额之间的比率。其中,营业收入是指企业主营业务收入和其他业务收入之和扣除销售折扣、销售折让及销售退回后的余额,反映了企业实际销售取得的收入,通常直接使用利润表中的营业收入。其计算公式为:

$$销售毛利率 = \frac{营业收入 - 营业成本}{营业收入净额} \times 100\%$$

销售毛利率会随着行业的不同而高低各异但是同一行业的销售毛利率一般相差不大。对毛利率的分析应该建立在战略分析的基础上,企业采用的竞争战略不同,对毛利率会产生重大影响。

(二)销售利润率

销售利润率也称为营业利润率,是指企业一定期间的营业利润与营业收入之间的比率,该指标具体表明单位销售收入带来的利润多少,反映了企业经营活动本身的获利能力。其中,销售利润是销售收入扣除销售成本和三项期间费用后的差额,通常直接使用利润表上的"营业利润"数据,其计算公式为:

$$销售利润率 = \frac{营业利润}{营业收入} \times 100\%$$

（三）销售净利率

销售净利率也称为营业净利率,是企业实现的净利润与营业收入之间的对比关系,反映企业单位营业收入所带来的净利润的高低,是反映企业销售经营获利能力的最终指标,其计算公式为:

$$销售净利率 = \frac{净利润}{营业收入} \times 100\%$$

（四）成本费用利润率

成本费用利润率是指企业一定期间内利润总额和成本费用总额之间的比例关系,表明企业每耗费 1 元成本或费用所能创造的利润额,反映企业在生产经营过程中发生耗费与获得收益之间的关系,其中,利润总额和成本费用总额均来自利润表。其是衡量企业盈利能力的重要指标,其计算公式为:

$$成本费用利润率 = \frac{利润总额}{成本费用总额} \times 100\%$$

（五）销售获现比率

销售获现比率是对商品经营能力的补充,反映企业通过销售获取现金的能力,表明营业收入的现金保障程度。销售获现比率可以用来判断企业营业收入的质量,其计算公式为:

$$销售获现比率 = \frac{销售商品、提供劳务收到的现金}{营业收入} \times 100\%$$

现金流量表以收付实现制为基础,因此销售商品或提供劳务收到的现金与当期营业收入之间并非有严格的因果关系。销售获现比率通常与 1 比较,说明企业盈利质量的好坏。

（六）盈余现金保障倍数

盈余现金保障倍数,也称利润现金保障倍数,是指企业一定时期经营活动产生的现金净流量与净利润之间的比值,表明每 1 元净利润中经营活动产生的现金净流入。一般而言,没有现金净流量的利润,其盈利质量是不可靠的。其计算公式为:

$$盈余现金保障倍数 = \frac{经营活动现金净流量}{净利润}$$

（七）净收益营运指数

净收益营运指数是指一定期间内企业经营净收益与全部净利润的比值,表明企业净利润中有多大比例来自经营活动带来的收益,是衡量企业利润质量的重要指标。通过净收益营运指数的历史比较和行业比较,可以评价一个企业的收益质量,判断企业的发展是否进入良性循环的轨道。其计算公式为:

$$净收益营运指数 = \frac{净利润 - 非经营性损益}{净利润}$$

二、商品经营盈利能力的影响因素

商品经营盈利能力的影响因素主要有以下三个方面。

（一）市场需求

市场需求是影响产品销售利润的关键因素。当产品与市场需求契合时，且产品价格较为稳定的前提下，市场需求可以直接转化为销售数量，直接影响销售利润的走势。因此，企业必须密切关注市场需求的动态，并及时调整自己的生产和销售策略。

（二）产品质量

如果产品品质优质且能满足顾客需求，则销售利润往往较高；反之，若产品品质低劣且无法满足顾客需求，则销售利润通常较低。因此，企业必须重视产品质量，加强质量管理和控制。

（三）生产成本

在市场需求与产品价格保持稳定的情况下，生产成本的高低直接影响销售利润的大小。若生产成本较高，则销售利润相应较低；反之，若生产成本较低，则销售利润则相对较高。因此，企业有责任控制生产成本，并提升生产效率与管理水平。此外，销售策略亦是影响产品销售利润的关键因素。企业若能采取恰当的销售策略，则销售利润有望显著提升；反之，若策略不当，则销售利润将受到负面影响。因此，企业需依据市场状况及自身条件，制定适宜的销售策略，并持续进行优化与调整。

 **技能实战**（简答题）

根据图 7-3 可视化图表内容，回答以下问题。

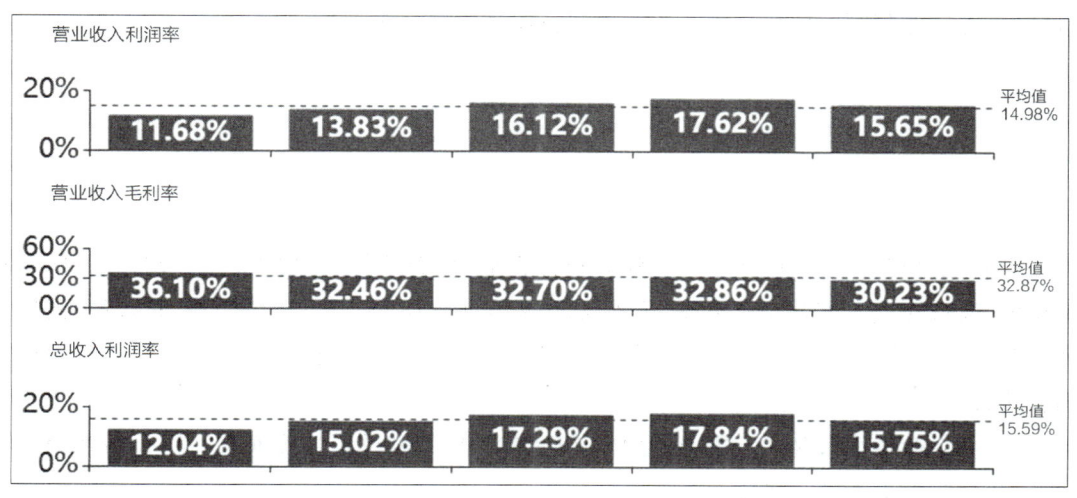

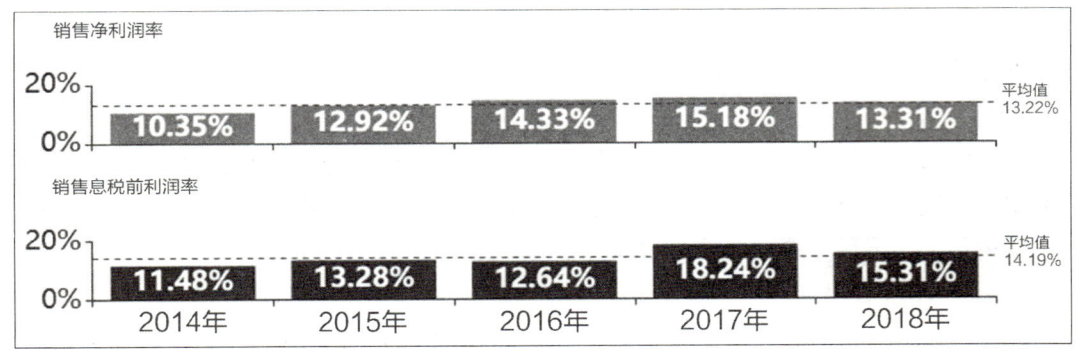

图 7-3 · 格力电器商品经营盈利能力趋势图

1. 从格力电器商品经营盈利趋势图上可以看出,格力电器 2014—2017 年的分析指标哪些不是持续增长的?

2. 从格力电器商品经营盈利趋势图上可以看出,销售净利润率和营业收入利润率之间的变化趋势是什么样的?

任务五 盈利能力驾驶舱分析与可视化设计

 **任务描述**

通过本任务的学习,学生能够围绕一家上市企业进行盈利能力驾驶舱分析和可视化看板制作,更好地利用大数据和可视化图形进行盈利能力分析的解读。

 **任务实施**

一、盈利能力驾驶舱分析

以创元科技(股票代码:000551)作为目标企业、以新纶科技(股票代码:002341)作为对标企业,通过阅读上市企业财报、附注明细、企业基本介绍和分析报告参考资料,以及搜集企业及其所属行业的相关资料,梳理分析指标体系,在数字化驾驶舱中,撰写创元科技盈利能力分析报告。

点击"企业数据",录入上市企业股票代码"000551",阅读目标企业和对标企业的财务报表及附注明细,如图 7-4 所示。

盈利能力可
视化分析驾
驶舱实战

图 7-4　录入上市企业股票代码

点击"背景资料",下载"创元科技公司基本情况.pdf",阅读企业基本介绍及分析报告参考资料,如图 7-5 所示。

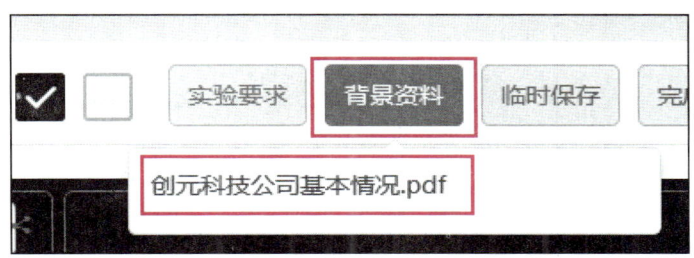

图 7-5　阅读企业基本介绍及分析报告参考资料

搜集企业及其所属行业的相关资料,了解企业及其所属行业的基本情况,选择"专用设备"后,再勾选"环保设备",如图 7-6 所示。

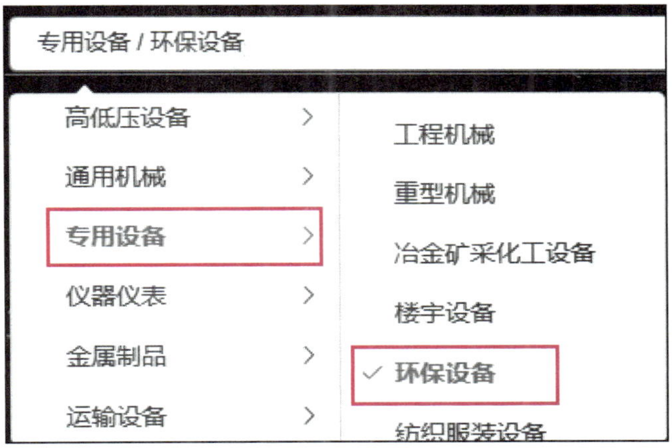

专用设备 / 环保设备

高低压设备	>	工程机械
通用机械	>	重型机械
专用设备	>	冶金矿采化工设备
仪器仪表	>	楼宇设备
金属制品	>	√ 环保设备
运输设备	>	纺织服装设备

图 7-6　企业及其所属行业的基本情况

围绕企业的核心目标,思考并构建合理的盈利能力分析指标体系,如图 7-7 所示。

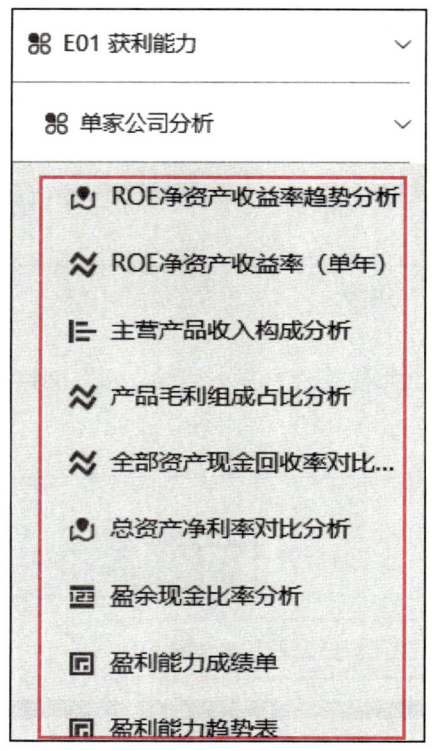

图7-7 盈利能力驾驶舱分析指标

在数字化驾驶舱中,将指标库指标拖拽到画布上生成分析图表,将文本框拖拽到画布上编写评价文字,如图7-8所示,完成分析报告的撰写。

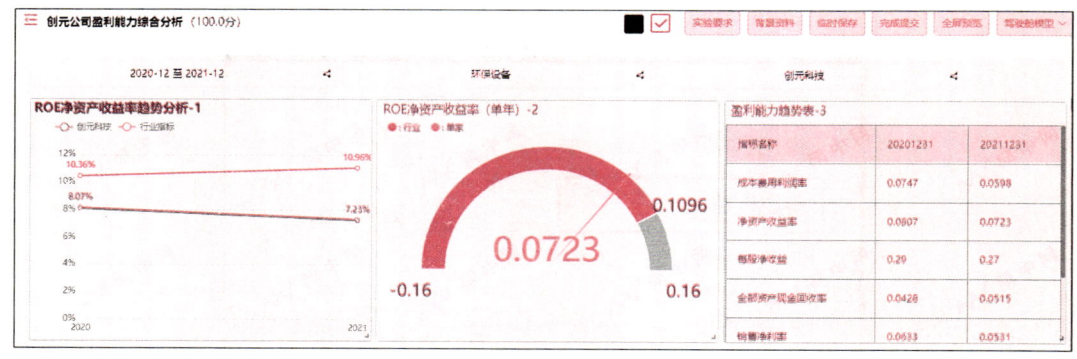

图7-8 盈利能力驾驶舱分析

二、盈利能力可视化分析看板设计

在平台大数据中心下载"美的集团、格力电器、依米康、春兰股份"四家企业2015年至

2020 年的资产负债表、利润表、现金流量表及股市指数表数据，利用 Power BI 对数据进行可视化设计，实现效果如图 7-9 所示。下面通过 12 个子任务详细介绍企业盈利能力分析的可视化看板。

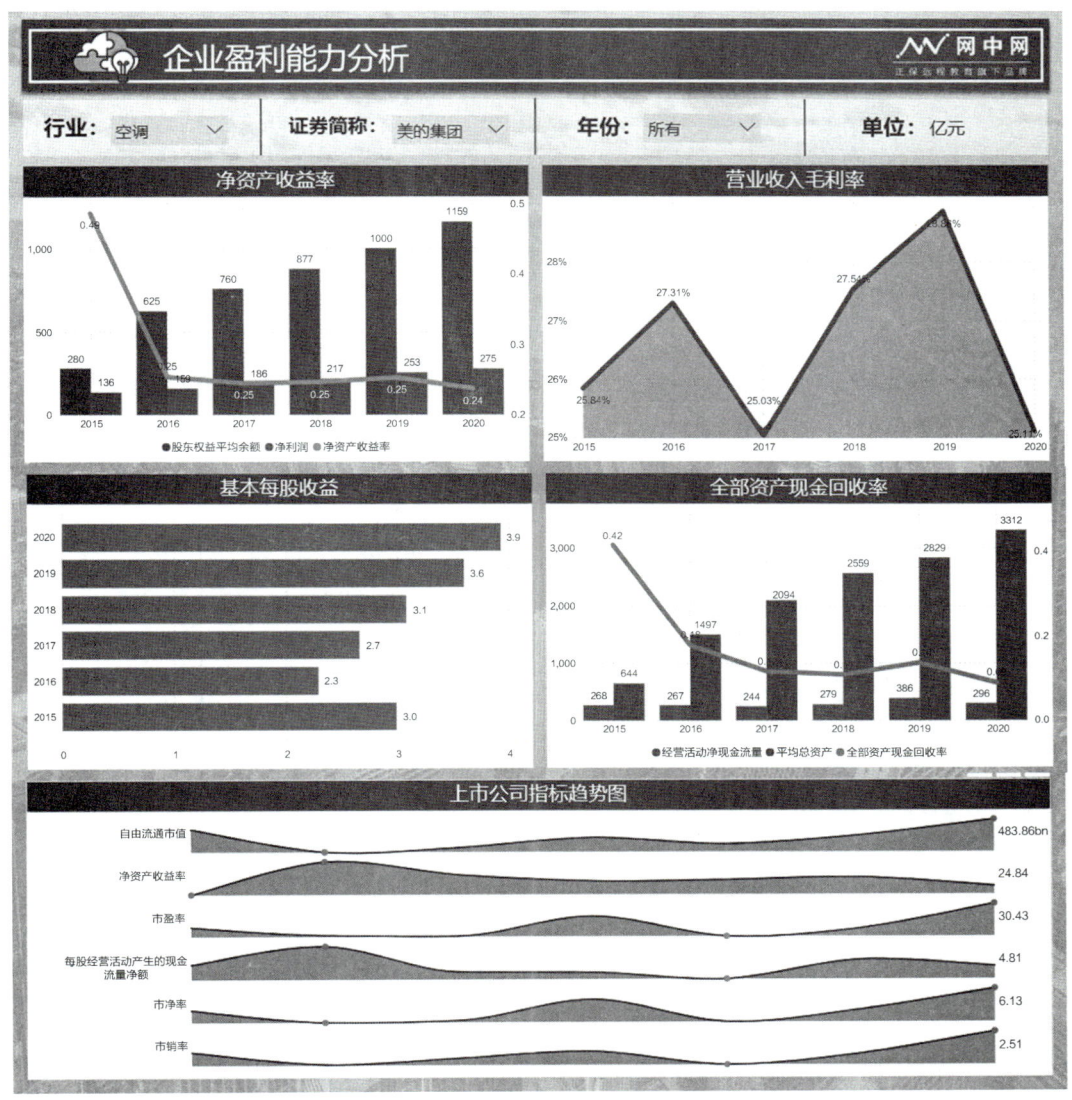

图 7-9　企业盈利能力可视化分析看板

（一）下载资料

登录网中网大数据财务分析平台，进入"盈利能力分析可视化看板设计（一）"项目，在"附加资料"中将资料下载，保存备用。

（二）导入数据

在功能区中选择"主页"—"从 Microsoft Excel 工作簿导入数据"命令，在弹出的窗口中选择"盈利能力分析实验数据表"文件所在的路径,点击"打开"按钮,然后在弹出的"导航器"窗口中选中"年度表""股票行业""科目名称""利润表""资产负债表""现金流量表"和"股市指标"。

更改数据类型需要将每个表里涉及报告期的数据类型改成日期,如图 7-10 所示,值的数据类型改成小数。

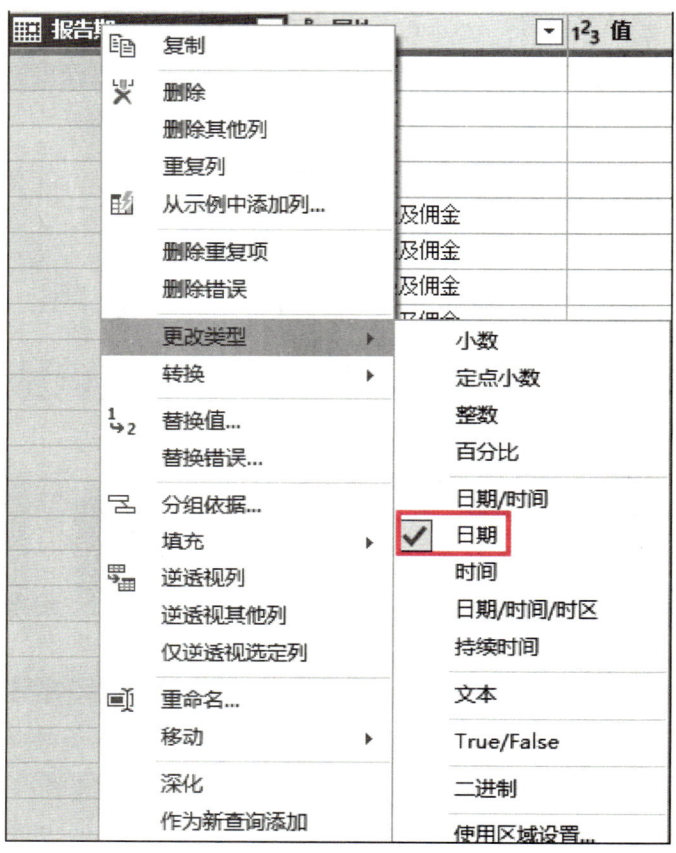

图 7-10　更改数据类型

(三) 数据建模

切换至模型视图创建表间关系。将"科目名称表"的科目名称与"利润表""资产负债表""现金流量表"的属性建立一对多关系。将"年度表"的报告期与"利润表""资产负债表""现金流量表""股市指标"的报告期建立一对多关系。将"股票行业表"的"证券简称"与"利润表""资产负债表""现金流量表""股市指标"的"证券简称"建立一对多的关系。

(四) 新建度量值

先创建一张专门用于放度量值的表,在功能区中点击"主页"—"输入数据",如图 7-11 所示。更改表名为"度量值",点击"加载"按钮即可。

图 7-11 输入数据

点击"度量值表",在功能区中点击"表工具"—"新建度量值",如图 7-12 所示。在编辑框中输入公式创建度量值。

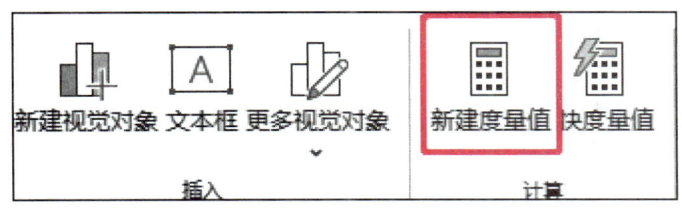

图 7-12 新建度量值

本报表页中,我们希望用图表来展示分析企业不同年度的净资产收益率、营业收入毛利率、全部资产现金回收率、基本每股收益这四个关键数据。各个度量值的设置如表 7-1 至表 7-4 所示。

表 7-1 净资产收益率度量值公式

序号	度量值	公式
1	股东权益	股东权益 = CALCULATE(SUM('资产负债表'[值(亿)]),'资产负债表'[属性] IN { "股东权益合计" })
2	去年股东权益	去年股东权益 = CALCULATE([股东权益],PREVIOUSYEAR('年度表'[报告期]))
3	股东权益平均余额	股东权益平均余额 = DIVIDE(([股东权益]+[去年股东权益]),2)
4	净利润	净利润 = CALCULATE(SUM('利润表'[值(亿)]),'利润表'[属性] IN { "六、净利润" })
5	净资产收益率	净资产收益率 = DIVIDE([净利润],[股东权益平均余额])

表 7-2 营业收入毛利率度量值公式

序号	度量值	公式
1	营业收入	营业收入 = CALCULATE(SUM('利润表'[值(亿)]),'利润表'[属性] IN { "营业收入" })
2	营业成本	营业成本 = CALCULATE(SUM('利润表'[值(亿)]),'利润表'[属性] IN { "营业成本" })
3	营业收入毛利率	营业收入毛利率 = DIVIDE([营业收入]-[营业成本],[营业收入])

表 7-3　全部资产现金回收率度量值公式

序号	度量值	公式
1	总资产	总资产 = CALCULATE(SUM('资产负债表'[值（亿）]),'资产负债表'[属性] IN {"资产总计"})
2	去年总资产	去年总资产 = CALCULATE([总资产],PREVIOUSYEAR('年度表'[报告期]))
3	平均总资产	平均总资产 = DIVIDE([总资产]+[去年总资产],2)
4	经营活动净现金流量	经营活动净现金流量= CALCULATE(SUM('现金流量表'[值（亿）]),'现金流量表'[属性] IN {"经营活动产生的现金流量净额"})
5	全部资产现金回收率	全部资产现金回收率 = DIVIDE([经营活动净现金流量],[平均总资产])

表 7-4　基本每股收益度量值公式

序号	度量值	公式
1	基本每股收益	基本每股收益= CALCULATE(SUM('利润表'[值（亿）]),'利润表'[属性] IN {"（一）基本每股收益"})

（五）设计画布

点击"设置报表格式"，再点开"画布设置"，类型改成"自定义"，设置"高度 1 700，宽度 1 280"，垂直对齐设置为"上"，如图 7-13 所示。

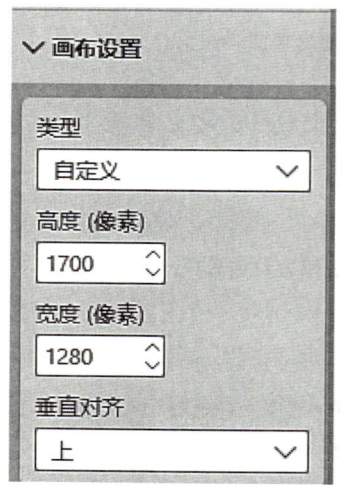

图 7-13　画布设置

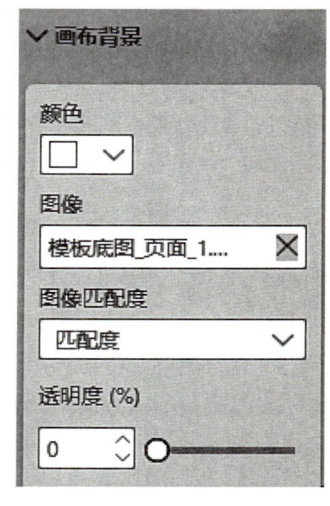

图 7-14　画布背景

点击"画布背景"，在图像中添加文件，选择图片所在文件夹，双击"添加"；图像匹配度选择"匹配度"，透明度值改成"0"，如图 7-14 所示。

（六）设计表头

在表头插入图像，选择所需要的图片，添加进来后调整大小。设置导航栏，点击"插入"，点击"按钮"的下拉菜单，然后选择"空白"，如图 7-15 所示。调整空白按钮的大小，在常规的效果中把背景打开，透明度调整到 50％。

点击"插入"找到向报表添加文本框，如图 7-16 所示。在文本框中输入文字"企业盈利能力分析"，作为可视化报表的大标题，再调整下文字的大小为"36"，把颜色改成"白色"，并

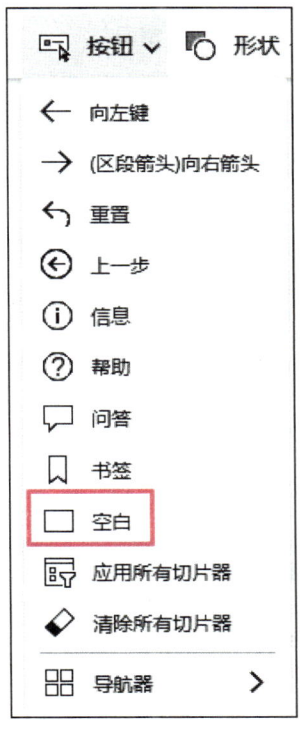

图 7-15　设计表头

将所选字体"加粗"。然后在格式中的常规中点击"效果",找到"背景",把"背景"按钮关掉,或者也可以打开背景按钮,把透明度改为"100"。将大标题文本框调整到合适的位置,如图 7-17 所示。

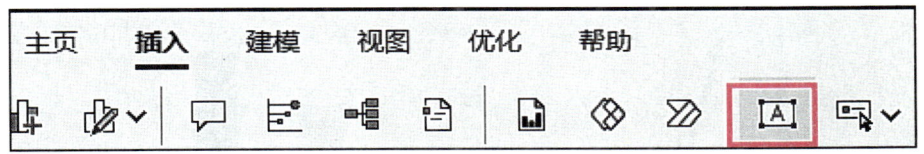

图 7-16　设计标题

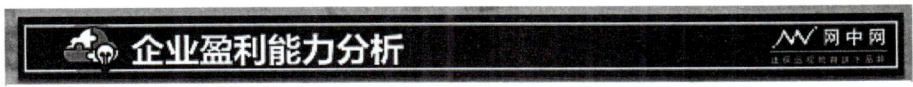

图 7-17　可视化看板标题

（七）设置切片器

点击"插入切片器",在字段中找到"股票行业表",行业对应的值是"企业三类名称"将其放入到字段。在切片器界面点击下拉箭头,选择"下拉",如图 7-18 所示。

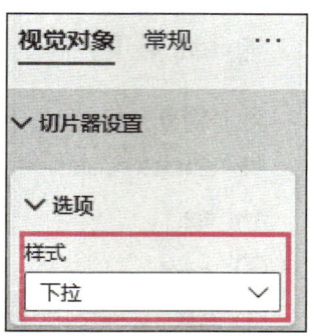

图 7-18 切片器设置

关闭切片器标头然后点击"值",背景颜色改成"灰色"。然后再复制切片器,把对应的值做更改即可,效果如图 7-19 所示。

图 7-19 可视化看板切片器

(八) 净资产收益率图

点击"可视化"窗格中的"折线和簇状柱形图"按钮,调整大小。然后将"年份"拖拽至 X 轴,"股东权益平均余额""净利润""净资产收益率"拖拽至 Y 轴,最终效果如图 7-20 所示。

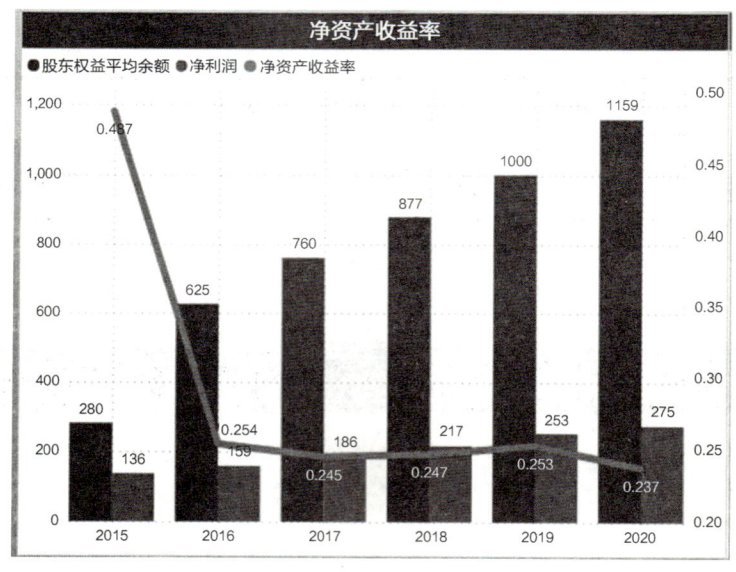

图 7-20 净资产收益率图

(九) 营业收入毛利率图

点击"可视化"窗格中的"分区图"按钮,调整大小。然后将"年份"拖拽至 X 轴,"营业收入毛利率"拖拽至 Y 轴,最终效果如图 7-21 所示。

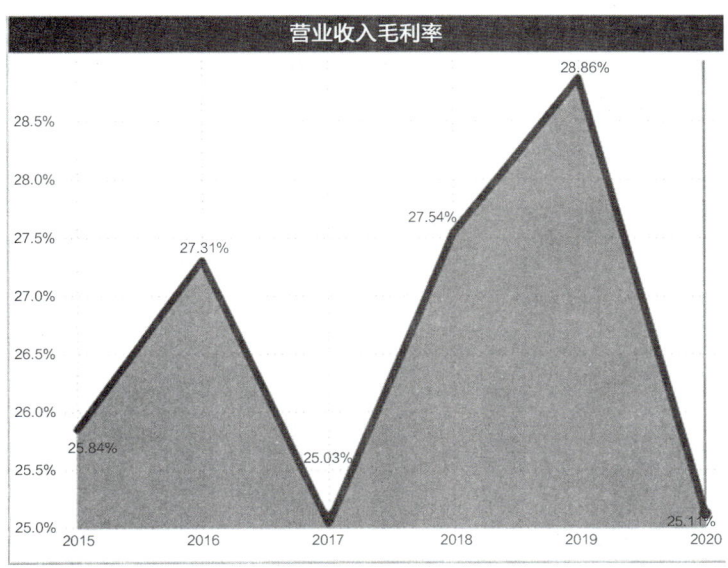

图 7-21　分区图

(十) 基本每股收益图

点击"可视化"窗格中的"簇状条形图"按钮,调整大小。然后将"年份"拖拽至 Y 轴,"基本每股收益"拖拽至 X 轴,最终效果如图 7-22 所示。

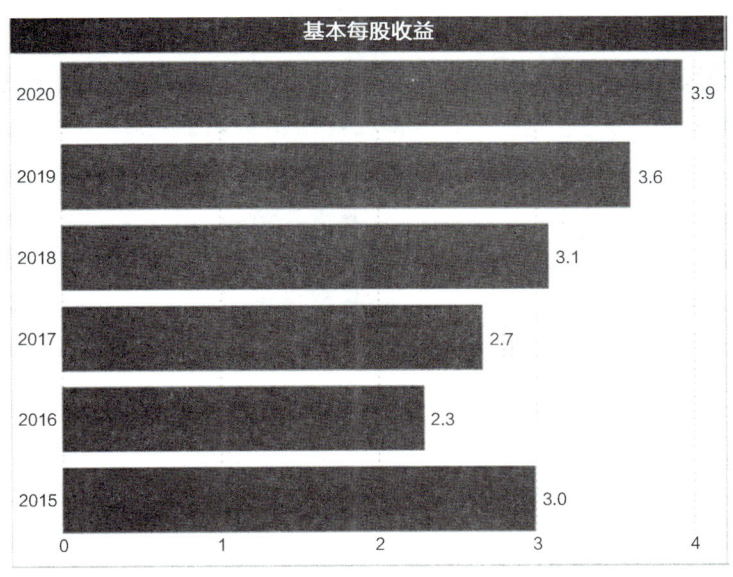

图 7-22　簇状条形图

（十一）资产现金回收率图

点击"可视化"窗格中的"折线和簇状柱形图"按钮，调整大小。然后将"年份"拖拽至 X 轴，"经营活动净现金流量""平均总资产""全部资产现金回收率"拖拽至 Y 轴，最终效果如图 7-23 所示。

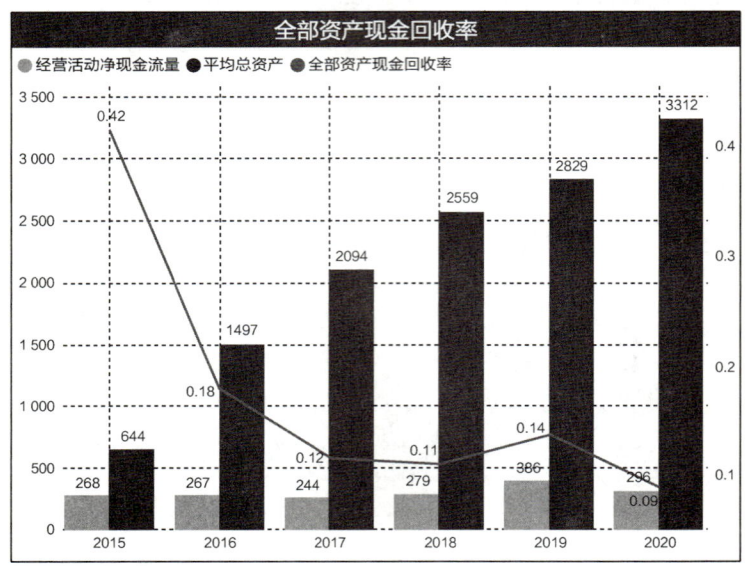

图 7-23　资产现金回收率图

（十二）上市企业指标图

点击"可视化"窗格中的"微小折线图"按钮，调整大小。然后将"年份"拖拽至 X 轴，"指标名称""指标数值"拖拽至 Y 轴，最终效果如图 7-24 所示。

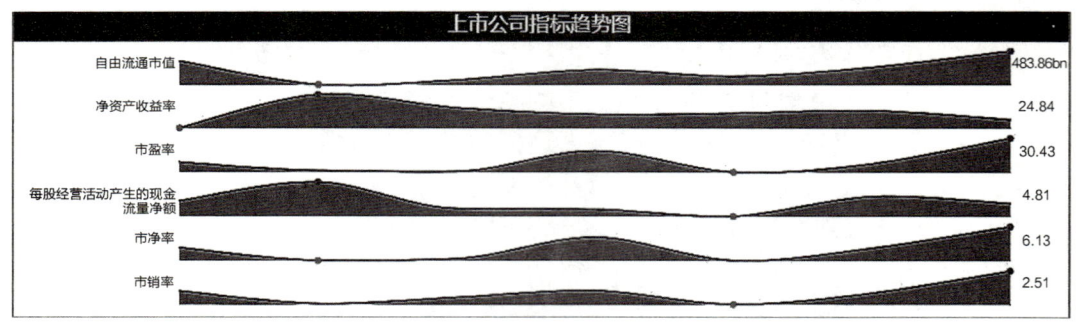

图 7-24　上市企业指标图

 技能实战

点击"大数据财务分析"教学平台，选择"盈利能力分析看板设计（二）"，利用 Power BI

软件,完成对应的可视化看板的制作,如图 7-25 所示。

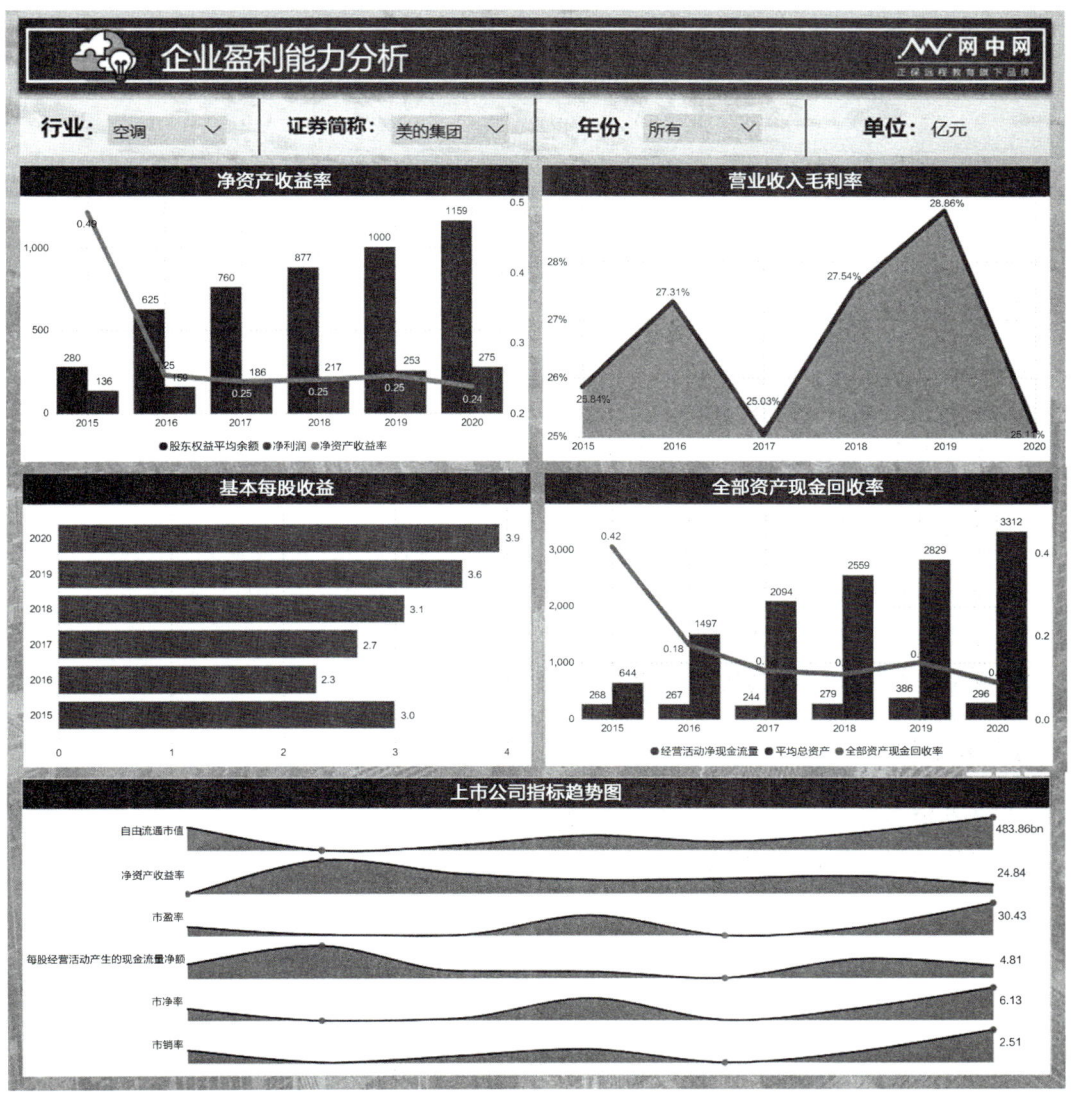

图 7-25 企业盈利能力分析图

营运能力分析

◇ 知识目标

1. 识记营运能力的概念。
2. 理解营运能力分析的各种衡量指标。
3. 掌握营运能力驾驶舱分析与可视化设计流程思路。

◇ 能力目标

1. 能够准确理解营运能力及其影响因素。
2. 会计算营运能力分析的衡量指标。
3. 独立完成营运能力驾驶舱分析与可视化看板制作。

◇ 素养目标

1. 培养价值思维,提升价值分析的能力。
2. 锻炼数据思维,提升报表分析维度。

🖋 知识导图

```
                                        营运能力的概念
                        营运能力分析概述    营运能力分析的指标
                                        影响营运能力的因素

                        总资产周转率分析    总资产周转率的计算
                                        总资产周转率分析评价
营运能力分析
                        流动资产周转率分析   流动资产周转率的计算
                                        流动资产周转率分析评价
```

固定资产周转率分析 { 固定资产周转率的计算
固定资产周转率分析评价

营运能力驾驶舱与可视化设计 { 营运能力驾驶舱分析
营运能力可视化分析看板设计

思政园地

15 项举措助力中小微企业调结构强能力

国务院促进中小企业发展工作领导小组办公室印发《助力中小微企业稳增长调结构强能力若干措施》(以下简称《措施》),共提出 15 项具体举措,帮助中小微企业应对当前面临的困难,进一步推动稳增长稳预期,助力中小微企业调结构强能力。针对中小微企业当前面临的生产经营困难,《措施》在政策支持、融资促进、扩大需求、做好大宗原材料保供稳价等方面多措并举,全面激发市场主体活力和信心。其中,明确提出将政府采购工程面向中小企业的预留份额阶段性提高至 40% 以上政策延续到 2023 年年底,持续加大政府采购促进中小企业发展的支持力度;同时,支持中小企业参与国家科技创新项目建设,推动扩大汽车、绿色智能家电消费以及绿色建材、新能源汽车下乡,开展跨境撮合活动,解决中小微企业订单问题。针对中小微企业核心竞争力提升方面,按照《措施》,中央财政将通过中小企业发展专项资金继续支持专精特新中小企业高质量发展和小微企业融资担保业务降费奖补。到 2023 年年底,累计培育创新型中小企业 15 万家以上、省级专精特新中小企业 8 万家以上、专精特新"小巨人"企业 1 万家以上。

资料来源:节选自《人民日报》2023 年 01 月 17 日第 3 版的新闻《15 项举措助力中小微企业调结构强能力》。

案例导读

搭载数字化最强大脑!矿山机群运营管理效率提升

现在国内各行各业都面临诸多挑战,矿山施工行业也不例外。一方面是国内油价的持续攀升,让矿山开采成本不断增加,另一方面是在新发展理念的指引下,国家对绿色矿山、智能矿山的建设正在加速全面推进。对矿山施工企业而言,数字化、智能化的升级已经刻不容缓。围绕上述这些普遍存在的痛点,徐工挖机推出了矿山施工管理数字化解决方案——"矿山管理大师",以矿山智能化运营为核心,围绕挖、装、运、卸等工序进行数字化改造,构建了驾驶员管理、机群管理、燃料管理、产量管理、生产过程管控五个子系统,从"人、机、料、产、控"这五个方面帮助客户实施全方位实时智能监测,有效实现远程监视、生产调度、精准管控、运营分析"四位一体"应用。

资料来源:节选自砂石骨料网 2023 年 03 月 25 日的新闻《搭载数字化最强大脑!矿山机群运营管理效率提升》。

任务一　营运能力分析概述

营运能力分
析概述

 **任务描述**

通过本任务的学习,学生能够理解企业营运能力的含义,掌握企业营运能力分析的指标及其计算方法,能够通过计算结果分析企业的营运能力及变化趋势。

知识储备

一、营运能力的概念

营运能力是指企业在日常经营活动中,通过合理配置自身资源,提高经营效率,以实现企业价值最大化的能力。它是企业财务分析的重要组成部分,通过对企业营运能力的评估,可以深入了解企业的经营状况和风险,为企业的决策者提供重要的参考依据。

二、营运能力分析的指标

营运能力分析是企业财务分析中的重要组成部分,它主要关注企业资产的使用效率和周转速度。营运能力分析涉及的指标主要有总资产周转率、流动资产周转率和固定资产周转率。

(一) 总资产周转率

总资产周转率衡量的是企业全部资产(包括流动资产和非流动资产等)的使用效率和管理水平。具体来说,它反映了企业在一定时期内(如一年)通过其总资产创造营业收入的能力。它主要表现在以下四个方面。

(1) 衡量资产利用效率。总资产周转率越高,说明企业能够更有效地利用其总资产来产生营业收入。这表明企业的资产管理得当,没有过多的闲置或浪费,资产在生产经营中得到了充分的利用。

(2) 衡量经营能力。总资产周转率也是衡量企业经营能力的一个重要指标。它反映了企业通过资产运作来创造收入的能力。高周转率通常意味着企业有较强的经营能力,能够快速地完成资金周转,从而带来更多的收入。

（3）衡量投资决策。总资产周转率还可以帮助企业管理者和投资者评估企业的投资决策。如果企业的总资产周转率较低，可能意味着部分资产投资不够合理或存在闲置，需要进行调整或优化。相反，高周转率则可能表明企业的投资决策较为成功，资产得到了有效的利用。

（4）衡量风险评估。总资产周转率还可以为风险评估提供一定的参考。如果企业的总资产周转率突然大幅下降，可能意味着企业的经营状况出现了问题，如市场需求减少、产品滞销、资金回笼困难等。这些问题都可能对企业的财务状况和经营成果产生不利影响，需要引起管理者和投资者的关注。

（二）流动资产周转率

流动资产周转率衡量的内容主要是企业流动资产的运营效率和使用效率。具体来说，它反映了企业在一定时期内，通过其流动资产（如现金、应收账款、存货等）进行经营活动的能力，以及这些资产在生产经营过程中被有效利用和周转的速度。它主要包括以下五个方面。

（1）衡量资金利用效率。流动资产周转率的高低直接体现了企业资金利用的效率。高周转率意味着企业能够在较短时间内完成流动资产的多次周转，从而提高了资金的使用效率。这有助于企业减少资金占用成本，提高盈利能力。

（2）衡量应收账款管理能力。流动资产周转率可以直接反映企业对应收账款的管理能力，较高的流动资产周转率可以加快资金回笼效率并减少坏账损失。

（3）衡量存货管理能力。存货同样是流动资产的重要组成部分。流动资产周转速度的快慢也直接影响到存货周转率的高低。流动资产周转率的高低直接反映了企业存货等流动资产的周转速度。较高的流动资产周转率意味着企业能够更快地将存货转化为销售收入，这通常表明企业的存货管理能力较强。

（4）衡量经营策略与市场需求匹配度：流动资产周转率还反映了企业经营策略与市场需求之间的匹配度。如果企业能够准确把握市场需求，灵活调整生产计划和销售策略，使存货和应收账款保持合理的水平，那么流动资产周转率就会相对较高。这体现了企业适应市场变化的能力和经营策略的有效性。

（5）衡量风险控制能力。流动资产周转率的高低还与企业的风险控制能力密切相关。高周转率意味着企业能够快速应对市场变化和经营风险，降低财务风险和资金压力。这有助于企业保持稳健的财务状况和持续的经营能力。

（三）固定资产周转率

固定资产周转率衡量的内容主要涉及企业固定资产的使用效率和经营活动的效率。具体来说，它反映了企业在一定时期内，通过固定资产的投入所获得的营业收入的多少，从而评估固定资产的利用效率。它主要包括以下三个方面。

（1）衡量固定资产利用程度。固定资产周转率直接反映了企业固定资产的利用程度。高周转率意味着企业在相同的固定资产规模下，能够产生更多的营业收入，说明固定资产得到了充分且有效的利用。反之,低周转率则可能表明固定资产存在闲置或利用效率不高的情况。

（2）衡量生产效率。固定资产,如机器设备、生产线等,是企业生产过程中的重要投入。固定资产周转率的高低也间接反映了企业的生产效率。高效率的生产过程能够更快地将固定资产的价值转化为产品或服务,从而提高固定资产的周转率。

（3）衡量资产管理能力。固定资产周转率还是衡量企业资产管理能力的一个重要指标。通过比较不同企业或同一企业不同时期的固定资产周转率,可以评估企业资产管理的水平。高效的资产管理能够确保固定资产得到充分利用,从而提高整体运营效率。

三、影响营运能力的因素

营运能力作为分析企业总资产的运营效率和效果的能力,其影响因素有很多,主要有以下四个方面。

1. 营业收入

营业收入是企业通过销售商品、提供劳务等日常活动所实现的收入。它是衡量企业营运能力的重要指标之一。当资产占用额一定时,营业收入的多少直接决定了营运能力的好坏。企业应通过市场拓展、产品创新、提升服务质量等方式增加营业收入,从而提高营运能力。

2. 资产占用额

资产占用额是指企业在生产经营过程中所占用的各项资产总额。它包括流动资产和长期资产等。当营业收入一定时,资产占用额的多少也会影响营运能力。资产占用额越少,说明企业的资产周转速度越快,营运能力越强。企业应通过优化资产结构、提高资产使用效率、降低资产闲置率等方式减少资产占用额,从而提高营运能力。

3. 资产周转率

资产周转率是企业一定时期内销售收入净额与平均资产总额之比,它反映了企业总资产在一定时期内（通常为一年）周转的次数。资产周转率越高,说明企业的资产周转速度越快,营运能力越强。提高资产周转率是提高营运能力的关键。企业可以通过加强应收账款管理、优化库存管理、提高固定资产利用率等方式来提高资产周转率。

4. 现金流管理

现金流的稳定性对企业的营运能力至关重要。企业应科学管理现金流,规范现金流流向,准确掌握资金的进出,以确保生产经营活动的顺利进行。

良好的现金流状况可以为企业提供更多的资金用于投资和发展,从而提高营运能力。反之,现金流紧张或断链会严重影响企业的营运能力。

综上所述,从财务的角度来看,影响营运能力的因素主要包括营业收入、资产占用额、资产周转率、现金流管理等。企业应通过优化这些财务因素来提高营运能力,从而实现长期稳定的发展。

 **技能实战**（多选题）

1. 营运能力分析比率用来衡量企业在资产管理方面的效率，可以采用的分析指标有（　　）。

A. 应收账款周转率　　　　　　　　B. 存货周转率

C. 流动资产周转率　　　　　　　　D. 总资产周转率

2. 下列说法正确的有（　　）。

A. 存货周转率是评价和衡量企业购入存货、投入生产、销售收回等各环节管理状况的综合性指标

B. 存货周转率越低越好

C. 应收账款周转率反映应收账款的周转速度

D. 应收账款若能及时收回，说明企业的短期偿债能力强，反映企业管理应收账款的效率高

 **总资产周转率分析**

总资产营运
能力分析

通过本节内容的学习，学生能够了解总资产周转率的计算，能够通过计算结果分析企业的营运能力及变化趋势。

知识储备

一、总资产周转率的计算

总资产周转率是企业一定时期的销售收入净额与平均资产总额之比，它是衡量资产投资规模与销售水平之间配比情况的指标。总资产周转率有两种表现形式，分别为总资产周转次数和总资产周转天数。总资产周转次数表明一年中总资产周转的次数，或者说明一元总资产支持的销售收入。总资产周转天数表明总资产周转一次需要的时间，也就是总资产转换成现金平均需要的时间。其计算公式为：

$$总资产周转次数 = \frac{营业收入净额}{总资产平均余额} \times 100\%$$

$$总资产周转天数 = \frac{(360 \times 总资产平均余额)}{营业收入净额}$$

其中,营业收入净额是减去销售折扣及折让等后的净额,总资产平均总额则是企业资产总额年初数与年末数的平均值。

在实际应用中,总资产产值率也在一定程度上会反映企业资产的运营效率。例如,一个企业的总资产产值率很高,但总资产周转率很低,这可能意味着企业拥有高价值的资产,但这些资产的流动性较差,无法快速转化为销售收入。反之,如果总资产周转率很高,但总资产产值率很低,则可能意味着企业的资产虽然流转速度快,但创造的产值相对较低,这可能是由于资产的质量不高或运营效率不佳导致的。其计算公式为:

$$总资产产值率 = \frac{总产值}{总资产平均余额} \times 100\%$$

二、总资产周转率分析评价

总资产周转率是考察企业资产运营效率的一项重要指标,体现了企业经营期间全部资产从投入到产出的流转速度,反映了企业全部资产的管理质量和利用效率。通过对该指标的对比分析可以知悉企业本年度以及以前年度总资产的运营效率和变化,发现企业与同类企业在资产利用上的差距,促进企业挖掘潜力,积极创收,提高产品市场占有率,提高资产利用效率。一般情况下,该数值越高,表明企业总资产周转速度越快,销售能力越强。具体可以从以下三个方面进行分析评价。

(1)运营效率。总资产周转率越高,表明企业总资产周转速度越快,资产利用效率越高。这通常意味着企业能够更有效地将资产转化为销售收入,增强企业的盈利能力。通过与行业平均水平、竞争对手或企业历史数据进行对比,可以评估企业在资产运营方面的优势和劣势。

(2)销售能力。总资产周转率也反映了企业的销售能力。高周转率通常意味着企业具有较强的市场开拓能力和销售执行力,能够快速响应市场需求,实现销售收入的快速增长。

(3)资产管理质量。总资产周转率是企业资产管理效率的直接体现。高周转率表明企业资产管理得当,资产结构合理,能够充分发挥资产的效用。反之,低周转率则可能表明企业资产管理不善,存在资产闲置或浪费的情况。

总之,各项资产的周转指标用于衡量企业运用资产赚取收入的能力,与反映盈利能力的指标结合在一起使用,可全面评价企业的盈利能力。

技能实战(简答题)

根据图 8-1 格力电器总资产营运能力分析趋势图,回答以下问题。

1. 从总资产周转率来看,格力电器 2018 年的营运能力相较于 2017 年发生了什么变化?

2. 从总资产周转率来看,2018 年格力电器的总资产营运能力在所属行业企业中处于什么水平?

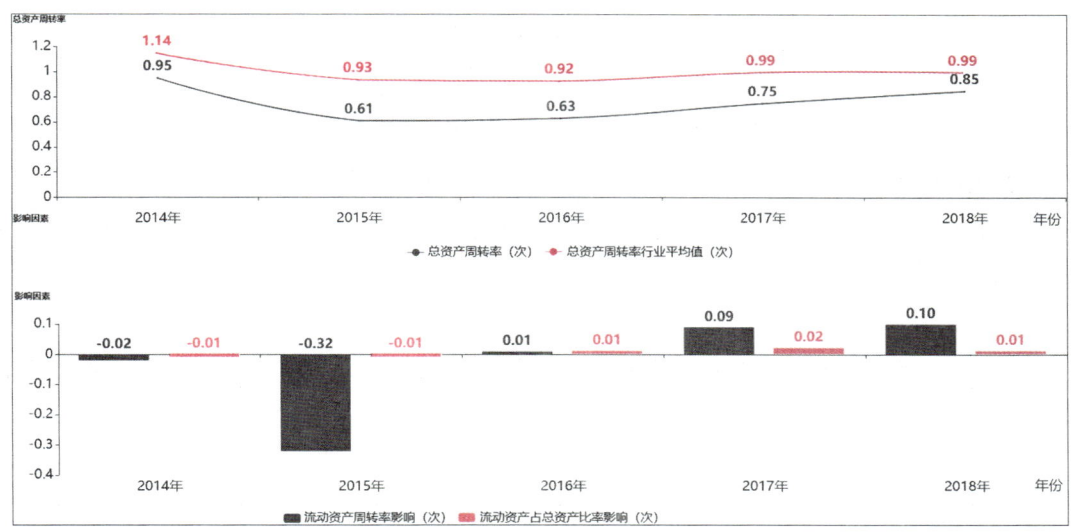

图 8-1　格力电器总资产营运能力分析趋势图

任务三　流动资产周转率分析

任务描述

通过本任务的学习,学生能够了解流动资产周转率的计算方法,能够通过计算结果分析企业的营运能力及变化趋势。

知识储备

一、流动资产周转率的计算

流动资产周转率是企业财务管理中的一个重要指标,它反映了企业流动资产的周转速度和利用效率。此外,加强存货管理和应收账款管理,提高周转速度,能够加快流动资产的周转,提高企业经营效率。因此,流动资产周转率、存货周转率和应收账款周转率之间存在密切的关系。本节内容将存货周转率和应收账款周转率一同纳入流动资产周转率的分析中。

(一)流动资产周转率

流动资产周转率是指企业一定时期内主营业务收入净额同平均流动资产总额的比率,流动资产周转率是评价企业资产利用率的一个重要指标。流动资产周转率有两种表现形式,分别为流动资产周转次数和流动资产周转天数。

$$流动资产周转次数 = \frac{主营业务收入净额}{平均流动资产余额} \times 100\%$$

$$流动资产周转天数 = \frac{(360 \times 平均流动资产余额)}{主营业务收入净额}$$

通过对该指标的对比分析,可以促进企业加强内部管理,充分利用流动资产,如调动暂时闲置的货币资金用于短期的投资创造收益等,还可以促进企业采取措施扩大销售,提高流动资产的综合使用率。

(二)存货周转率

存货周转率是指企业一定时期营业成本(销货成本)与平均存货余额的比率。存货周转率有两种表现形式,分别为存货周转次数和存货周转天数。其计算公式如下:

$$存货周转次数 = \frac{营业成本}{平均存货余额} \times 100\%$$

$$存货周转天数 = \frac{(360 \times 平均存货余额)}{营业成本}$$

通过对该指标的对比分析,可以判断存货的流动性及存货资金占用量是否合理,促使企业在保证生产经营连续性的同时,提高资金的使用效率,增强企业的短期偿债能力。存货周转率的提高有助于加快流动资产的周转,从而提高流动资产的利用效率。反之,存货积压过多、周转缓慢会降低流动资产的周转速度,影响企业的经营效率和盈利能力。

(三)应收账款周转率

应收账款周转率是指企业一定时期营业收入净额与应收账款平均余额的比率,用以反映应收账款的收款速度,应收账款周转率有两种表现形式,分别为应收账款周转次数和应收账款周转天数。其计算公式为:

$$应收账款周转次数 = \frac{营业收入净额}{应收账款平均余额} \times 100\%$$

$$应收账款周转天数 = \frac{(360 \times 应收账款平均余额)}{营业收入净额}$$

该指标数值上升,意味着企业应收账款回收速度加快,有助于减少坏账损失和收款费用,从而增加企业流动资产的收益。这进一步促进了流动资产的快速周转,提高了企业的经营效率和偿债能力。

二、流动资产周转率分析评价

流动资产周转率越高,表明企业流动资产周转得越快,流动资产的利用效率就越高。这不仅可以节约资金,提高资金的利用率,还可以增强企业的盈利能力。相反,如果流动资产周转率较低,则说明企业可能存在流动资产利用效率不高的问题,可能需要通过优化库存管理、加强应收账款回收、提高生产效率等方式来改进。

在分析流动资产周转率时,还需要考虑其他因素,如营业收入、流动资产的结构和质量、企业的行业特点等。例如,制造业企业的流动资产周转率可能会受到原材料采购、生产计划、产品销售等多个环节的影响;而零售业企业的流动资产周转率则可能更多地受到库存管理和应收账款回收的影响。

此外,流动资产周转率还可以与同行业其他企业或历史数据进行比较,以评估企业在行业中的竞争地位或发展趋势。通过比较不同企业或不同时期的流动资产周转率,可以更好地理解企业的资产利用效率,并找出可能存在的问题和改进方向。

总的来说,流动资产周转率分析是企业管理和财务分析中的重要工具,它可以帮助企业识别流动资产利用方面的问题,优化资源配置,提高经营效率,从而实现更好的盈利和发展。

 **技能实战**(简答题)

根据图 8-2 格力电器流动资产周转率分析趋势图,回答以下问题。

1. 格力电器 2018 年流动资产周转率相比较上一年的变化?

2. 相较于行业平均值,格力电器近几年的应收账款周转率呈现的趋势是怎样?

3. 2018 年格力电器流动资产周转速度变动主要是受什么因素变动所致?

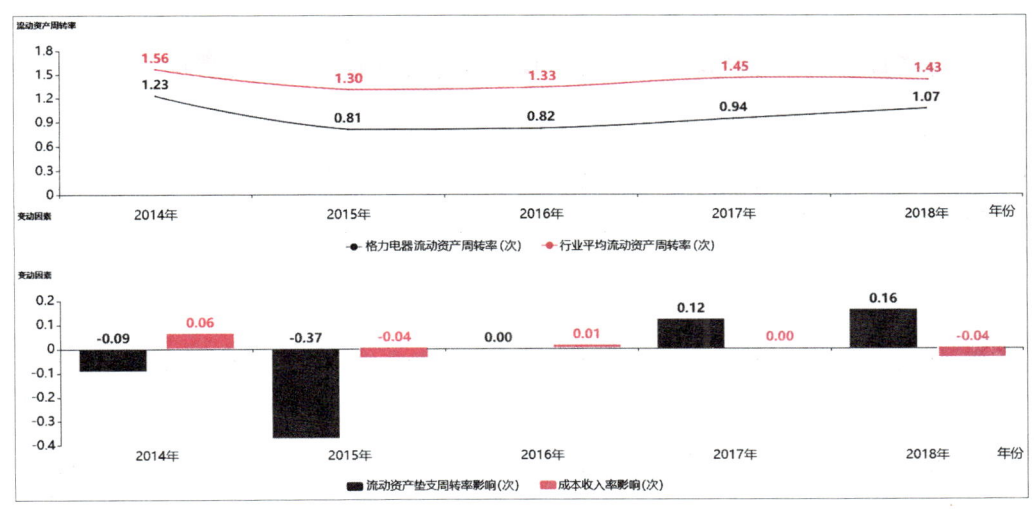

图 8-2　格力电器流动资产周转率分析趋势图

 **任务四　固定资产周转率分析**

固定资产利
用效果分析

任务描述

通过本节内容的学习,学生能够了解固定资产周转率的计算方法,能够通过计算结果分析企业的营运能力及变化趋势。

知识储备

一、固定资产周转率的计算

固定资产周转率指标是衡量企业利用其固定资产进行经营活动效率的一个重要财务指标。对固定资产周转率指标的计算和分析在清产核资工作中尤为重要,有助于企业了解固定资产的使用情况,进而做出优化决策。

(一)固定资产周转率

固定资产周转率,又称为固定资产利用效率,是衡量企业在一定时期内(通常为一年)通过其固定资产创造销售收入的能力的指标。它反映了企业固定资产从投入到产出(即转化为销售收入)的速度和效率,是企业资产运营能力的重要体现。固定资产周转率有两种表现形式,分别为固定资产周转次数和固定资产周转天数。其计算公式为:

$$固定资产周转次数 = \frac{营业收入}{固定资产平均余额} \times 100\%$$

$$固定资产周转天数 = \frac{(360 \times 固定资产平均余额)}{营业收入净额}$$

其中,营业收入指的是企业在一定时期内通过销售商品或提供服务所获得的总收入;固定资产平均余额则是企业固定资产净值在期初和期末的平均值,用于平滑因季节性或偶然性因素导致的资产价值波动。

二、固定资产周转率分析评价

首先,固定资产周转率能够帮助企业了解其固定资产的利用效率。一个高的固定资产周转率意味着企业固定资产的利用效率高,管理效率高,有助于提升企业的经济效益和市场竞争力。相反,如果固定资产周转率偏低,可能意味着企业对固定资产的利用率较低,可能存在资源浪费或管理不善等问题。

其次,固定资产周转率的分析可以进一步评估其资产管理效率。具体而言,企业可以将当前的固定资产周转率与历史数据相对照,以此识别出是否存在显著的波动或发展趋势。同时,企业也有必要将自身的固定资产周转率与同行业内的其他企业进行横向对比,从而明确自身在行业资产管理水平中所处的位置。

最后,固定资产周转率只是评估固定资产利用效果的一个方面,它并不能完全反映企业的所有情况。因此,在分析固定资产周转率时,还需要考虑其他因素,如固定资产的结构、使用年限、技术状况、市场需求等。同时,还需要结合企业的整体战略和目标,以及市场环境等因素进行综合评估。

总的来说,固定资产周转率的分析是企业管理和财务分析中的重要环节,它有助于企业了解其固定资产的利用效果,发现潜在问题,并制定相应的改进措施,从而提升企业的经济效益和市场竞争力。

 **技能实战**

根据图 8-3 格力电器固定资产周转率分析趋势图,回答以下问题。

1. 从格力电器固定资产周转率分析趋势图上可以看出,格力电器 2014—2018 年的固定资产收入率是如何变化的?

2. 从格力电器固定资产周转率分析趋势图上可以看出,与行业平均值相比,格力电器 2018 年处于行业什么水平?

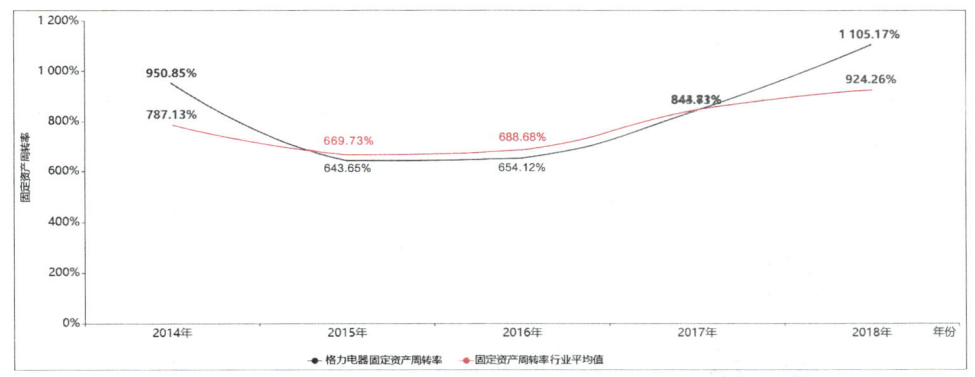

图 8-3 格力电器固定资产周转率分析趋势图

任务五 **营运能力驾驶舱分析与可视化设计**

 **任务描述**

营运能力可
视化分析驾
驶舱实战

通过本任务的学习,学生能够围绕一家上市企业进行营运能力驾驶舱分析和可视化看板制作,更好地利用大数据和可视化图形进行营运能力的解读。

 **任务实施**

一、营运能力驾驶舱分析

以创元科技(股票代码:000551)作为目标企业、以新纶科技(股票代码:002341)作为对标企业,通过阅读上市企业财报、附注明细、企业基本介绍和分析报告参考资料,以及搜集公司及其所属行业的相关资料,梳理分析指标体系,在数字化驾驶舱中,撰写创元科技营运能力分析报告。

点击"企业数据",录入上市企业股票代码"000551",阅读目标企业和对标企业的财务报表及附注明细,如图8-4所示。

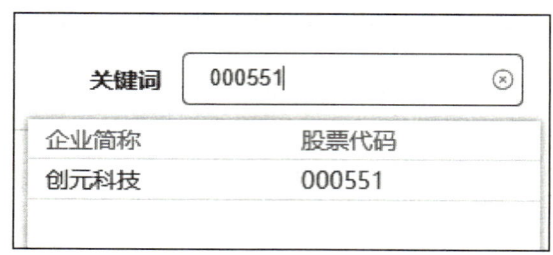

图8-4 录入上市企业股票代码

点击"背景资料",下载"创元科技公司基本情况.pdf",阅读企业基本介绍及分析报告参考资料,如图8-5所示。

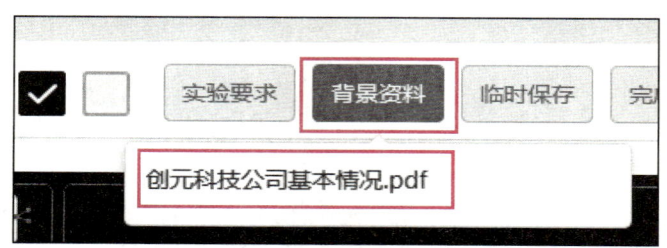

图8-5 阅读企业基本介绍及分析报告参考资料

搜集企业及其所属行业的相关资料,了解企业及其所属行业的基本情况,选择"专用设备"后,勾选环保设备,如图8-6所示。

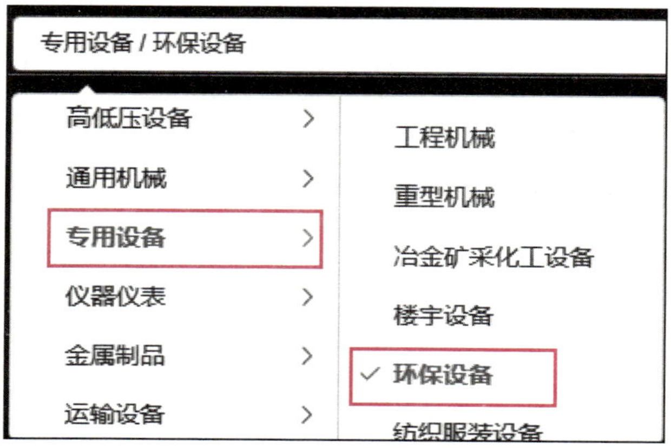

专用设备 / 环保设备

高低压设备	>	工程机械
通用机械	>	重型机械
专用设备	>	冶金矿采化工设备
仪器仪表	>	楼宇设备
金属制品	>	✓ 环保设备
运输设备	>	纺织服装设备

图8-6 企业及其所属行业的基本情况

围绕企业的核心目标，思考并构建合理的营运能力分析指标体系，如图8-7所示。

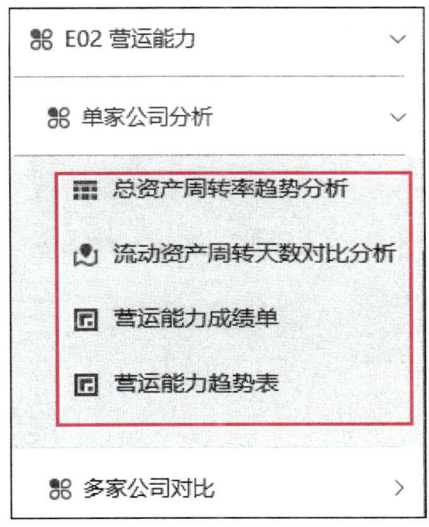

图8-7　营运能力驾驶舱分析指标

在数字化驾驶舱中，将指标库指标拖拽到画布上生成分析图表、将文本框拖拽到画布上编写评价文字，完成分析报告的撰写，如图8-8所示。

图8-8　营运能力驾驶舱分析

二、营运能力可视化分析看板设计

在平台大数据中心下载餐饮行业（休闲服务行业/餐饮）上市企业西安饮食（股票代码：000721）、全聚德（股票代码：002186）、同庆楼（股票代码：605108）2015—2021年的资产负债表和利润表，利用Power BI对数据进行可视化设计，实现效果如图8-9所示。下面通过9个子任务详细介绍餐饮行业营运能力分析的可视化看板。

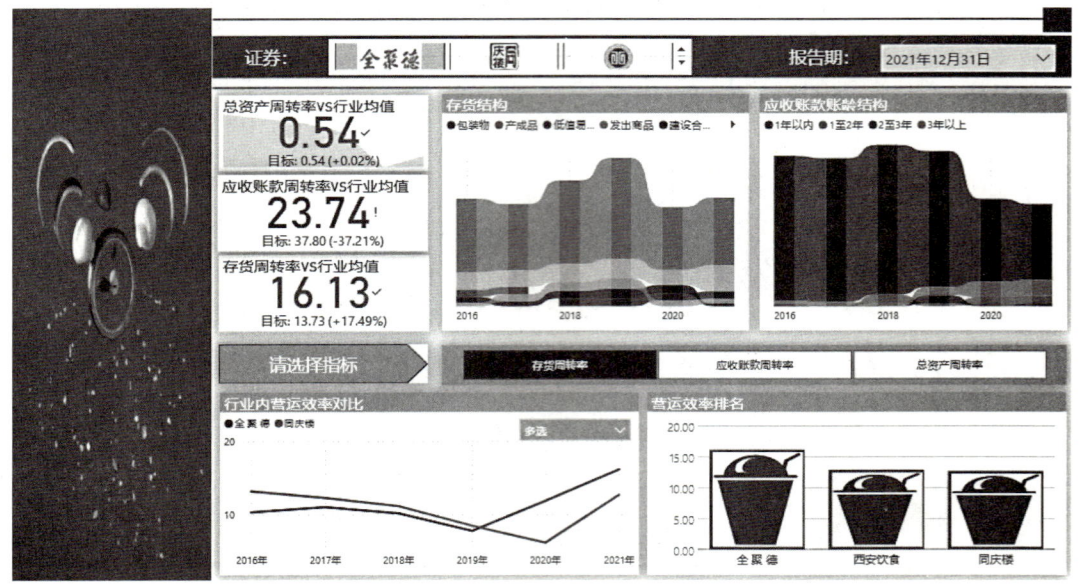

图 8-9　餐饮行业营运能力可视化分析看板

（一）下载资料

登录网中网大数据财务分析平台，进入"餐饮行业营运能力分析"项目，在"附加资料"中将资料下载，保存备用。

（二）导入数据

从平台大数据中心获取"餐饮行业"西安饮食（股票代码：000721）、全聚德（股票代码：002186）、同庆楼（股票代码：605108）三家企业 2015 年至 2021 年的资产负债表、利润表数据，加载到 Power BI 中并进行相应的整理，具体操作如下。

进入"大数据中心"，搜索西安饮食（股票代码：000721），进入资产负债表，将报告期改为2015 年 1 月至 2021 年 12 月，点击"复制地址"按钮，如图 8-10 所示。

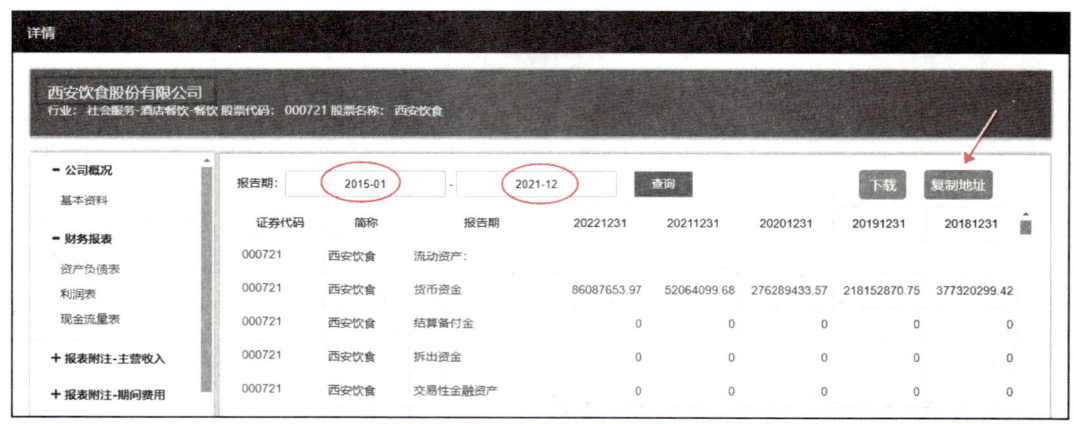

图 8-10　西安饮食资产负债表

　　打开 Power BI,选择"主页—获取数据—Web",将获取的地址填入 URL 栏中,点击"确定"按钮,如图 8-11 所示。在弹出的导航器中勾选"表 1",点击"加载"按钮,则将西安饮食(股票代码:000721)连续七年的资产负债表数据就加载进 Power BI 中,如图 8-11 所示。以同样的方式依次获取、加载全聚德(股票代码:002186)、同庆楼(股票代码:605108)2015 年至 2021 年的资产负债表。

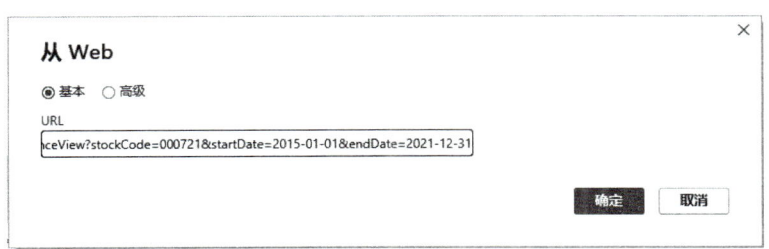

图 8-11　西安饮食资产负债表 URL 地址

　　进入 Power Query 编辑器,我们发现第 1 列"证券代码"前面的"0"消失了,这是因为数据导入后,Power Query 会自动检测并更改数据类型,对于数值的数据,最前面不会显示出"0"。此时可以在右侧区"应用的步骤"中找到对应的"更改的类型 1"这个步骤,将其删掉,数据就会恢复成原来的格式,如图 8-12 所示。

图 8-12　更改数据类型

　　将三张资产负债表的标题进行提升。将三张资产负债表表中数据列为 null 值的筛选过滤掉。选中"表 1",点击"追加查询——将查询追加为新查询",选择"三个或更多表",将下载的三张资产负债表进行合并,如图 8-13 所示。

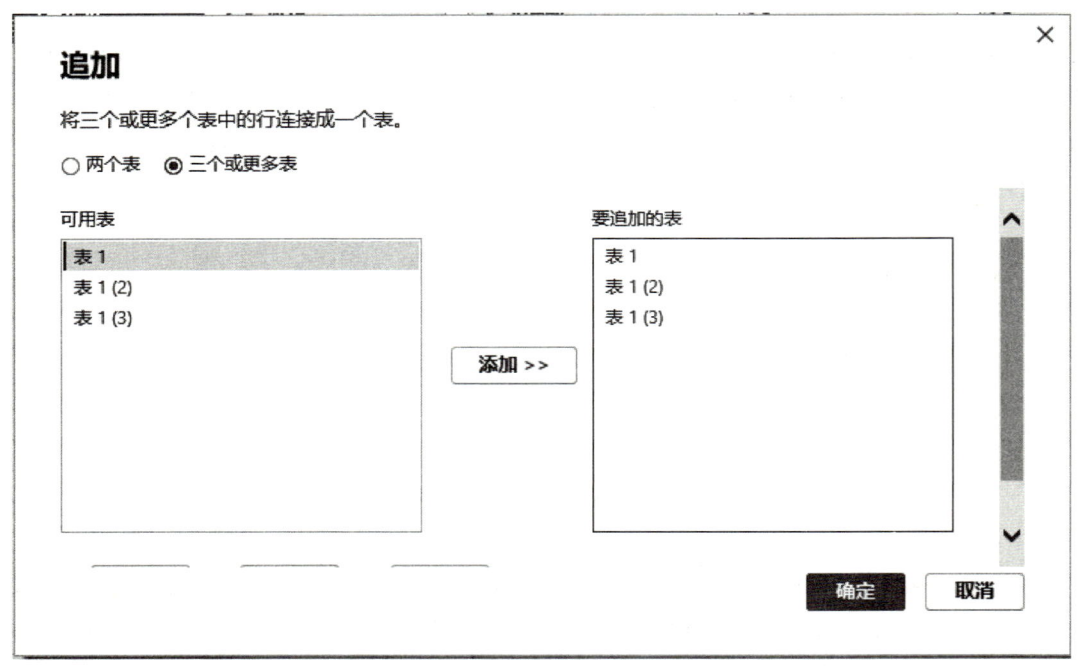

图 8-13　追加查询

选中"证券代码、简称、报告期"三列,右键选择"逆透视其他列"。重命名相关字段,"报告期"改为"项目"、"属性"改为"报告期"、"值"改为"金额"。将第 4 列"报告期"的类型更改为"日期"格式。将查询名称改为"资产负债表",如图 8-14 所示。

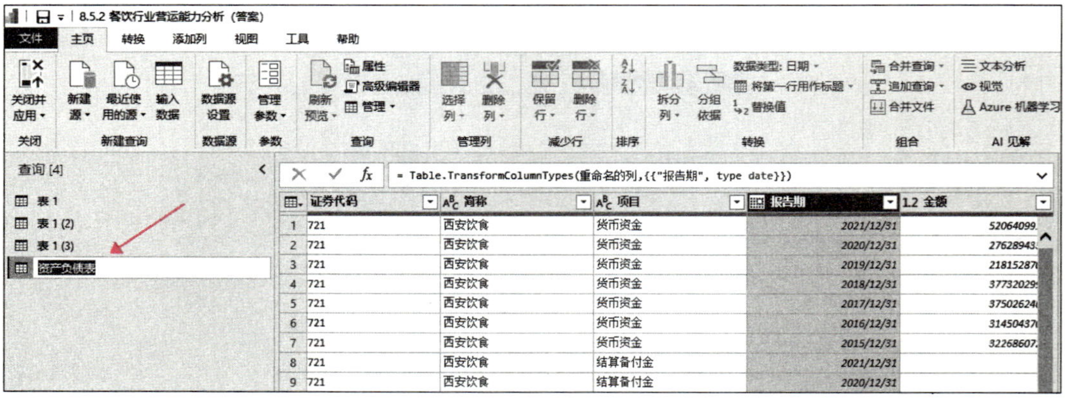

图 8-14　修改表格名称

复制整理好的资产负债表,选中"项目"列,在菜单栏选择"转换—透视列",值列选择"金额"列,如图 8-15 所示。将资产负债表转换为二维表,并将查询名称更改为"资产负债表 1"。

参考上述步骤,以同样的方式获取这三家上市企业 2015 年至 2021 年的利润表,并对其进行合并、整理,得到"利润表"和"利润表 1"。关闭并应用,退出 Power Query 编辑器。

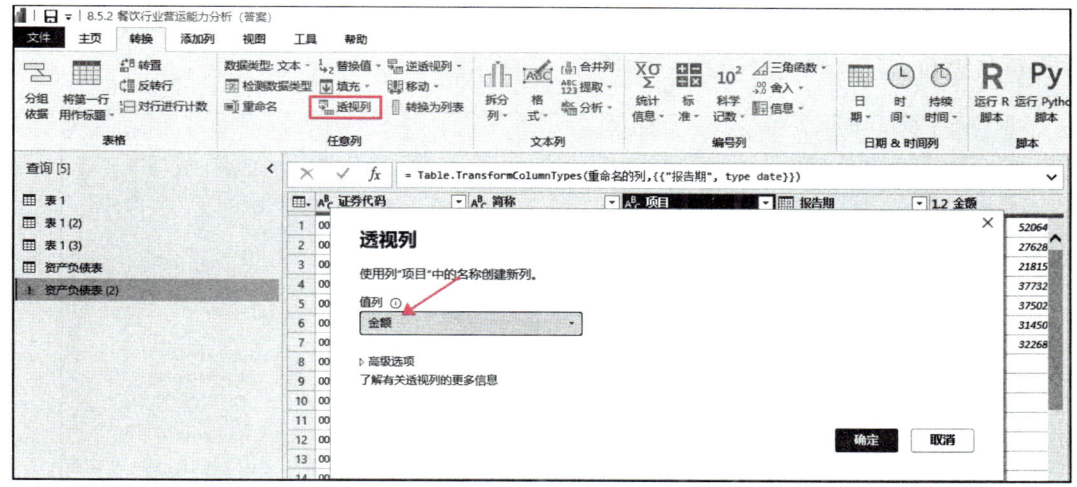

图 8-15 转换表格

（三）数据建模

点击菜单"建模—新建表"，通过度量值创建证券表和日期表，如表 8-1 所示。

表 8-1 证券表和日期表度量值公式

度量值	公式
证券表	证券表＝SUMMARIZE('资产负债表','资产负债表'[证券代码],'资产负债表'[简称])
日期表	日期表＝DISTINCT('资产负债表'[报告期])

其中"日期表"设置度量值公式还需要修改数据类型为"日期"，如图 8-16 所示。

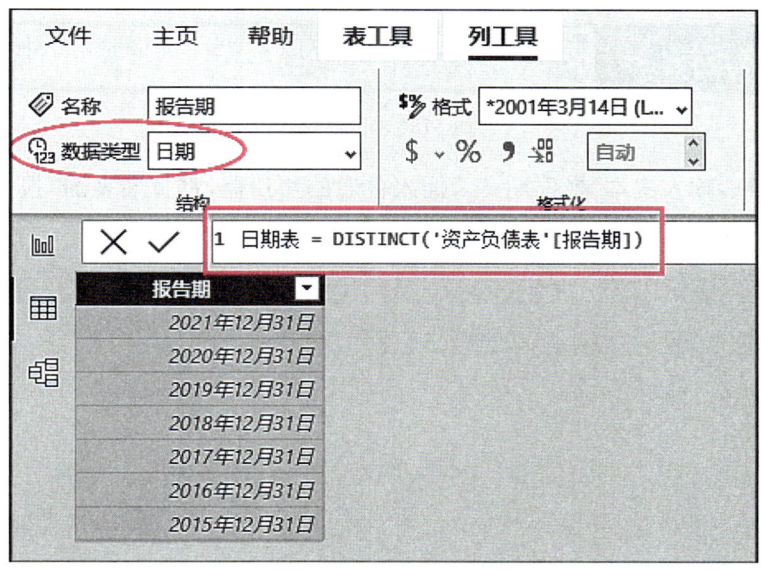

图 8-16 修改数据类型

进入模型视图,以"日期表""证券表"作为维度表,通过报告期和证券代码,分别与 2 张资产负债表和 2 张利润表进行关联,如图 8-17 所示。

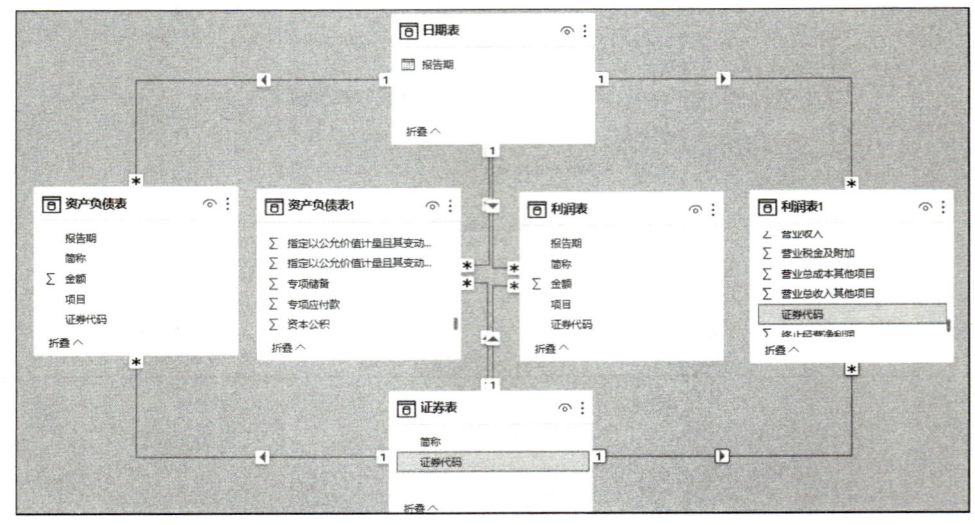

图 8-17　数据建模

(四)制作图片切片器

导入"图片—餐饮"表,点击"转换数据"进入 Power Query 编辑器,将第 1 列"证券代码"的"0"补齐,去掉应用的步骤中对应的"更改的类型",同时将该列改为文本格式。进入模型视图,通过"证券代码"将图片表和证券表进行关联。进入报表视图,插入文本框,输入文本"证券:"。导入"巧克力切片器"视觉对象(即 Chiclet Slicer),将证券表的"简称"拖入"类别"中,将图片表的"图片"拖入"图像"中,如图 8-18 所示。

图 8-18　图片切片器

插入文本框,输入文本"报告期:"。插入普通的切片器,将日期表的"报告期"添加到字段里,并改成下拉样式,如图 8-19 所示。

图 8-19　设置切片器样式

（五）主要营运能力指标分析

选择"主页一输入数据"，创建一张空白表，表名为"度量值表"，点击"加载"按钮。创建以下度量值及对应计算公式，如表 8-2 所示。

表 8-2　主要营运能力指标度量值公式

度量值	公式
资产负债表本年金额	SUM('资产负债表'[金额])
资产负债表上年金额	CALCULATE([资产负债表本年金额],PREVIOUSYEAR('日期表'[报告期]))
营业收入	SUM('利润表1'[营业收入])
营业成本	SUM('利润表1'[营业成本])
平均存货	CALCULATE(([资产负债表上年金额]+[资产负债表本年金额])/2,'资产负债表'[项目]="存货")
平均总资产	CALCULATE(([资产负债表上年金额]+[资产负债表本年金额])/2,'资产负债表'[项目]="资产总计")
平均应收账款	CALCULATE(([资产负债表上年金额]+[资产负债表本年金额])/2,'资产负债表'[项目]="应收账款")
总资产周转率	[营业收入]/[平均总资产]
存货周转率	[营业成本]/[平均存货]
应收账款周转率	[营业收入]/[平均应收账款]
总资产周转率_行业	CALCULATE([总资产周转率],ALL('证券表'))
存货周转率_行业	CALCULATE([存货周转率],ALL('证券表'))
应收账款周转率_行业	CALCULATE([应收账款周转率],ALL('证券表'))

选择 KPI 图，将度量值"总资产周转率"拖入"值"中，将日期表的"报告期"拖入走向轴中，目标为"总资产周转率_行业"，取消日期切片器对 KPI 图的控制。修改图表标题为"总资产周转率 VS 行业均值"。以同样的方式，制作存货周转率、应收账款周转率 KPI 图，如图 8-20 所示。

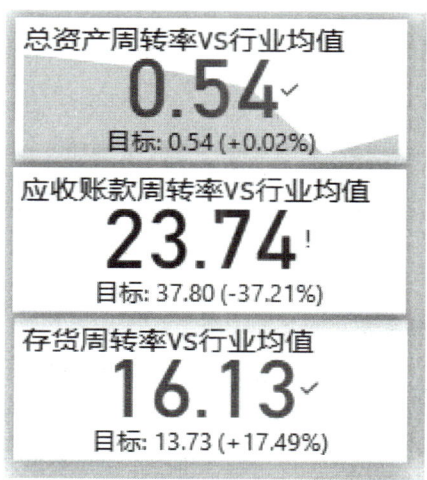

图 8-20　主要营运能力指标分析图

（六）存货结构分析

导入"存货明细（账面余额）-餐饮"，将"证券代码"类型改为"文本"；选择"添加列—添加自定义列"，添加一列"其他"列，设置自定义列公式，如图8-21所示，并将类型改为小数。

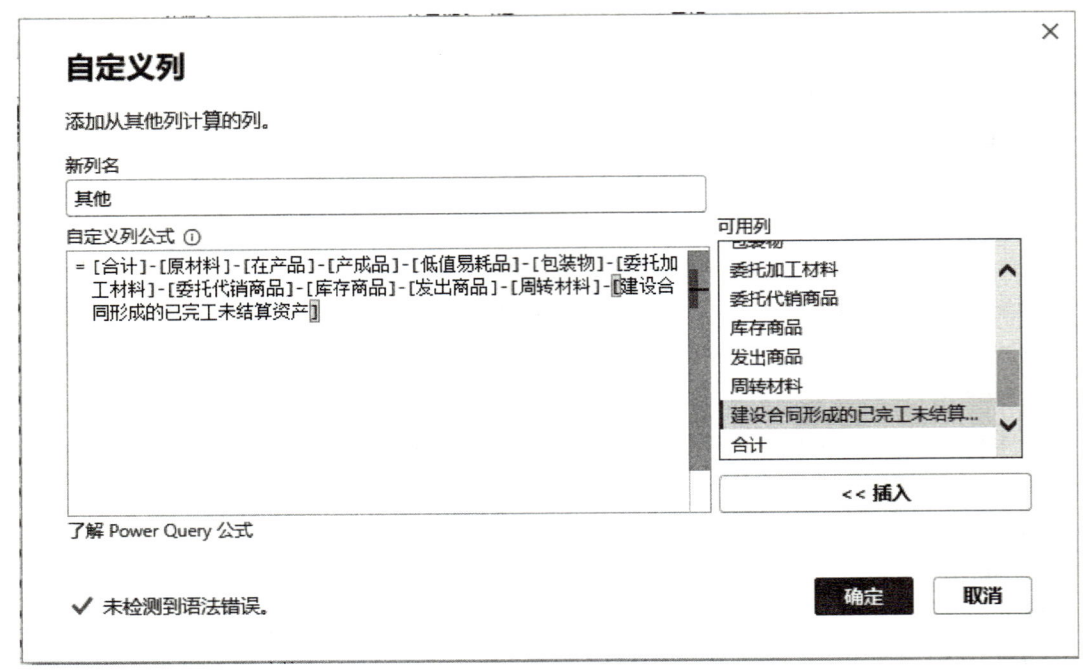

图8-21　自定义列公式

选中"证券代码、简称、报告期"三列，右键选择"逆透视其他列"，重命名相关字段，并筛选"存货项目"不等于"合计"的行，如图8-22所示。

图8-22　逆透视其他列

表8-3　数据模型关系表

关联表	关联字段	关联关系
日期表与存货明细	报告期	一对多
证券表与存货明细	证券代码	一对多

进入模型视图，通过"证券代码"关联存货明细和证券表，通过"报告期"关联存货明细和日期表，如表8-3所示。

插入丝带图，将日期表的"报告期"放入

X 轴,Y 轴为存货明细表的金额,图例选择"存货项目",同时取消与日期切片器的交互,并将图表标题改为"存货结构",如图 8-23 所示。

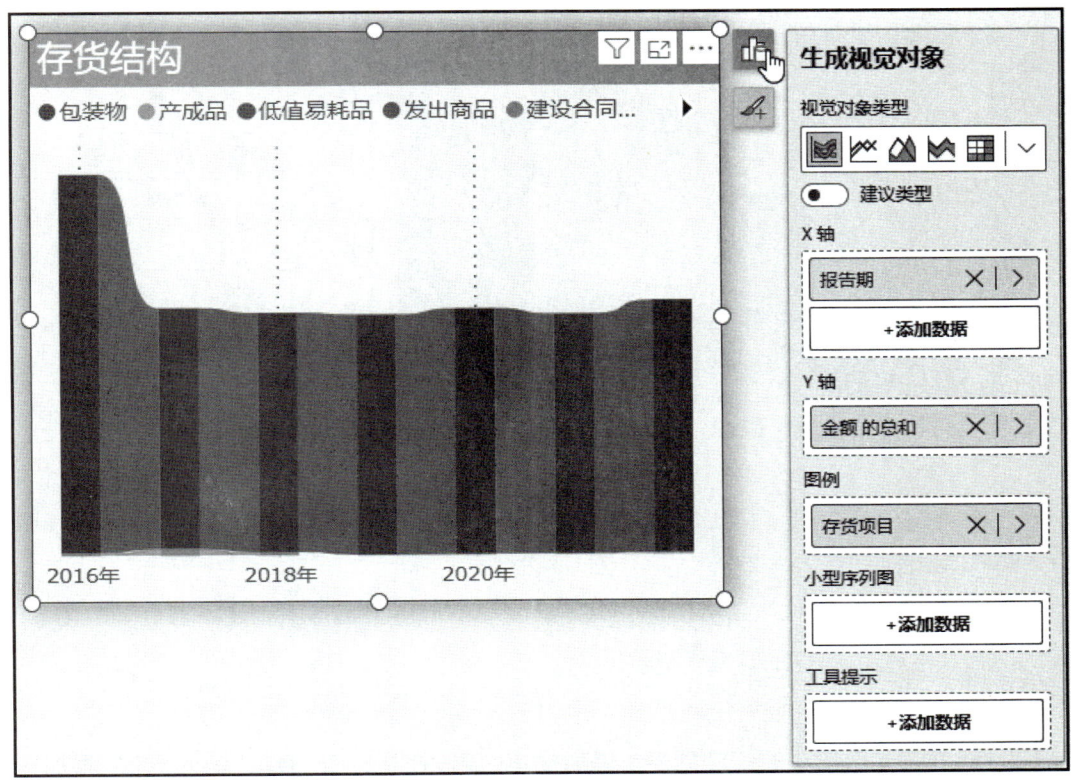

图 8-23 存货结构分析图

(七) 应收账款账龄结构分析

导入"应收账款明细(账面余额)—餐饮",将"证券代码"类型改为文本。在模型视图中,通过"报告期"关联应收账款明细和日期表,通过"证券代码"关联应收账款明细和证券表,如表 8-4 所示。

表 8-4 数据模型关系表

关联表	关联字段	关联关系
日期表与应收账款明细	报告期	一对多
证券表与应收账款明细	证券代码	一对多

插入丝带图,将日期表的"报告期"放入 X 轴,Y 轴为应收账款金额,图例选择"项目类型名称",同时取消与日期切片器的交互,并将图表标题改为"应收账款账龄结构",如图 8-24 所示。

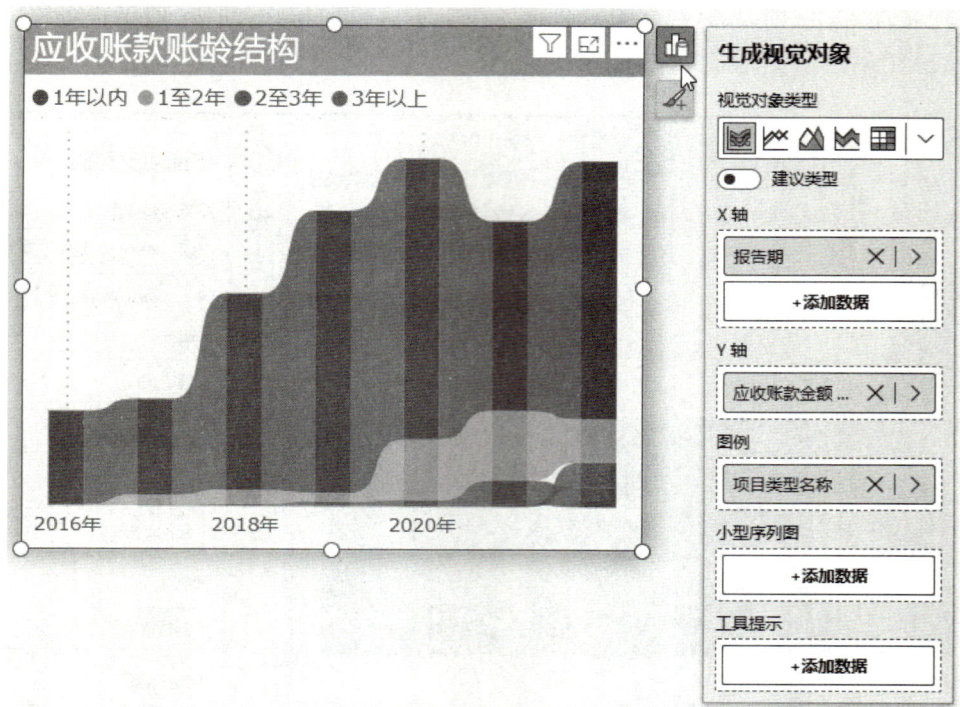

图 8-24　应收账款账龄结构分析图

（八）行业内营运效率对比分析

选择"插入—形状—五角星箭头"，添加文本"请选择指标"。通过"输入数据"添加一张表，列名为"指标"，包含"总资产周转率、存货周转率、应收账款周转率"三个指标，名称命名为"指标名称"，如图 8-25 所示。

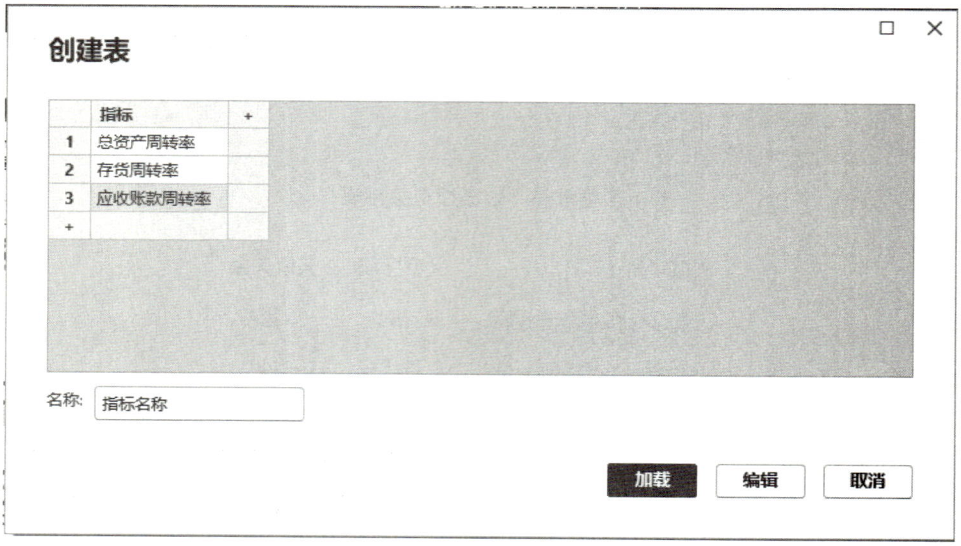

图 8-25　创建指标

添加切片器,字段选择指标名称表里的"指标",改为磁贴样式,如图 8-26 所示。

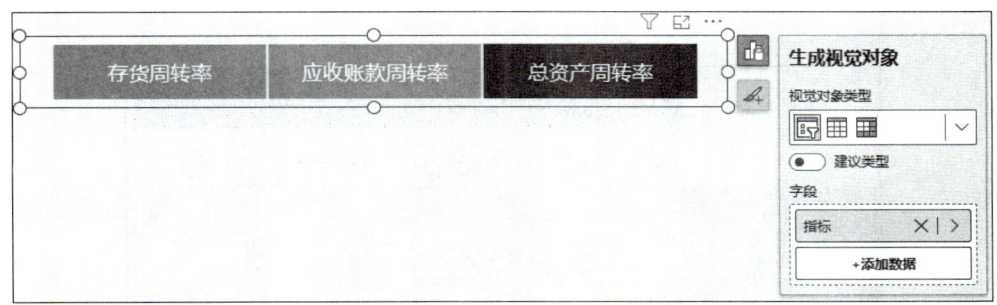

图 8-26 设置指标样式

行业内营运效率对比需要根据选择的指标,动态显示指标值变动趋势。创建指标值的度量值计算公式,如表 8-5 所示。

表 8-5 指标值度量值计算公式

度量值	公式
指标值	指标值＝SWITCH(SELECTEDVALUE('指标名称'[指标]),"总资产周转率",[总资产周转率],"存货周转率",[存货周转率],"应收账款周转率",[应收账款周转率])

插入折线图,X 轴选择日期表的"报告期",Y 轴选择度量值"指标值",图例选择证券表的"简称",同时取消日期切片器、证券切片器对其的控制,将图表标题改为"行业内营运效率对比"。插入切片器,拖入证券表的"简称",放在上面的折线图上。该切片器只控制折线图的证券选择。需取消该切片器,对其他图形和切片器的控制,以及取消巧克力切片器对该本切片器的控制。

(九) 行业内营运效率对比分析

导入"信息图表设计"视觉对象(infographic designer)。将证券表的"简称"拖入"类别"中,将图片表的"图片"拖入"图像"中。将证券表的简称拖入"Category"中,将度量值"指标值"拖入"Measure"。取消两个证券切片器对该图的控制,并将图表标题改为"营运效率排名",如图 8-27 所示。

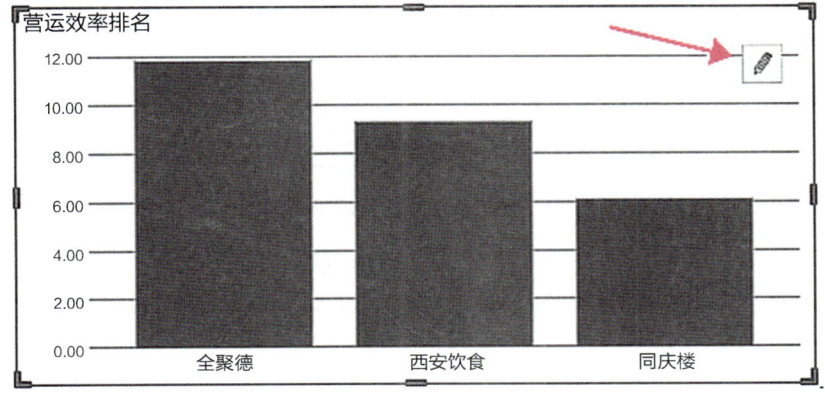

图 8-27 "信息图表设计"视觉对象

点击图上的笔形"Edit mark"，进入图形设计器进行编辑，删除默认形状，如图 8-28 所示。

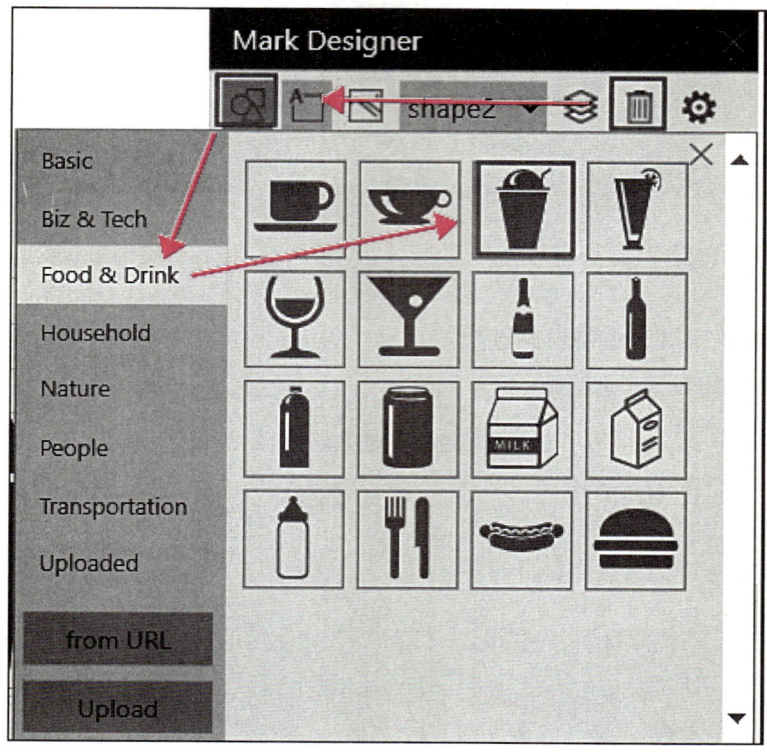

图 8-28　图形设计器

在形状列表里选择服装，并将"Multiple Units"改为"On"状态，如图 8-29 所示。

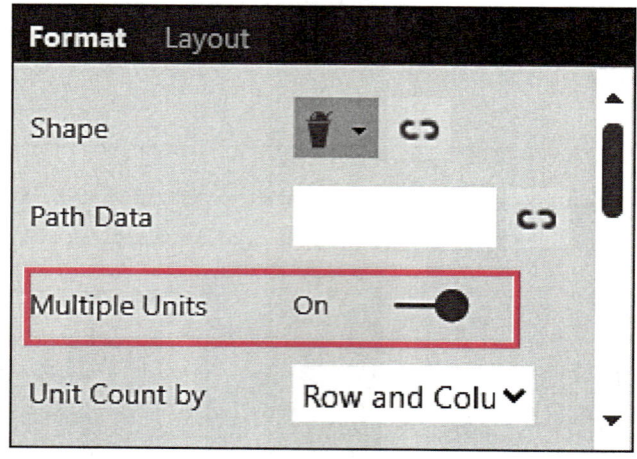

图 8-29　形状列表

技能实战

点击"大数据财务分析"教学平台，选择"运动服装业上市企业营运能力分析"，利用 Power BI 软件，完成对应的可视化看板的制作。

项目九

偿债能力分析

**知识目标**

1. 识记偿债能力的概念。
2. 理解偿债能力分析的衡量指标。
3. 掌握偿债能力驾驶舱分析与可视化设计流程思路。

能力目标

1. 能够准确理解偿债能力及其影响因素。
2. 会计算偿债能力分析的衡量指标。
3. 独立完成偿债能力驾驶舱分析与可视化看板制作。

素养目标

1. 培养风险思维,提升财务安全的能力。
2. 锻炼数据思维,提升报表分析维度。

知识导图

```
                          ┌ 偿债能力的概念
               偿债能力分析概述 ┤ 偿债能力分析的内容
                          └ 偿债能力的影响因素

               短期偿债能力分析 ┤ 短期偿债能力分析指标
                          └ 短期偿债能力分析评价
偿债能力分析 ┤
               长期偿债能力分析 ┤ 长期偿债能力分析指标
                          └ 长期偿债能力分析评价

         偿债能力驾驶舱与可视化设计 ┤ 偿债能力驾驶舱分析
                             └ 偿债能力可视化分析看板设计
```

 思政园地

持续化解地方债务风险

防范化解地方债务风险工作事关经济社会发展全局，是统筹发展与安全的内在要求。为此，企业必须积极稳妥防范化解地方债务风险，牢牢守住不发生系统性风险的底线。近年来，按照党中央、国务院决策部署，各地坚持化存量遏增量，扎实推进地方债务化解，地方债务处置工作取得积极成效。

当前，地方隐性债务规模逐步下降，债务风险得到整体缓解。总体来看，地方债务风险可控。同时，从全国看，地方债务分布不均匀，有的地方隐性债务规模仍然偏高，面临较大还本付息压力，风险依然不容忽视。要持之以恒攻坚推进，进一步推动一揽子化债方案落地见效。

切实做好防范化解地方债务风险工作，将促进财政可持续发展，推动经济平稳健康运行，有效助力高质量发展。中央经济工作会议强调，"要统筹化解房地产、地方债务、中小金融机构等风险""统筹好地方债务风险化解和稳定发展"。中央金融工作会议也要求，"建立防范化解地方债务风险长效机制，建立同高质量发展相适应的政府债务管理机制"。一系列重要部署，凸显防范化解地方债务风险工作的紧迫性和重要性。

防范化解地方债务风险，要注重远近结合、堵疏并举、标本兼治。开好"前门"，合理安排新增地方政府债券，管好用好新增债券资金；严堵"后门"，遏制违法违规举债融资，加强风险源头管控，硬化预算约束，管控新增项目融资的金融"闸门"，严禁违规为地方政府变相举债。同时，加强地方政府融资平台公司治理，遏制新增隐性债务。

资料来源：节选自《经济日报》2024年3月3日第1版的新闻《持续化解地方债务风险》。

 案例导读

持续有效防范化解重点领域风险

没有安全和稳定，一切都无从谈起。习近平总书记指出，"前进的道路不可能一帆风顺，越是前景光明，越是要增强忧患意识，做到居安思危。"2023年我国经济运行总体呈现增速较高、就业平稳、物价较低、国际收支基本平衡的格局。也应看到，国内经济大循环存在堵点，风险隐患仍然较多，要统筹化解房地产、地方债务、中小金融机构等风险，坚决守住不发生系统性风险的底线。中央经济工作会议部署做好2024年经济工作的九项重点任务，强调要"持续有效防范化解重点领域风险"。领会好、落实好中央经济工作会议精神，我们必须坚持系统观念，全面加强监管，统筹风险化解和稳定发展的关系。安全是发展的前提，发展是安全的保障。看房地产，2023年11月份以来，工、农、中、建、交等银行向非国有房企投放开发贷款超300亿元，满足不同所有制房地产企业的合理融资需求；看地方债，我国防范化解

地方政府债务风险的制度体系已经建立,地方政府违法违规无序举债的蔓延扩张态势得到初步遏制,地方政府债务处置工作取得积极成效;看金融系统,高风险中小银行数量已经较峰值下降一半,中央金融管理部门对各自监管领域"分兵把守",既管"有照违章",更管"无照驾驶"。可以说,把防风险摆在突出位置,着力破解各种矛盾和问题,我们就能打好化险为夷、转危为机的战略主动战,实现高质量发展和高水平安全良性互动。

资料来源:节选自《人民日报》2024 年 01 月 08 日第 5 版的新闻《持续有效防范化解重点领域风险》。

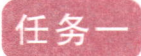

任务一　偿债能力分析概述

通过本任务的学习,学生能够理解企业偿债能力的含义和作用,掌握偿债能力分析的内容,并能够识别偿债能力的影响因素。

一、偿债能力的概念

偿债能力是指企业用其资产偿还长期债务与短期债务的能力。企业有无支付现金的能力和偿还债务能力,是企业能否健康生存和发展的关键。企业偿债能力是反映企业财务状况和经营能力的重要标志。偿债能力是企业偿还到期债务的承受能力或保证程度,包括偿还短期债务和长期债务的能力。

二、偿债能力分析的内容

偿债能力分析的内容主要包括短期偿债能力和长期偿债能力两个方面。

短期偿债能力主要关注企业流动资产对流动负债的及时足额偿还能力,这是衡量企业当前财务能力,特别是流动资产变现能力的重要标志。短期偿债能力分析主要采用比率分析法,衡量指标主要有流动比率、速动比率、现金比率和现金流动负债比率。

长期偿债能力则关注企业偿还长期负债的能力,这是反映企业财务状况稳定与否及安全程度高低的重要标志。长期偿债能力分析指标主要有资产负债率、产权比率、权益乘数以及利息保障倍数。

在进行偿债能力分析时,除了关注这些比率指标,还需要结合企业的资产结构、债务结构、收入结构以及可支配收入进行全面分析。例如,即使流动比率很高,但如果企业存货规模大且周转速度慢,其实际短期偿债能力可能较弱。因此,在评估企业的偿债能力时,需要综合考虑各种因素,进行全面的分析。

三、偿债能力的影响因素

影响偿债能力的因素主要有以下五个方面。

(一) 企业的资产负债情况

企业的资产总额和结构,以及负债的规模和结构,都会直接影响到其偿债能力。例如,企业的流动资产和速动资产越多,其短期偿债能力通常越强;而长期负债的比例过高,可能会增加企业的偿债压力。

(二) 企业的盈利能力

企业的盈利能力越强,说明其有更多的现金流入,从而更容易偿还债务。盈利能力可以通过一系列财务指标来衡量,如营业利润率、总资产报酬率等。

(三) 企业的经营风险

企业的经营风险包括市场风险、信用风险、法律风险等。如果企业所处行业的市场竞争激烈、信誉不佳或存在较多的法律诉讼案件,那么企业的偿债能力可能会受到影响。

(四) 企业的融资能力

企业的融资能力越强,越容易通过外部融资来偿还债务。融资能力受到企业信誉、市场地位以及宏观经济环境等多种因素的影响。

(五) 宏观经济环境和政策因素

宏观经济情况不佳、金融危机或经济衰退时,企业面临的偿债压力会增加,偿债能力会减弱。同时,政府的财政政策和货币政策也会对企业的偿债能力产生影响。

除此之外,还有一些其他因素也会影响到企业的偿债能力,如企业的资本结构、长期资产的保值程度、财务报表之外的因素(如可动用的银行授信额度、可快速变现的非流动资产等)以及行业特点、经营环境、生产周期等。

综上所述,影响偿债能力的因素是多种多样的,需要综合考虑各种因素来全面评估企业的偿债能力。同时,企业也应根据自身情况,采取相应的措施来优化资产结构、提高盈利能力、降低经营风险、增强融资能力,提升自身的偿债能力。

 **技能实战**(单选题)

1. 下列不是影响企业偿债能力的因素的是(　　)。

A. 企业的资产结构　　　　　　B. 企业的负债规模

C. 企业的职工人数　　　　　　D. 企业的盈利能力

2. 长期偿债能力主要关注的是企业偿还(　　)债务的能力。

A. 流动负债   B. 长期负债   C. 应付账款   D. 预收账款

3. 下列最准确地描述了偿债能力的是(　　)。

A. 企业资产的总额和结构

B. 企业用其资产偿还长期债务与短期债务的能力

C. 企业的营业收入和利润

D. 企业的市场地位和品牌影响力

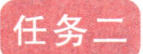 **短期偿债能力分析**

任务描述

通过本任务的学习,学生要掌握短期偿债能力的分析指标及其计算方法,能够通过计算结果分析企业的偿债能力及变化趋势,并能够通过与同行业企业的对比全面了解企业的短期偿债能力。

 **知识储备**

一、短期偿债能力分析指标

短期偿债能力分析是指企业以流动资产偿还流动负债的能力,或者说是指企业在短期债务到期前,可以转化为现金用于偿还流动负债的能力。在短期偿债能力分析中,主要关注企业的流动资产和流动负债的规模和结构,以及它们之间的匹配程度。用于衡量短期偿债能力分析的指标有流动比率、速动比率、现金比率和现金流动负债比率。

(一)流动比率

流动比率是指流动资产对流动负债的比率,用来衡量企业流动资产在短期债务到期以前,可以变为现金用于偿还负债的能力。其计算公式为:

$$流动比率 = \frac{流动资产}{流动负债} \times 100\%$$

(二)速动比率

速动比率是指通过计算企业流动资产中最具现金价值的部分(速动资产)与流动负债之间的比率得出的。速动资产是指企业的流动资产减去存货和预付费用后的余额,主要包括现金、短期投资、应收票据、应收账款等项目,这些资产可以在较短时间内变现。其计算公式为:

$$速动比率 = \frac{速动资产}{流动负债} \times 100\%$$

（三）现金比率

现金比率是指在企业因大量赊销而形成大量的应收账款时,考查企业的变现能力时所运用的指标。其计算公式为:

$$现金比率 = \frac{货币资金 + 交易性金融资产}{流动负债} \times 100\%$$

（四）现金流动负债比率

现金流动负债比率是指经营活动现金流量净额与平均流动负债的比率,用来衡量企业的流动负债由经营活动所产生的现金来支付的程度。其计算公式为:

$$现金流动负债比率 = \frac{经营活动现金流量净额}{平均流动负债} \times 100\%$$

二、短期偿债能力分析评价

短期偿债能力分析是企业财务分析的重要组成部分,主要关注企业在短期内偿还流动负债的能力。这种分析对于评估企业的财务风险、预测未来的流动性状况以及为投资者和债权人提供决策依据都具有重要意义。

在进行短期偿债能力分析时,主要考察以下四个关键指标。

（一）流动比率

流动比率是流动资产与流动负债的比值。它反映了企业每一元流动负债有多少流动资产作为偿还的保障。一般来说,流动比率越高,企业的短期偿债能力越强。然而,流动比率过高,也表明流动资产占用多,影响经营资金周转效率和获利能力。因此,在评估流动比率时,需要综合考虑企业的具体情况和行业特点,以及与其他财务指标结合分析,全面评估企业的短期偿债能力。

（二）速动比率

速动比率是速动资产与流动负债的比值。速动资产是指流动资产中减去存货等非速动资产后的余额,因此速动比率更能反映企业短期内可变现的资产对流动负债的保障程度。如果速动比率低于1,通常被认为存在流动性风险,意味着企业可能无法及时偿还其短期债务。

（三）现金比率

现金比率是企业现金类资产(包括货币资金和有价证券)与流动负债的比值。这一指标直接反映了企业用现金偿还短期债务的能力,是短期偿债能力分析中最严格的指标。一般认为现金比率在20%以上为好,但如果这一比率过高,可能意味着企业流动资产未能得到合理运用,导致现金类资产获利能力降低。

（四）现金流动负债比率

现金流动负债比率是企业一定时期的经营现金净流量同流动负债的比率，该指标是从现金流入和流出的动态角度对企业实际偿债能力进行考察，反映本期经营活动所产生的现金净流量足以抵付流动负债的倍数。现金流动负债比率的标准值通常为 0.5。如果该指标大于 1，表示企业流动负债的偿还有可靠保证。然而，该指标并非越大越好，如果过大，可能表明企业流动资金利用不充分，盈利能力不强。因此，在分析这一指标时，需要结合企业的实际情况进行综合判断。

 技能实战（简答题）

根据图 9-1 格力电器现金流动负债比率分析趋势图，回答以下问题。

1. 从现金流动负债比率来看，2018 年格力电器的总资产偿债能力在所属行业企业中处于什么水平？

2. 格力电器仅依靠经营活动可以偿还其短期债务吗？如不能，应如何解决短期债务的问题？

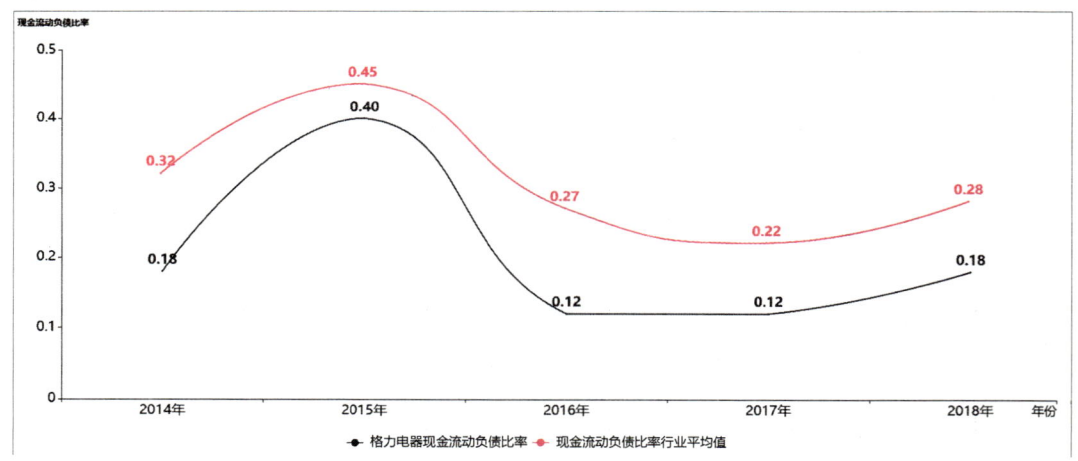

图 9-1 格力电器现金流动负债比率分析趋势图

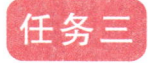 任务三 长期偿债能力分析

 任务描述

长期偿债能力分析

通过本任务的学习，我们要掌握长期偿债能力的分析指标及其计算方法，能够通过计算

结果分析企业的偿债能力及变化趋势,并能够通过与同行业企业的对比全面了解企业的长期偿债能力。

一、长期偿债能力分析指标

长期偿债能力的强弱直接关系到企业的财务稳健程度,良好的长期偿债能力可以保证企业在未来的经营过程中能够按时支付债务和利息,从而确保企业的持续发展和稳定经营。同时,它还能提高企业的融资能力、抗风险能力和竞争力。因此,企业和管理者需要密切关注并合理管理长期偿债能力,维护企业的财务健康。反映长期偿债能力大小的指标主要有资产负债率、产权比率、权益乘数和利息保障倍数。

(一)资产负债率

资产负债率用于衡量企业利用债权人提供的资金进行经营活动的能力,以及反映债权人发放贷款的安全程度。该指标是通过将企业的负债总额与资产总额相比较得出的。其计算公式为:

$$资产负债率 = \frac{负债总额}{资产总额} \times 100\%$$

(二)产权比率

产权比率是评估资金结构合理性的一种重要指标,用于衡量企业长期偿债能力。它反映了企业所有者权益对债权人权益的保障程度,体现了企业的财务结构是否稳健。其计算公式如下:

$$产权比率 = \frac{负债总额}{所有者权益总额} \times 100\%$$

(三)权益乘数

权益乘数是一个关键的财务管理指标,用于衡量公司的资本结构以及财务杠杆的大小。它表示公司的总资产是股东权益的多少倍。其计算公式为:

$$权益乘数 = \frac{资产总额}{所有者权益总额} \times 100\%$$

(四)利息保障倍数

利息保障倍数是指企业生产经营所获得的息税前利润与利息费用的比率。该指标用于衡量企业支付贷款利息的能力,反映了企业盈利能力对偿还到期债务的保障程度。其计算公式为:

$$利息保障倍数 = \frac{息税前利润}{利息费用} \times 100\%$$

二、长期偿债能力分析评价

长期偿债能力的强弱直接关系到企业的财务稳健程度,良好的长期偿债能力可以保证企业在未来的经营过程中能够按时支付债务和利息,从而确保企业的持续发展和稳定经营。同时,它还能提高企业的融资能力、抗风险能力和竞争力。因此,企业和管理者需要密切关注并合理管理长期偿债能力,以维护企业的财务健康。

在进行长期偿债能力分析时,主要考查以下几个关键指标:

(一) 资产负债率

资产负债率的高低可以反映企业在总资产中有多大比例是通过借债来筹资的,也可以衡量在企业清算时保护债权人利益的程度。一般来说,资产负债率较低意味着企业的偿债能力强,而较高的资产负债率可能意味着企业存在一定的财务风险。然而,这个指标并不是绝对的,因为不同行业、不同企业以及不同经营策略下的资产负债率可能存在差异。在分析资产负债率时,需要综合考虑企业的具体情况和立场。例如,从债权人的角度看,他们通常希望企业的资产负债率越低越好,因为这样风险较小。而从股东的角度看,在全部资本利润率高于借款利息率的情况下,他们可能更倾向于较高的资产负债率,因为这可以增加他们的利润。

(二) 产权比率

产权比率的高低具有不同的含义。一般来说,产权比率高意味着企业偿还长期债务的能力较弱,因为较高的产权比率通常意味着企业负债较多,而所有者权益相对较少。相反,产权比率低则说明企业偿还长期债务的能力较强,因为较低的产权比率表明企业负债较少,所有者权益占比较大。产权比率与资产负债率在评价偿债能力时具有相似的作用,但侧重点略有不同。资产负债率主要分析债务偿付安全性的物质保障程度,而产权比率则更侧重于揭示财务结构的稳健程度以及自有资金对偿债风险的承受能力。

(三) 权益乘数

权益乘数的大小反映了企业财务杠杆的大小。当权益乘数较大时,说明股东投入的资本在资产中所占的比重较小,企业的财务杠杆较大,这意味着企业更多地依赖于借款或其他形式的融资来支付资产。相反,如果权益乘数较小,则表明企业更多地依赖自有资金来支付资产。因此,权益乘数对于评估企业的偿债能力和稳定性至关重要。高权益乘数可能意味着企业具有较高的财务风险,但同时也可能意味着企业能够利用财务杠杆创造更高的利润。然而,这也取决于企业的营运状况。如果企业正处于上升趋势,高权益乘数可能有助于企业获得更高的利润。

(四) 利息保障倍数

利息保障倍数越大,说明企业支付利息费用的能力越强。因此,债权人会分析利息保障倍数指标,以此来衡量债务资本的安全程度。要维持正常的偿债能力,利息保障倍数至少应大于1,比率越高,企业的长期偿债能力越强。如果利息保障倍数过低,企业将面临亏损风险,偿债安全性和稳定性会下降。

技能实战(简答题)

根据图9-2格力电器资产负债率分析趋势图,回答以下问题。

1. 格力电器2018年资产负债率相比较上一年有什么变化?

2. 相较于行业平均值,格力电器近几年的资产负债率呈现了怎样的趋势?

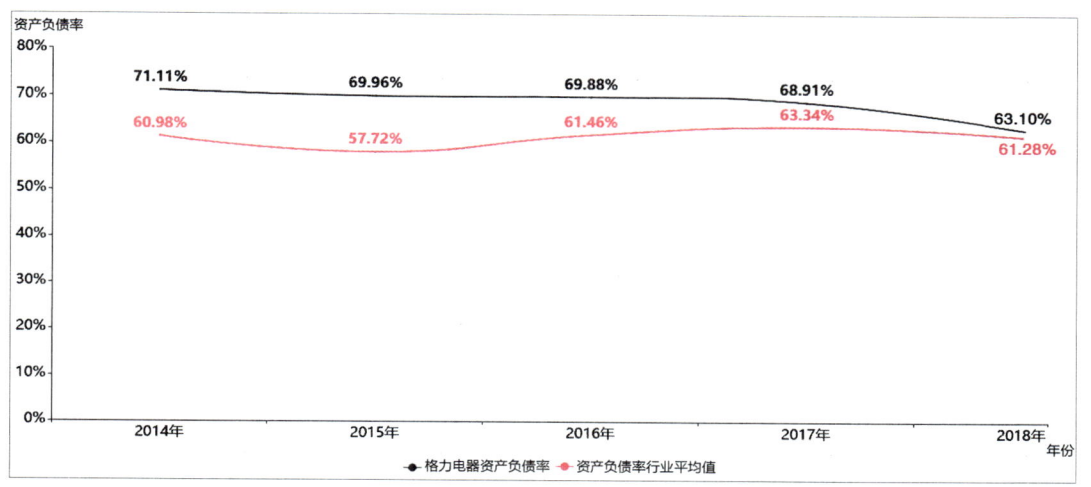

图9-2　格力电器资产负债率分析趋势图

任务四　偿债能力驾驶舱分析与可视化设计

 任务描述

偿债能力分析可视化驾驶舱实战

通过本节任务的学习,学生能够围绕一家上市企业进行财务数据驾驶舱分析和可视化看板制作,更好地利用大数据和可视化图形进行偿债能力分析的解读。

 任务实施

一、偿债能力驾驶舱分析

以创元科技(股票代码:000551)作为目标企业、以新纶科技(股票代码:002341)作为对

标企业,通过阅读上市企业财报、附注明细、企业基本介绍和分析报告参考资料,以及通过搜集企业及其所属行业的相关资料,梳理分析指标体系,在数字化驾驶舱中,撰写创元科技偿债能力分析报告。

点击"企业数据",录入上市企业股票代码"000551",阅读目标企业和对标企业的财务报表及附注明细,如图 9-3 所示。

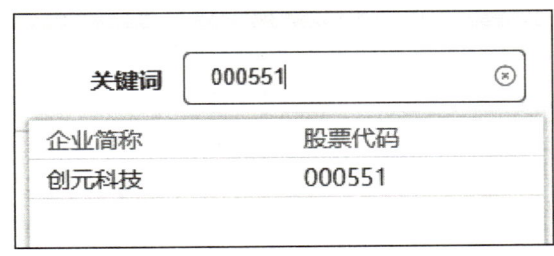

图 9-3　录入上市企业股票代码

点击"背景资料",下载"创元科技基本情况.pdf",阅读企业基本介绍及分析报告参考资料,如图 9-4 所示。

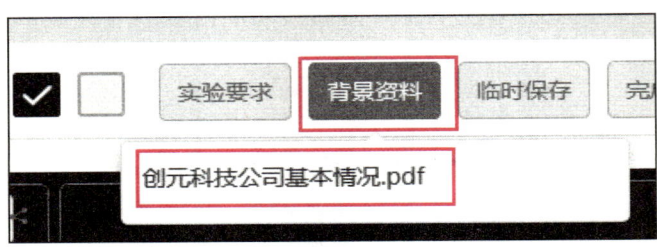

图 9-4　阅读企业基本介绍及分析报告参考资料

搜集企业及其所属行业的相关资料,了解企业及其所属行业的基本情况,选择"专用设备"后,勾选"环保设备",如图 9-5 所示。

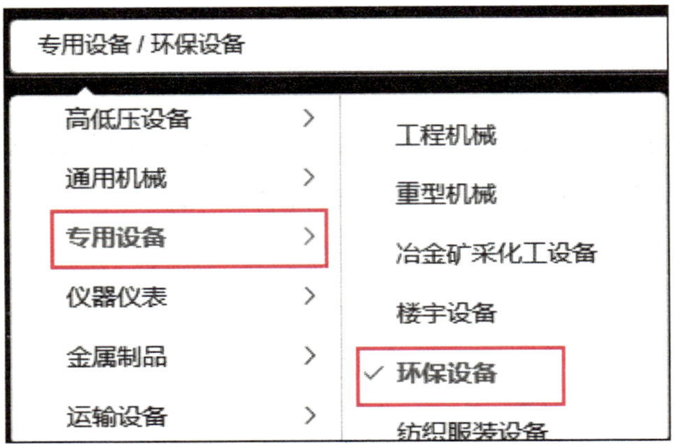

图 9-5　企业及其所属行业的基本情况

围绕企业的核心目标,思考并构建合理的偿债能力分析指标体系,如图 9-6 所示。

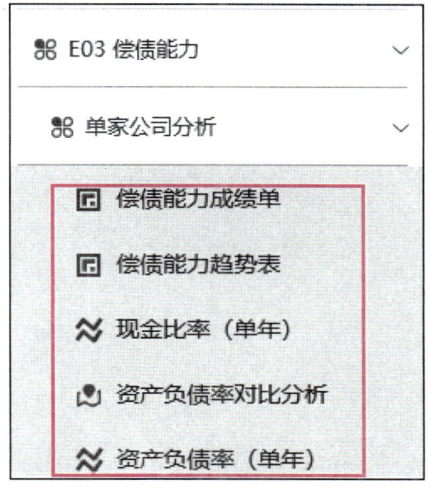

图 9-6 偿债能力驾驶舱分析指标

在数字化驾驶舱中,将指标库指标拖拽到画布上生成分析图表、将文本框拖拽到画布上编写评价文字,完成分析报告的撰写,如图 9-7 所示。

图 9-7 偿债能力驾驶舱分析

二、偿债能力可视化分析看板设计

从平台大数据中心获取"黄酒行业"古越龙山(股票代码:600059)、金枫酒业(股票代码:600616)、会稽山(股票代码:601579)三家企业 2015 年至 2021 年的资产负债表、现金流量表数据,利用 Power BI 对数据进行可视化设计,实现效果如图 9-8 所示。下面通过 9 个子任务详细介绍餐饮行业偿债能力分析的可视化看板。

(一)下载资料

登录网中网大数据财务分析平台,进入"黄酒行业可视化大屏设计"项目,在"附加资料"中将资料下载,保存备用。

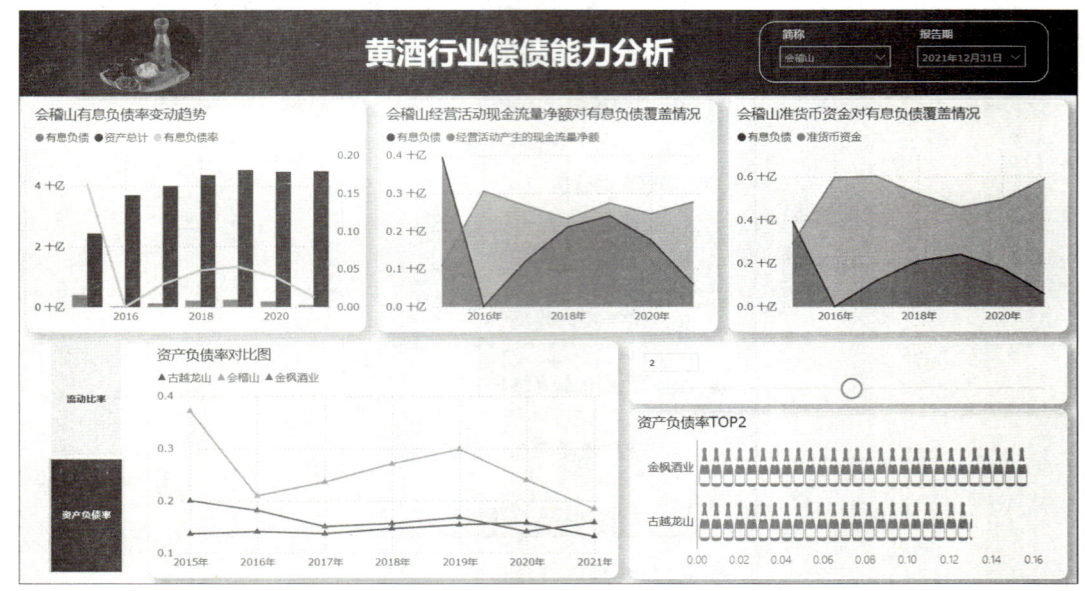

图 9-8　黄酒行业偿债能力可视化分析看板

（二）导入数据

从平台大数据中心获取"黄酒行业"古越龙山（股票代码：600059）、金枫酒业（股票代码：600616）、会稽山（股票代码：601579）三家企业 2015 年至 2021 年的资产负债表、现金流量表数据，加载到 Power BI 中并进行相应的整理，具体操作如下：

进入"大数据中心"，搜索古越龙山（股票代码：600059），进入资产负债表，将报告期改为2015 年 1 月至 2021 年 12 月，点击"复制地址"按钮，如图 9-9 所示。

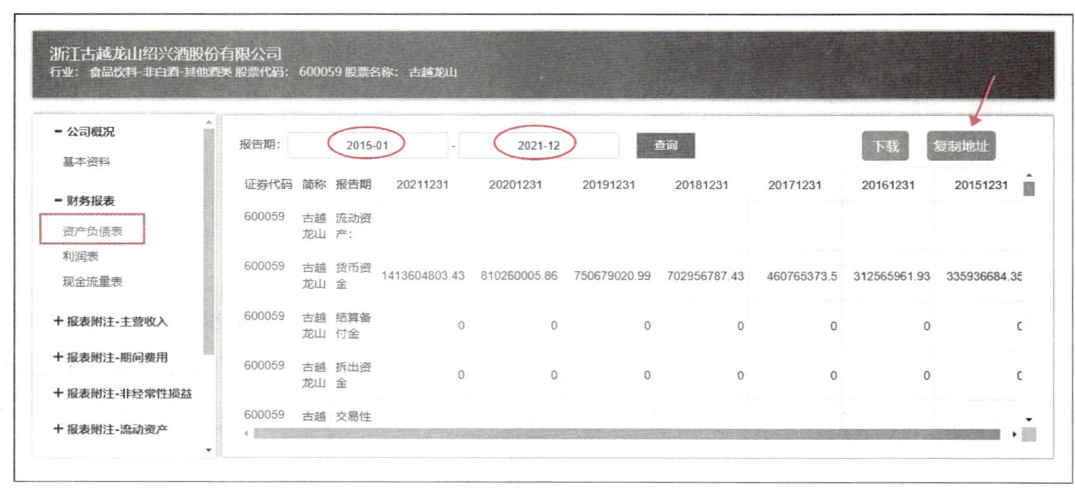

图 9-9　古越龙山资产负债表

打开 Power BI Desktop,选择"主页—获取数据—Web",将获取的地址填入 URL 栏中,点击"确定"按钮,在弹出的导航器中勾选"表1",点击"加载"按钮,则将古越龙山(股票代码:600059)连续七年的资产负债表数据就加载进 Power BI 中,如图 9-10 所示,以同样的方式依次获取、加载金枫酒业(股票代码:600616)、会稽山(股票代码:601579)2015 年至 2021 年的资产负债表。

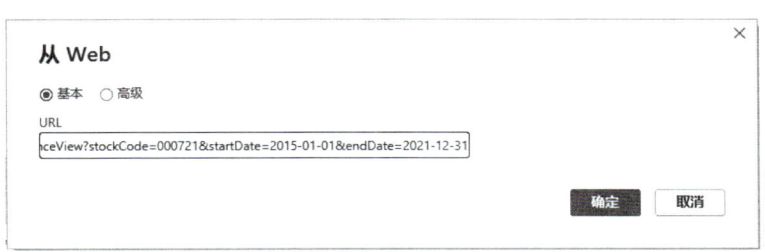

图 9-10　古越龙山资产负债表 URL 地址

进入 Power Query 编辑器,将三张资产负债表的标题进行提升。将三张资产负债表表中数据列为"null"值的筛选过滤掉。选中"表1",点击"追加查询—将查询追加为新查询",选择"三个或更多表",将下载的三张资产负债表进行合并。选中"证券代码、简称、报告期"三列,右键选择"逆透视其他列"。重命名相关字段,"报告期"改为"项目","属性"改为"报告期","值"改为"金额"。将第 1 列的类型改为"文本"格式,将第 4 列"报告期"的类型改为"日期"格式。将查询名称改为"资产负债表"。复制刚刚整理好的资产负债表,选中"项目"列,在菜单栏选择"转换—透视列",选择"金额"列,如图 9-11 所示。将资产负债表转换为二维表,并将查询名称更改为"资产负债表1"。

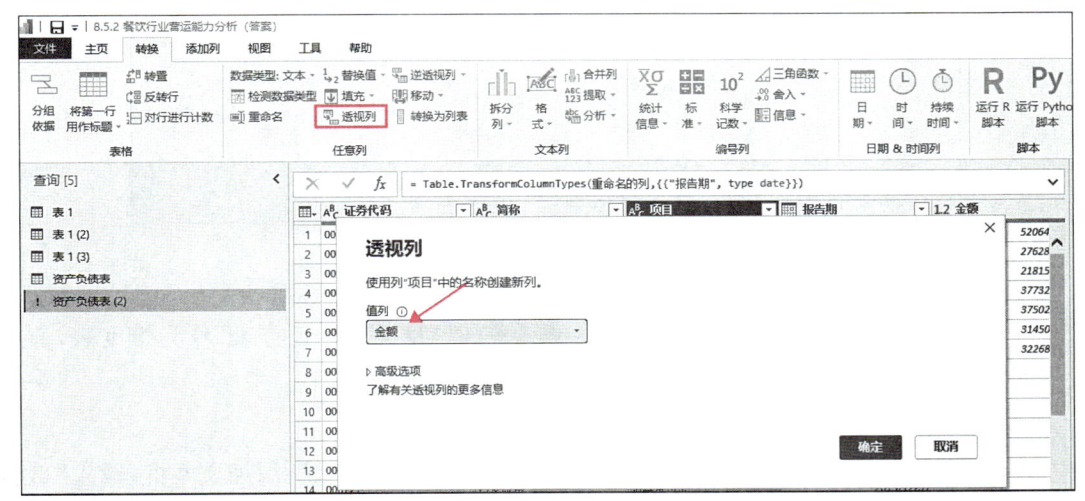

图 9-11　转换透视列

导入下载的"经营活动产生的现金流量净额"数据,将标题行提升,将第 1 列证券代码改为"文本",将第 3 列名称改为"项目"。复制刚刚整理好的现金流量表,选中"证券代码、简称、报告期"三列,右键选择"逆透视其他列"。重命名相关字段,"属性"改为"报告期","值"改为"金额",并将"报告期"列改为日期格式,将查询名称改为"经营活动产生的现金流量净额 1"。关闭并应用,退出 Power Query 编辑器。

(三)数据建模

点击菜单"建模—新建表",通过度量值创建证券表和日期表,如表 9-1 所示。

表 9-1 证券表和日期表度量值公式

度量值	公式
证券表	证券表=SUMMARIZE('资产负债表','资产负债表[证券代码],'资产负债表[简称])
日期表	日期表=DISTINCT('资产负债表[报告期])

其中"日期表"设置度量值公式还需要修改数据类型为"日期",如图 9-12 所示。

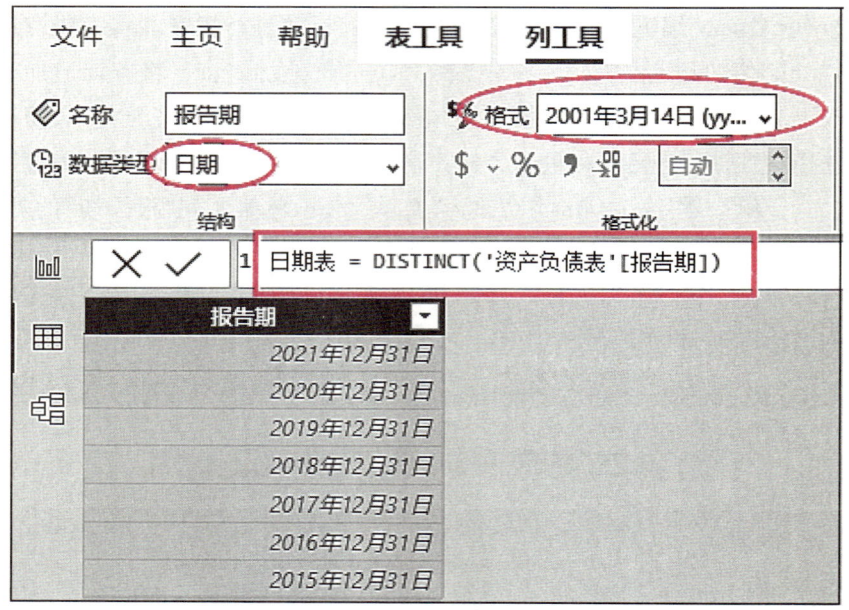

图 9-12 修改日期格式

进入模型视图,删除自动创建的所有建模关系,以"日期表""证券表"作为维度表,通过报告期和证券代码,分别与资产负债表、现金流量表进行关联。

(四)制作图片切片器

选择"插入"—"图像",插入"小图标"。选择"插入"—"文本框",添加文本框,输入"黄酒行业偿债能力分析"。选择"插入"—"形状"—"矩形",插入矩形,选中矩形,选择"格式"—"下移一层",将矩形置于底层。选择"插入"—"形状"—"圆角矩形",插入圆角矩形。添加切片器,字段选择"证券表—简称",改为下拉样式。添加切片器,字段选择"日期表—报告期",

改为下拉样式,如图9-13所示。

图 9-13 切片器

(五)有息负债率变动趋势分析

选择"主页—输入数据",创建一张空白表,表名为"度量值表",点击"加载"按钮。创建以下度量值及对应计算公式,如表9-2所示。

表 9-2 有息负债、有息负债率和标题 1 度量值公式

度量值	公式
有息负债	有息负债=SUM('资产负债表 1'[短期借款])+SUM('资产负债表 1'[长期借款])+SUM('资产负债表 1'[应付券])+SUM('资产负债表 1'[一年内到期的非流动负债])+SUM('资产负债表 1'[长期应付款])+SUM('资产负债表 1'[租赁负债])
有息负债率	有息负债率=[有息负债]/SUM('资产负债表 1'[资产总计])
标题 1	标题 1=SELECTEDVALUE('证券表[简称])&"有息负债率变动趋势"

添加折线和簇状柱形图,X 轴选择"日期表—报告期",列 Y 轴选择度量值"有息负债"和字段"资产负债表 1—资产总计",行 Y 轴选择度量值"有息负债率",并取消与报告期切片器交互。打开"格式",打开"标题"的下拉菜单,选择"正常",最终呈现有息负债率变动趋势分析图,如图9-14所示。

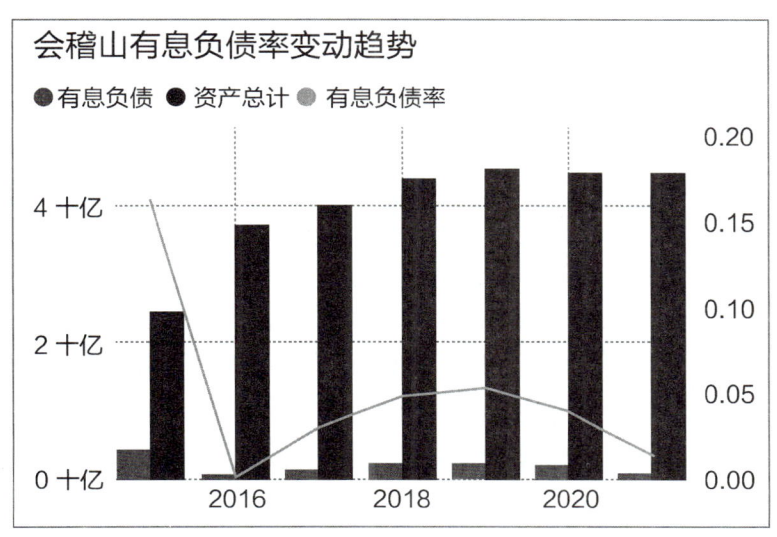

图 9-14 有息负债率变动趋势分析图

(六)经营活动现金流量净额对有息负债的覆盖情况分析

继续在度量值表中创建度量值及对应计算公式,如表9-3所示。

表9-3 标题2度量值公式

度量值	公式
标题2	标题2=SELECTEDVALUE('证券表[简称])&"经营活动现金流量净额对有息负债覆盖情况"

添加分区图,X轴选择"日期表—报告期",Y轴选择度量值"有息负债"和"经营活动产生的现金流量净额1—金额",并取消与报告期切片器交互。打开"格式",设置标题文本为度量值"标题2",最终呈现经营活动现金流量净额对有息负债覆盖情况分析图,如图9-15所示。

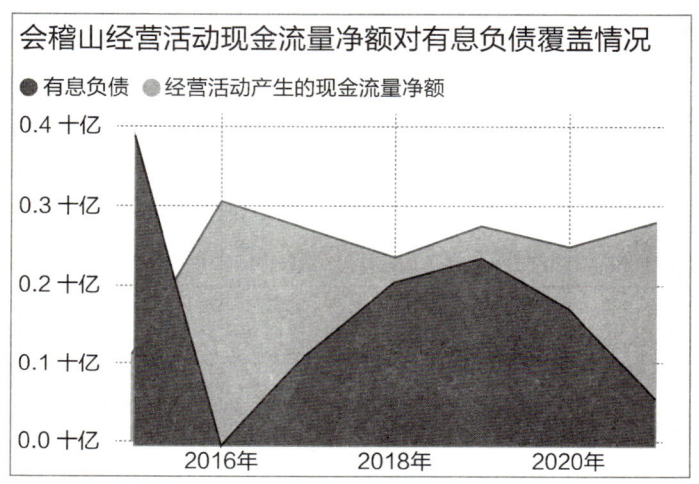

图9-15 经营活动现金流量净额对有息负债覆盖情况分析图

(七)准货币资金对有息负债的覆盖情况分析

继续在度量值表中创建度量值及对应计算公式,如表9-4所示。

表9-4 准货币资金和标题3度量值公式

度量值	公式
准货币资金	准货币资金=SUM('资产负债表1'[货币资金])+SUM('资产负债表1'[交易性金融资产])
标题3	标题2=SELECTEDVALUE('证券表[简称])&"经营活动现金流量净额对有息负债覆盖情况"

添加分区图,X轴选择"日期表—报告期",Y轴选择度量值"有息负债"和"准货币资金",并取消与报告期切片器交互。打开"格式",设置标题文本为度量值"标题3",最终呈现准货币资金对有息负债的覆盖情况分析图,如图9-16所示。

(八)偿债能力指标的变动趋势分析

选择"主页"—"输入数据",创建指标名称表,点击"加载"按钮,如图9-17所示。

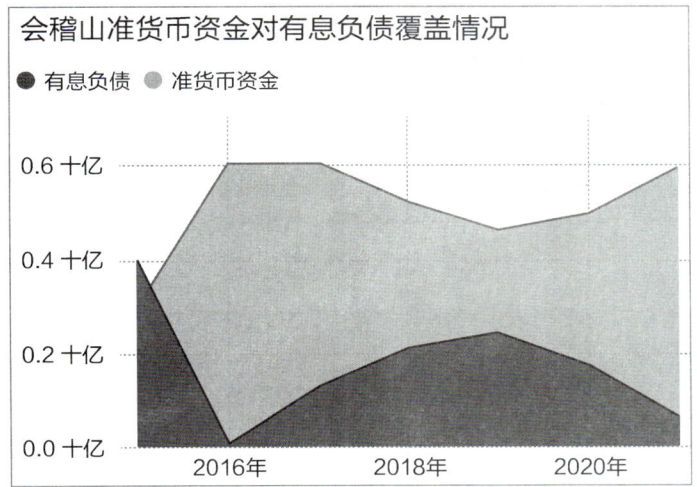

图 9-16 准货币资金对有息负债的覆盖情况分析

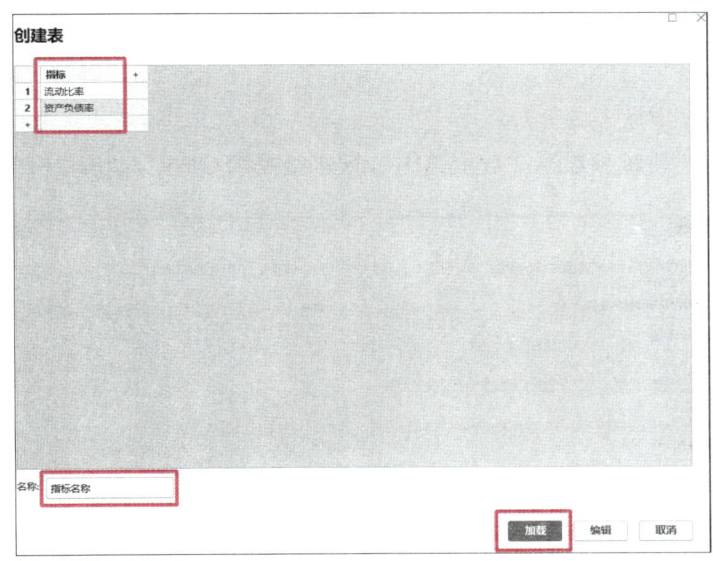

图 9-17 创建指标名称表

添加切片器,字段选择"指标名称—指标",改为"磁贴"样式,并设置成"单项选择"。继续在度量值表中创建度量值及对应计算公式,如表 9-5 所示。

表 9-5 流动比率、资产负债率、指标值和标题 4 度量值公式

度量值	公式
流动比率	流动比率=SUM('资产负债表 1'[流动资产合计])/SUM('资产负债表 1'[流动负债合计])
资产负债率	资产负债率=SUM('资产负债表 1'[负债合计])/SUM('资产负债表 1'[资产总计])
指标值	指标值=SWITCH(SELECTEDVALUE('指标名称'[指标]),"流动比率",[流动比率],[资产负债率])
标题 4	标题 4=SELECTEDVALUE('指标名称'[指标])&"对比图"

添加折线图,X 轴选择"日期表—报告期",Y 轴选择度量值"指标值",并取消与报告期切片器交互。打开"格式",设置标题文本为度量值"标题 4",最终呈现偿债能力指标的变动趋势分析图,如图 9-18 所示。

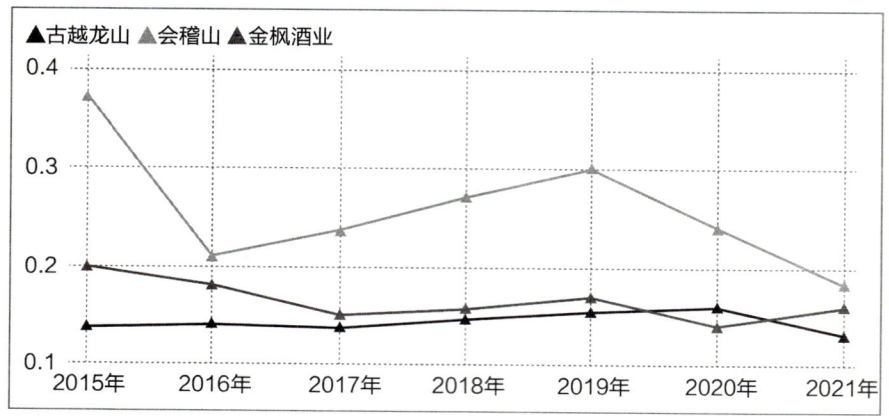

图 9-18　偿债能力指标的变动趋势分析图

（九）偿债能力指标排名分析

选择"建模"—"新建参数"—"数值范围",新建参数"TOPN",如图 9-19 所示。

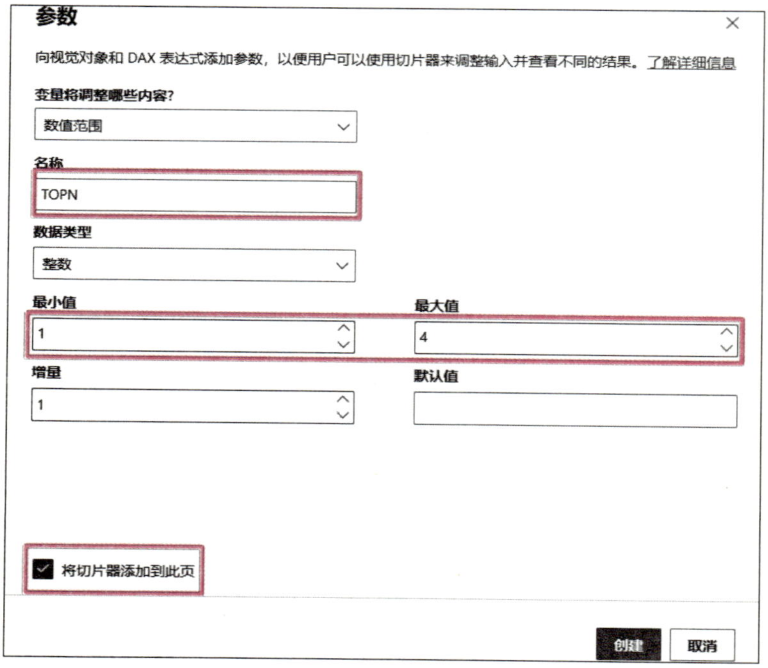

图 9-19　新建参数"TOPN"

继续在度量值表中创建度量值及对应计算公式,如表 9-6 所示。

表 9-6　排名、指标值_排名和标题 5 度量值公式

度量值	公式
排名	排名＝RANKX(ALL('证券表'[简称]),[指标值])
指标值_排名	指标值_排名＝VAR n＝SELECTEDVALUE（'TOPN'[TOPN]，3） RETURN 　　IF（SELECTEDVALUE（'指标名称'[指标]）="流动比率"， 　　　　CALCULATE（[指标值]，FILTER（VALUES（'证券表'[简称]），[排名]＜＝n)）， 　　　　CALCULATE（[指标值]，FILTER（VALUES（'证券表'[简称]），[排名]＞＝(4－n)))
标题 5	标题 5＝SELECTEDVALUE('指标名称'[指标])&"TOP"&SELECTEDVALUE（'TOPN'[TOPN]，3)

导入"信息图表设计"视觉对象，Category 选择"证券表—简称"，Measure 选择度量值"指标值_排名"，并取消与证券切片器的交互，设置标题文本为度量值"标题 5"。

打开视觉对象设计器，删除默认形状，在形状列表里选择酒瓶，如图 9-20 所示。

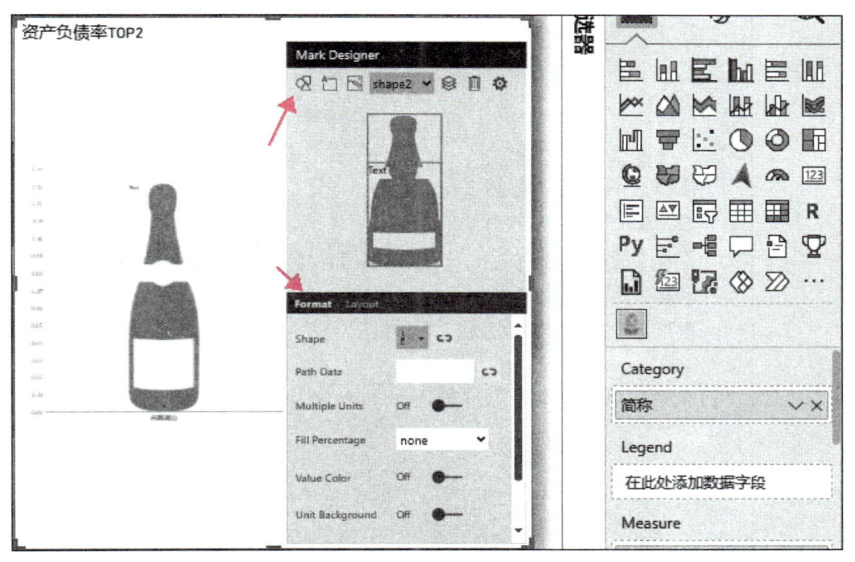

图 9-20　设置排名分析图形状列表

打开视觉对象的"Type"选中"Bar"选项，如图 9-21 所示。

打开"multiple units"选项，并在"Fill Percentage"中选择"指标值_排名"，如图 9-22 所示。

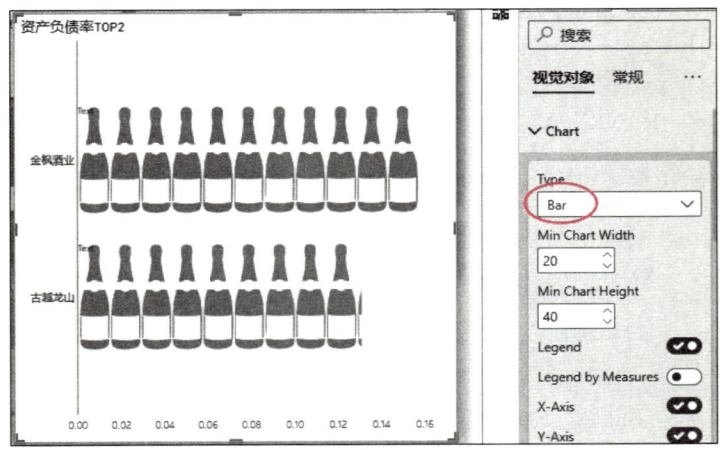

图 9-21　设置视觉对象类型

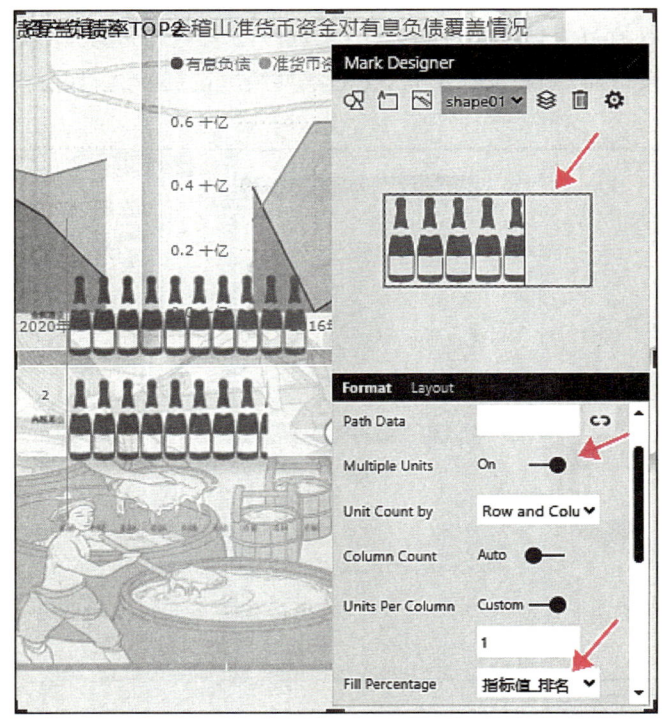

图 9-22　设置指标排名符号

 技能实战

　　点击"大数据财务分析"教学平台,选择"机场行业可视化大屏设计",利用 Power BI 软件,完成对应的可视化看板的制作。

项目十

发展能力分析

知识目标

1. 识记发展能力的概念。
2. 理解发展能力分析的衡量指标。
3. 掌握发展能力驾驶舱分析与可视化设计流程思路。

能力目标

1. 能够准确理解发展能力及其影响因素。
2. 会计算发展能力分析的衡量指标。
3. 独立完成发展能力驾驶舱分析与可视化看板制作。

素养目标

1. 培养可持续发展理念，提升判断企业发展潜能的能力。
2. 锻炼数据思维，提升报表分析维度。

知识导图

发展能力分析
- 发展能力分析概述
  - 发展能力的概念
  - 发展能力的影响因素
  - 发展能力分析指标
  - 发展能力分析评价
- 发展能力驾驶舱与可视化设计
  - 发展能力驾驶舱分析
  - 发展能力可视化分析看板设计

 思政园地

发展新质生产力的核心要素

科学技术是第一生产力,是先进生产力的集中体现和主要标志。习近平总书记在主持中共中央政治局第十一次集体学习时强调:"科技创新能够催生新产业、新模式、新动能,是发展新质生产力的核心要素。"发展新质生产力,就要做好科技创新这篇大文章,以科技创新驱动产业变革,提高全要素生产率。欲致其高,必丰其基;欲茂其末,必深其根。发展新质生产力,必须加强科技创新特别是原创性、颠覆性科技创新,加快实现高水平科技自立自强。当下,围绕科技制高点的竞争空前激烈,我们愈发清晰地认识到:关键核心技术是要不来、买不来、讨不来的。唯有加强原创性科技创新,才能把关键核心技术掌握在自己手中,把发展主动权牢牢掌握在自己手里;唯有加强颠覆性科技创新,才能超越原有技术并产生替代,以重要领域和关键环节的突破带动全局。从高端芯片、工业母机,到开发平台、基本算法,再到基础元器件、基础材料,打好关键核心技术攻坚战,使原创性、颠覆性科技创新成果竞相涌现,才能培育发展新质生产力的新动能,为发展新质生产力奠定基础、提供支撑。

资料来源:节选自《人民日报》2024年03月13日第5版的新闻《发展新质生产力的核心要素》。

 案例导读

进一步激发中小企业发展活力

"中小企业联系千家万户,是推动创新、促进就业、改善民生的重要力量。进一步激发中小企业发展活力,能够为完善现代化产业体系、集中精力推动高质量发展注入强劲动能。"全国工商联副主席、安踏集团董事局主席丁世忠委员说,要不断优化中小企业发展环境,推动大中小企业融通发展,有效提升产业链、供应链的韧性和安全水平。丁世忠委员建议:"要加大对中小企业扶持力度,推动相关支持政策有效落地;积极引导中小企业专精特新发展,进一步健全优质中小企业梯度培育体系,让更多企业建立差异化优势;鼓励企业、高校和科研平台积极合作,向具有技术优势、前瞻性的产业链上下游中小企业开放更多创新资源要素。"

资料来源:节选自《人民日报》2024年03月07日第10版的新闻《进一步激发中小企业发展活力》。

 **任务一** **发展能力分析概述**

发展能力分析概述

 **任务描述**

通过本任务的学习,学生掌握发展能力的分析指标及其计算方法,能够通过计算结果分析企业的发展能力及变化趋势,并能够通过计算结果分析企业的发展能力及变化趋势,并能够通过与同行业企业的对比全面了解企业的发展能力。

知识储备

一、发展能力的概念

发展能力,又称成长能力,是指企业在生存的基础上,扩大规模、壮大实力的潜在能力。它是企业实现长期可持续发展的源泉和动力,体现了企业通过自身的生产经营活动,不断扩大积累而形成的发展潜能。通过评估发展能力,企业的管理者或投资者可以对企业未来的经营状况进行预测,从而制定更为准确的财务决策计划,并激发企业工作人员的工作积极性,最终实现企业利润最大化的目标。

二、发展能力的影响因素

发展能力分析主要涵盖了对企业、个体或组织在未来发展过程中所表现出的成长潜力和发展能力的全面评估。这种分析不仅涉及对企业现状的理解,更重要的是对未来的预测和规划。发展能力的影响因素主要有以下四个方面。

(1)发展能力分析关注企业或组织的规模和实力的变化。这包括营业收入、总资产、利润等方面的增长情况。通过分析这些关键指标的增长率,可以了解企业或组织在不同时间段内的增长速度和趋势,从而判断其是否具备持续发展的能力。

(2)发展能力分析关注企业或组织的技术投入和创新能力。技术是推动企业或组织发展的重要因素,因此,分析企业在技术研发、产品创新等方面的投入和成果,可以评估该企业技术实力和创新能力,进而预测其未来的竞争力和市场地位。

(3)发展能力分析还会考虑企业或组织的股东权益和负债结构。股东权益的增长反映了企业或组织的内在价值提升,而负债结构的合理性则关系到企业或组织的融资能力和财务风险。通过分析这些方面,可以了解企业或组织的资本结构和财务稳健性,从而判断其是否具备稳健发展的基础。

(4)发展能力分析还会综合考虑企业或组织的行业地位、市场环境、政策影响等因素。

这些因素虽然不直接体现在财务指标上,但却对企业或组织的未来发展产生重要影响。因此,在进行分析时,需要将这些因素纳入考虑范围,以更全面、准确地评估企业或组织的发展能力。

三、发展能力分析指标

(一)营业收入增长率

营业收入增长率是企业营业收入增长额与上年营业收入总额的比率,反映了企业营业收入的增减变动情况。其计算公式为:

$$营业收入增长率 = \frac{(本期营业收入 - 上期营业收入)}{上期营业收入} \times 100\%$$

(二)净利润增长率

净利润增长率是指企业当期净利润比上期净利润的增长幅度,它代表企业盈利能力的变化。其计算公式为:

$$净利润增长率 = \frac{(本期净利润 - 上期净利润)}{上期净利润} \times 100\%$$

(三)资本积累率

资本积累率是企业年末所有者权益的增长额同年初所有者权益总额之比,它表示企业当年资本的积累能力,是评价企业发展潜力的重要指标。其计算公式为:

$$资本积累率 = \frac{(本期所有者权益 - 上期所有者权益)}{上期所有者权益} \times 100\%$$

(四)总资产增长率

总资产增长率是企业本年总资产增长额同年初资产总额的比率,反映企业本期资产规模的增长情况。其计算公式为:

$$总资产增长率 = \frac{(本期资产总额 - 上期资产总额)}{上期资产总额} \times 100\%$$

四、发展能力分析评价

影响发展能力分析的因素多种多样,它们从不同层面和角度对发展能力的评估和预测产生深远影响。在进行发展能力分析时,主要考查以下四个关键指标。

(一)营业收入增长率

营业收入增长率大于零,表明企业营业收入有所增长。该指标值越高,表明企业营业收入的增长速度越快,企业市场前景越好。

营业收入增长率可以用来衡量企业的产品生命周期,判断企业发展所处的阶段。一般来说,如果营业收入增长率超过 10%,说明企业产品处于成长期,将继续保持较好的增长势头,尚未面临产品更新的风险,该企业属于成长型企业。如果营业收入增长率在 5%～10%,说明企业产品已进入稳定期,不久将进入衰退期,需要着手开发新产品。如果该比率低于5%,说明企业产品已进入衰退期,保持市场份额已经很困难,主营业务利润开始滑坡,如果没有已开发好的新产品,企业将步入衰落。

(二)净利润增长率

净利润是指利润总额减所得税后的余额,也称为税后利润,它是衡量一个企业经营效益的重要指标。净利润多,说明企业的经营效益好;净利润少,则说明企业的经营效益差。

净利润增长率的指标值越大,代表企业的盈利能力越强。如果净利润增长率为正数,说明企业的业绩在增长;如果为负数,则说明企业的本期净利润不如上期,业绩出现下滑。投资者和分析师在评估企业的财务状况和发展前景时,通常会特别关注净利润增长率。通过比较不同时期的净利润增长率,了解企业盈利能力的变化趋势,从而做出更明智的投资决策。

(三)资本积累率

资本积累率越高,表明企业的资本积累越多,应对风险、持续发展的能力越强。影响资本积累率变化的因素主要包括剩余价值率、所用资本和所费资本之间的差额(一般这个差额指的是利润)以及预付资本量的大小。

(四)总资产增长率

总资产增长率衡量的是企业本期资产规模的增长情况,但它并不能全面反映企业的财务状况和经营成果。因此,在进行财务分析时,应综合考虑多个指标,以全面评估企业的经营状况和发展潜力。

同时,总资产增长率的计算和应用也需要结合具体的行业和企业情况。不同行业的总资产增长率可能存在较大差异,而同一行业内的不同企业也可能因经营策略、市场环境等因素而呈现出不同的增长趋势。因此,在分析和比较总资产增长率时,应充分考虑这些因素,避免误导性的结论。

 **技能实战**(简答题)

根据图 10-1 格力电器营业收入增长率分析趋势图,回答以下问题。

1. 从营业收入增长率来看,2018 年格力电器的发展能力在所属行业企业中处于什么水平?

2. 格力电器在 2014 年至 2018 年期间,收入增长率经历了怎样的变动?分析其变动原因。

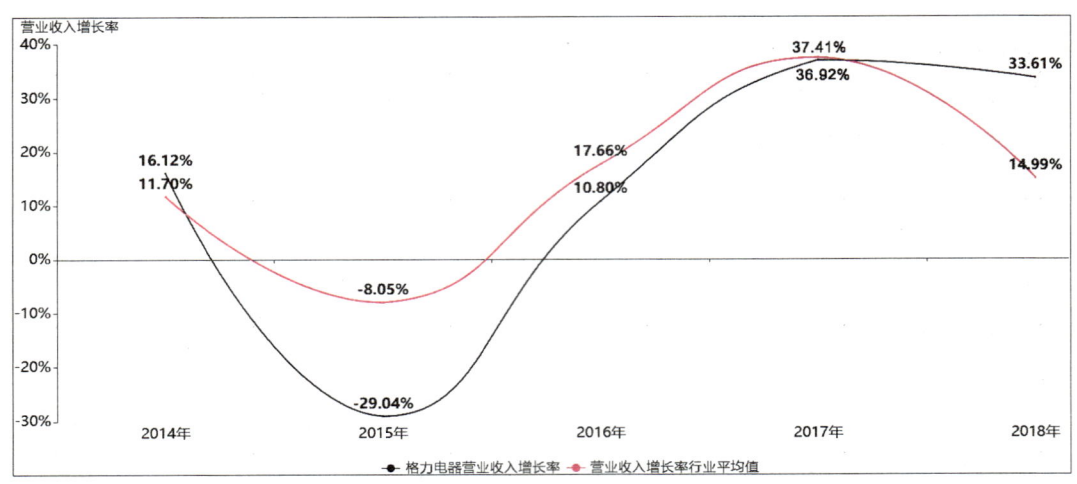

图 10-1　格力电器营业收入增长率分析趋势图

任务二　发展能力驾驶舱分析与可视化设计

 **任务描述**

通过本任务的学习,学生需要掌握围绕一家上市企业进行发展能力驾驶舱分析和可视化看板制作,更好地利用大数据和可视化图形进行发展能力分析的解读。

 **任务实施**

一、发展能力驾驶舱分析

以创元科技(股票代码:000551)作为目标企业、以新纶科技(股票代码:002341)作为对标企业,通过阅读上市企业财报、附注明细、企业基本介绍和分析报告参考资料,以及通过搜集企业及其所属行业的相关资料,梳理分析指标体系,在数字化驾驶舱中,撰写创元科技发展能力分析报告。

点击"企业数据",录入上市企业股票代码"000551",阅读目标企业和对标企业的财务报表及附注明细,如图 10-2 所示。

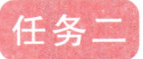

图 10-2　录入上市企业股票代码

　　点击"背景资料",下载"创元科技公司基本情况. pdf",阅读企业基本介绍及分析报告参考资料,如图 10-3 所示。

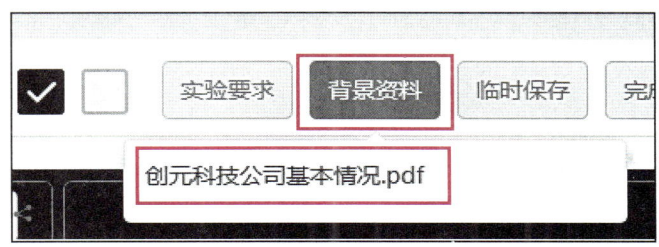

图 10-3　阅读企业基本介绍及分析报告参考资料

　　搜集企业及其所属行业的相关资料,了解企业及其所属行业的基本情况,选择"专用设备"后,再勾选"环保设备",如图 10-4 所示。

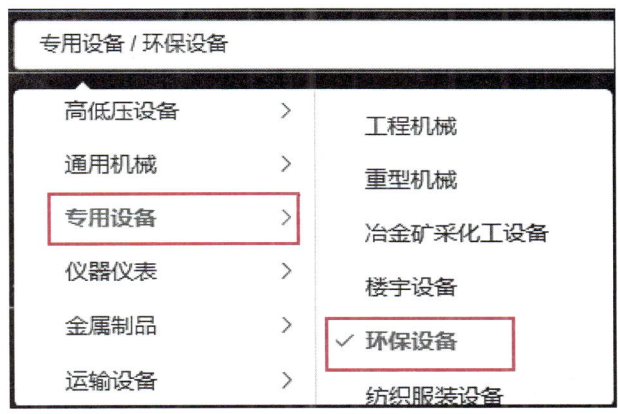

图 10-4　企业及其所属行业的基本情况

　　围绕企业的核心目标,思考并构建合理的发展能力分析指标体系,如图 10-5 所示。

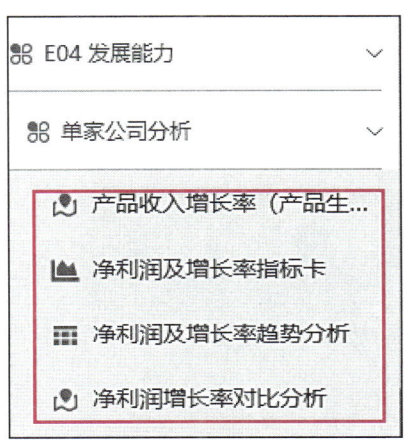

图 10-5　发展能力驾驶舱分析指标

在数字化驾驶舱中,将指标库指标拖拽到画布上生成分析图表、将文本框拖拽到画布上编写评价文字,如图 10-6 所示,完成分析报告的撰写。

图 10-6　发展能力驾驶舱分析

二、发展能力可视化分析看板设计

从平台大数据中心获取空调行业格力电器(股票代码:00065)、美的集团(股票代码:000333)、依米康(股票代码:300249)、春兰股份(股票代码:600854)四家公司 2015 年至 2020 年的资产负债表、利润表数据,利用 Power BI 对数据进行可视化设计,效果如图 10-7 所示。下面通过 9 个子任务详细介绍空调行业发展能力分析的可视化看板。

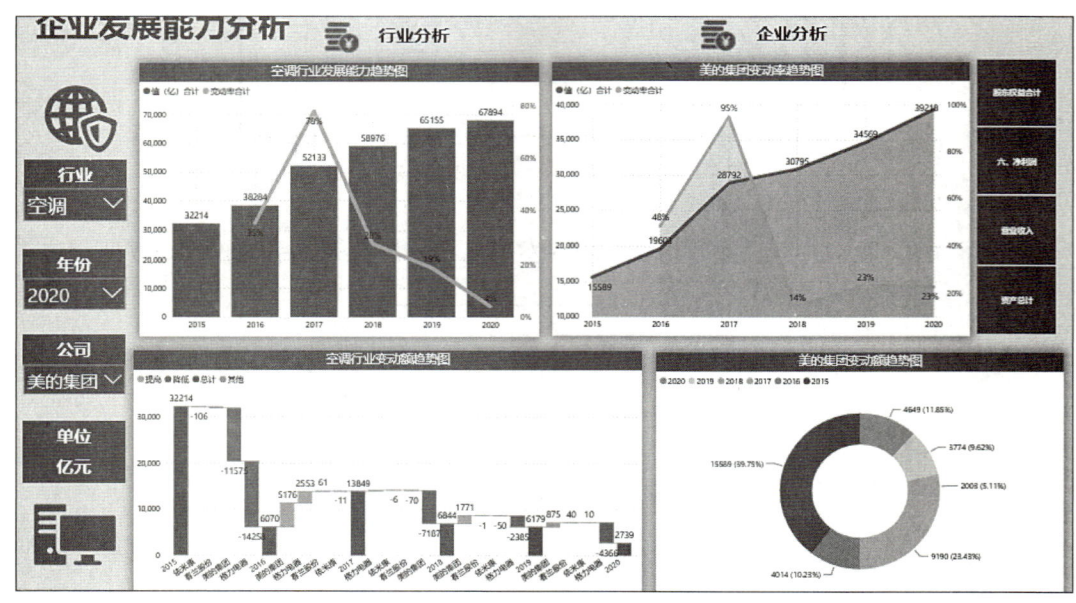

图 10-7　家电行业发展能力可视化分析看板

(一) 下载资料

登录网中网大数据财务分析平台,进入"可视化专题案例(空调)"项目,在"附加资料"中将资料下载,保存备用。

(二) 导入数据

从项目平台的附加资料中下载"发展能力分析实验数据表",如图 10-8 所示。

801497	600854	春兰股份	2018年12月31日	股东权益平	0	0
801497	600854	春兰股份	2018年12月31日	预计流动负	0	0
801497	600854	春兰股份	2018年12月31日	其他债权投	0	0
801497	600854	春兰股份	2018年12月31日	吸收存款及	0	0
801497	600854	春兰股份	2018年12月31日	以摊余成本	0	0
801497	600854	春兰股份	2018年12月31日	应收分保合	0	0
801497	600854	春兰股份	2018年12月31日	资产其他项	0	0
801497	600854	春兰股份	2018年12月31日	应收分保则	0	0
801497	600854	春兰股份	2018年12月31日	保险合同准	0	0
801497	600854	春兰股份	2018年12月31日	以公允价值	0	0
801497	600854	春兰股份	2018年12月31日	一年内的退	0	0
801497	600854	春兰股份	2018年12月31日	应付短期借	0	0
801497	600854	春兰股份	2018年12月31日	以摊余成本	0	0
801497	600854	春兰股份	2018年12月31日	以摊余成本	0	0
801497	600854	春兰股份	2018年12月31日	资产平衡项	0	0
801497	600854	春兰股份	2018年12月31日	拆出资金	0	0
801497	600854	春兰股份	2018年12月31日	代理买卖证	0	0

| < | > | >| | 年度表 | 股票行业 | 科目名称 | 资产负债表 | 利润表 | 现金流量表 | + |

图 10-8　实验数据表

打开 Power BI Desktop,在功能区中选择"主页—从 Microsoft Excel 工作簿导入数据",在弹出的窗口中选择"发展能力分析实验数据表"文件所在的路径,点击"打开"按钮,如图 10-9 所示。

图 10-9　导入实验数据表

然后在弹出的"导航器"窗口中选中"年度表""股票行业""科目名称""利润表""资产负债表"和"现金流量表"。

需要将每个表里涉及报告期的数据类型改成日期,值的数据类型改成小数,如图 10-10 所示。

(三) 数据建模

点击菜单"建模—新建表",创建资产负债和利润表的度量值,如表 10-1 所示。

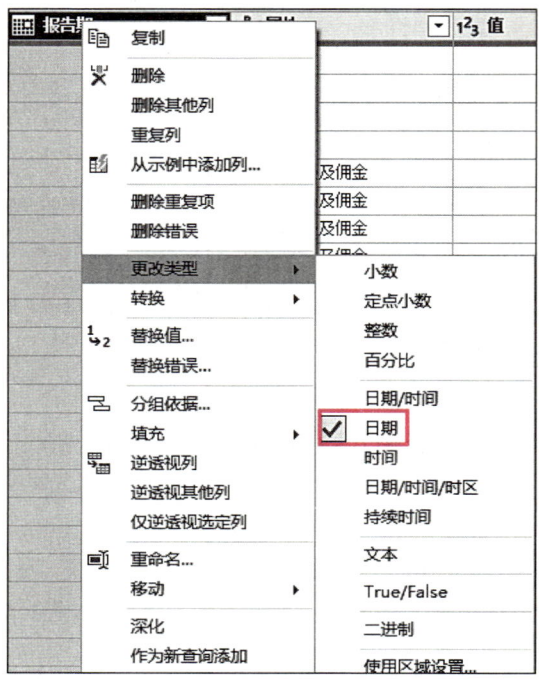

图 10-10　更改数据类型

表 10-1　新建资产负债表和利润表度量值公式

度量值	公式
本年度	本年度＝SUM(资产负债表[值(亿)])
上年度	上年度＝CALCULATE([本年度],PREVIOUSYEAR(年度表[报告期]))
变动额	变动额＝[本年度]－[上年度]
变动率	变动率＝DIVIDE([变动额],[上年度])
本年度 1	本年度 1＝SUM(利润表[值(亿)])
上年度 1	CALCULATE([本年度 1],PREVIOUSYEAR(年度表[报告期]))
变动额 1	变动额 1＝[本年度 1]－[上年度 1]
变动率 1	变动率 1＝DIVIDE([变动额 1],[上年度 1])
值(亿)合计	值(亿)合计＝SUM(('利润表[值(亿)])＋(sum('资产负债表[值(亿)])
变动率合计	变动率合计＝[变动率 1]＋[变动率]
变动额合计	变动额合计＝[变动额 1]＋[变动额]
标题 1	标题 1＝SELECTEDVALUE(股票行业[企业三类名称])&"行业内总资产增长率条形图"
标题 2	标题 2＝SELECTEDVALUE(股票行业'[证券简称])&"变动率趋势图"

（续表）

度量值	公式
标题 3	标题 3＝SELECTEDVALUE(股票行业'[企业三类名称])&"行业变动额趋势图"
标题 4	标题 4＝SELECTEDVALUE(股票行业'[证券简称])&"变动额趋势图"

进入模型视图,创建表间关系操作。将"科目名称表"的科目名称与"利润表""资产负债表""现金流量表"的属性建立一对多关系;将"年度表"的报告期与"利润表""资产负债表""现金流量表"的报告期建立一对多关系;将"股票行业表"的证券简称与"利润表""资产负债表""现金流量表"的证券简称建立一对多关系。

（四）设计画布

设计报表画布,点击设置报表格式,点击"画布设置",类型改成"自定义",设置"高度960,宽度 1 600",如图 10-11 所示。

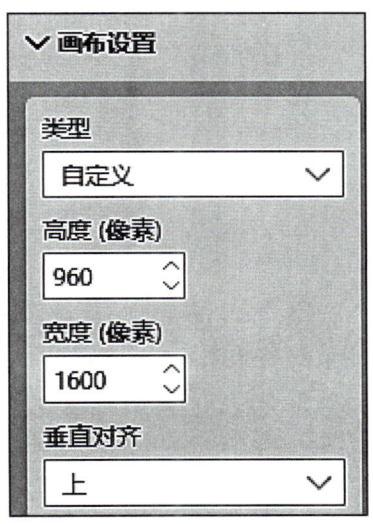

图 10-11　画布尺寸设置

（五）设置导航栏

在表头插入图像,选择所需要的图片,添加进来后调整大小,如图 10-12 所示。

图 10-12　调整图片大小

插入切片器,在字段中放入对应的值。在切片器界面点击下拉箭头,选择下拉;然后关闭切片器标头,最终呈现可视化看板导航栏,如图 10-13 所示。

图 10-13　导航栏

（六）空调行业发展能力趋势分析

添加折线和簇状柱形图，X 轴选择"年度表—年份"，列 Y 轴选择度量值"值（亿）合计"，行 Y 轴选择度量值"变动率合计"，并取消与报告期切片器交互。打开"格式"，设置标题文本为度量值"标题 1"，最终呈现空调行业发展能力趋势图，如图 10-14 所示。

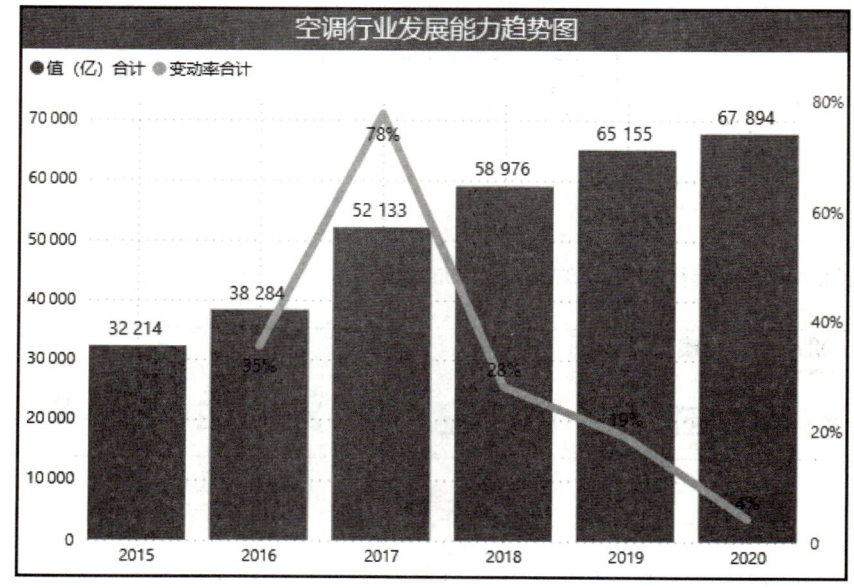

图 10-14　空调行业发展能力趋势图

（七）空调行业变动额趋势分析

添加分区图，X轴选择"年度表—年份"，Y轴选择度量值"值（亿）合计"，辅助Y轴选择度量值"变动率合计"，并取消与报告期切片器交互。打开"格式"，设置标题文本为度量值"标题2"，最终呈现美的集团变动率趋势图，如图10-15所示。

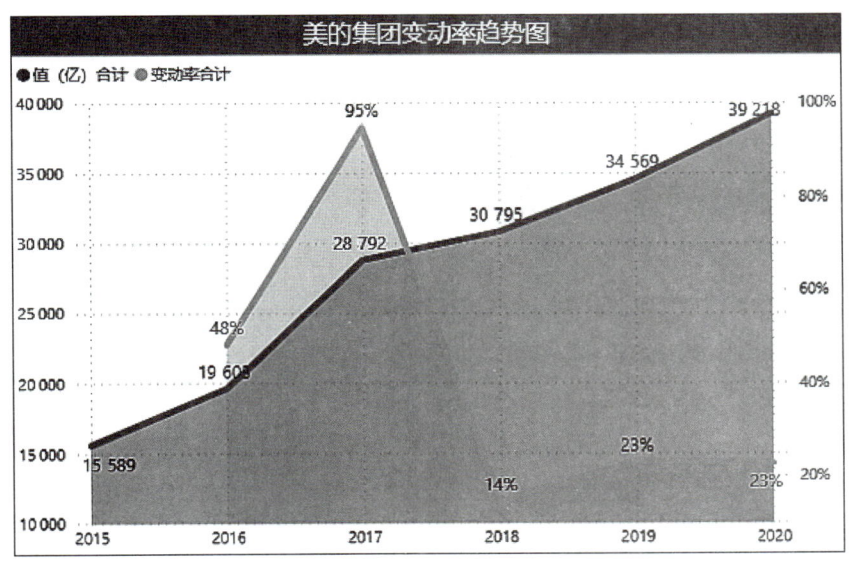

图 10-15 美的集团变动率趋势图

（八）空调行业变动额趋势分析

添加瀑布图，类别选择"年度表—年份"，细目选择度量值"证券简称"，Y轴选择度量值"变动额合计"，并取消与报告期切片器交互。打开"格式"，设置标题文本为度量值"标题3"，最终呈现空调行业变动额趋势图，如图10-16所示。

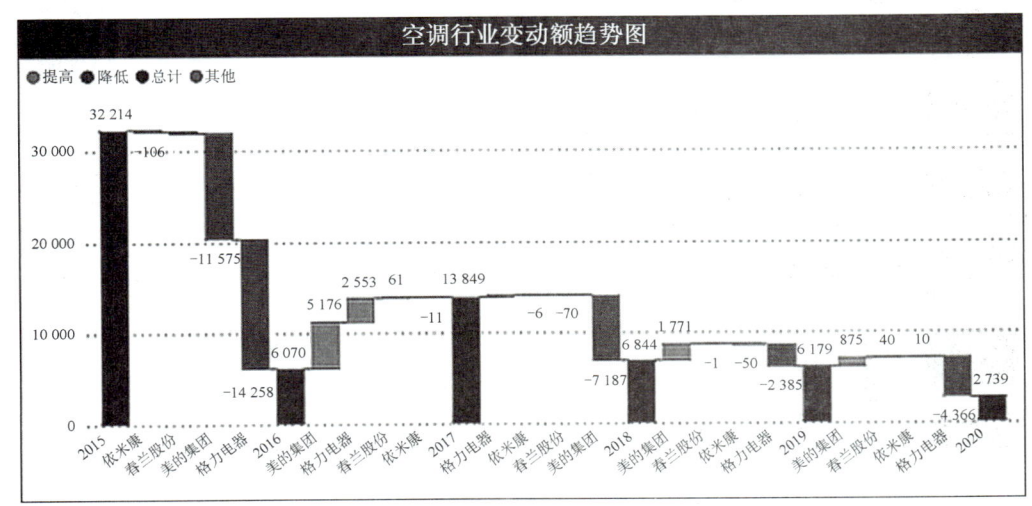

图 10-16 空调行业变动额趋势图

（九）美的集团变动额趋势分析

添加环形图，图例选择"年度表—年份"，值选择度量值"变动额合计"，并取消与报告期切片器交互。打开"格式"，设置标题文本为度量值"标题 4"，最终呈现美的集团变动额趋势图，如图 10-17 所示。

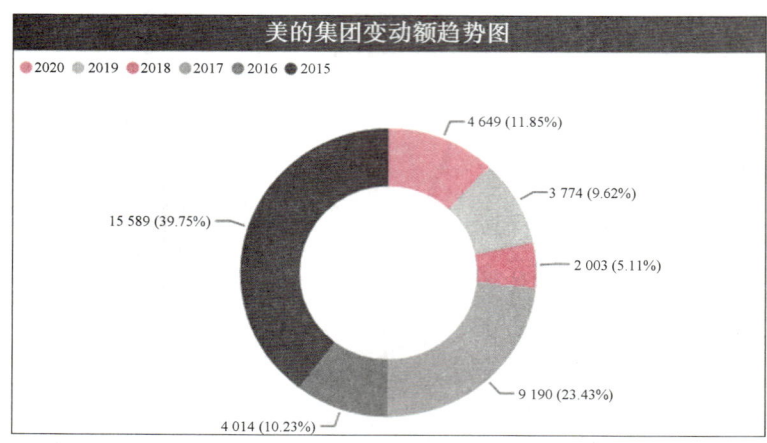

图 10-17　美的集团变动额趋势图

 **技能实战**

点击"大数据财务分析"教学平台，选择"可视化专题案例（乘用车）"，利用 Power BI 软件，完成对应的可视化看板的制作，如图 10-18 所示。

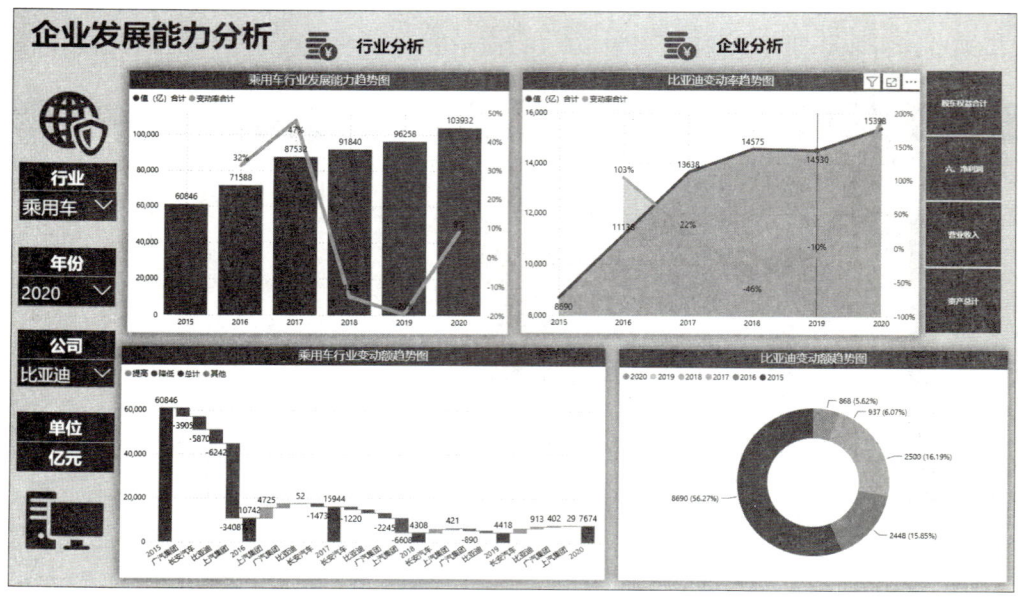

图 10-18　可视化专题案例看板

综 合 分 析

◇ 知识目标

1. 理解杜邦财务分析的概念。

2. 掌握杜邦财务分析的指标体系及计算方法。

3. 理解经营业绩综合评价的步骤。

4. 掌握经营业绩综合评价的指标计算方法。

6. 掌握综合分析可视化分析方法。

◇ 能力目标

1. 能够理解杜邦财务分析体系中主要指标之间的内在联系。

2. 能够计算并识别影响净资产收益率的关键因素。

3. 能够运用 Power BI 工具制作综合分析可视化看板。

◇ 素养目标

1. 培养多维分析能力,提升综合财务场景分析能力。

2. 锻炼数据思维,提升报表分析维度。

 知识导图

```
                                    ┌ 杜邦财务分析法的原理
                   杜邦财务分析体系 ┤
                                    └ 杜邦财务分析法的应用
综合分析 ┤
                   经营业绩综合评价分析


                   综合分析可视化设计
```

 **思政园地**

搭建智慧平台 助力工业企业发展

以"筑人工智能平台,聚数字产业生态"为主题的内蒙古鄂尔多斯工业互联网开发者大会日前在该市东胜区举行,发布内蒙古首个以行业 AI(人工智能)大模型和工业应用商城为核心的工业互联网平台——鄂尔多斯工业互联网平台。本次大会由鄂尔多斯市人民政府、国家能源投资集团有限责任公司主办。据悉,该平台由鄂尔多斯市创新投资集团与华为公司共同打造,包含基础算力、AI 算力、AI 平台、工业大模型、应用开发平台等多个模块,可向应用开发者和工业企业提供开发、运营、销售、咨询等一站式服务。目前已有 34 家应用开发者以及 10 家矿山生产企业接入平台。该平台中的 AI 模块包含了先进的工业大模型,工业企业无需自建数据中心,可以充分利用相关 AI 和应用为其生产服务,支持低门槛、高效率的AI 工业化开发,解决当前 AI 开发的门槛高、周期长、精度低等问题。"到 2025 年,鄂尔多斯生产煤矿全部建成智能化煤矿,全部达到二级以上的现场化煤矿标准,重点产业工业互联网平台覆盖率 100%,带动数字经济产业增加值达到 200 亿元。"鄂尔多斯市市长杜汇良表示。

资料来源:节选自《人民日报》2024 年 01 月 25 日第 6 版的新闻《搭建智慧平台 助力工业企业发展》。

 **案例导读**

如何促进中小企业专精特新发展

"促进中小企业专精特新发展,关键在服务,核心在培育。我们将进一步健全优质中小企业梯度培育体系,促进中小企业专精特新发展。"工业和信息化部中小企业局局长梁志峰说。健全优质中小企业培育举措。做好中小企业数字化转型城市试点工作,在去年 30 个试点城市基础之上,新遴选一批试点城市,以细分行业为切入点,以应用场景为突破口,以生产制造环节为重点,确保试点试出成效。开展促进大中小企业融通创新"携手行动",持续推进"数字化赋能、科技成果赋智、质量标准品牌赋值"中小企业专项行动。继续培育一批中小企业特色产业集群,着力发挥集群在资源对接、要素整合、协同创新、管理服务等方面的优势,提升中小企业竞争力。"期待更多中小企业聚焦主业、苦练内功,发挥主观能动性,增强创新能动性,坚持走精耕细作之路,不断向高端化智能化绿色化转型,向产业链创新链价值链高端攀升。"梁志峰告诉记者,今年,工业和信息化部将继续举办专精特新中小企业发展大会,搭建成果展示、理论研讨、交流借鉴、共同提高的平台,引导更多中小企业走专精特新发展道路。

资料来源:节选自《人民日报》2024 年 02 月 07 日第 4 版的新闻《如何促进中小企业专精特新发展》。

任务一 杜邦财务分析体系

杜邦财务分析体系

任务描述

通过本任务的学习,学生能够理解杜邦财务分析法的原理,并能够逐步分解杜邦财务分析法内的财务比率,建立财务分析指标体系。

知识储备

一、杜邦财务分析法的原理

杜邦财务分析,也称为杜邦分析法,是根据各主要财务比率指标之间的内在联系,建立财务分析指标体系,综合分析企业财务状况的方法。由于该指标体系是由美国杜邦公司最先采用的,故称为杜邦财务分析体系。杜邦财务分析体系的特点是将若干反映企业盈利状况、财务状况和营运状况的比率按其内在联系有机地结合起来,形成一个完整的指标体系,并最终通过净资产收益率(或资本收益率)这一核心指标来综合反映。

杜邦分析法的核心指标是权益净利率,即净资产收益率。该指标是综合性最强的财务比率,可以分解为总资产报酬率和权益乘数的乘积。其计算公式为:

$$净资产收益率 = 总资产报酬率 \times 权益乘数 = \frac{净利润}{资产总额} \times \frac{资产总额}{平均所有者权益} \times 100\%$$

进一步地,总资产报酬率又可以分解为销售(营业)净利润率和总资产周转率的乘积。这样的分解有助于深入分析和比较企业的经营业绩。其计算公式为:

$$净资产收益率 = \frac{净利润}{营业收入} \times \frac{营业收入}{平均总资产} \times \frac{资产总额}{所有者权益} \times 100\%$$
$$= 营业净利率 \times 资产周转率 \times 权益乘数$$

具体来说,销售净利润率反映了企业净利润与销售收入的关系,是提高企业盈利能力的关键所在;总资产周转率则反映了资产管理效率的财务指标。而权益乘数,作为另一个重要的财务比率,体现了企业的财务杠杆效应,反映了企业的负债程度。杜邦财务分析法结构如图 11-1 所示。

通过杜邦分析法,企业可以系统地、综合地了解自身的财务状况,从而做出更为合理和有效的经营决策。例如,企业可以通过分析销售净利润率的变化,了解销售收入和净利润之

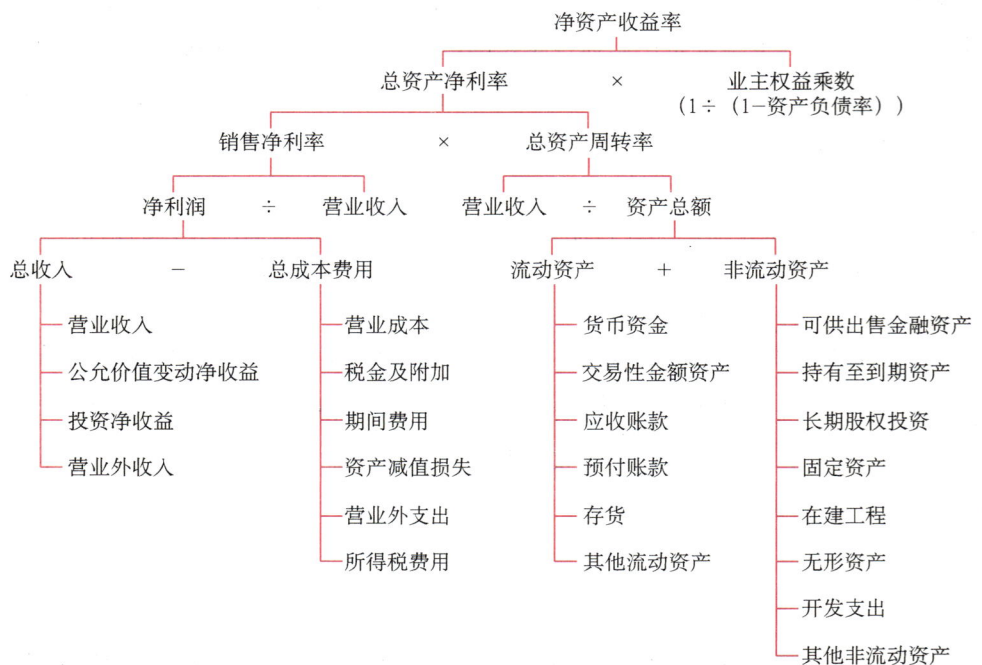

图 11-1　杜邦财务分析法结构图

间的关系,进而优化销售策略和成本控制;通过关注总资产周转率的变化,提高资产管理效率,降低运营成本;同时,通过合理控制权益乘数,平衡企业的负债和权益,实现稳健的财务结构。总的来说,杜邦分析法是一种有效的财务分析工具,能够帮助企业深入了解自身的财务状况,优化经营决策,提升盈利能力和市场竞争力。但需要注意的是,财务分析并非万能的,还需要结合企业的实际情况和市场环境进行综合考虑。

二、杜邦财务分析法的应用

杜邦财务分析法可以用于全面评估企业的财务状况和经营绩效。通过将企业的财务指标拆解为净资产收益率、总资产周转率、销售净利率和权益乘数四个维度的指标,可以深入了解企业的盈利能力、资产管理效率和财务杠杆效应。这有助于企业发现自身在经营过程中存在的问题,从而采取相应的措施进行改进。

(一)净资产收益率

净资产收益率是综合性最强的财务指标,是企业综合财务分析的核心。这一指标反映了投资者的投入资本获利能力的高低,能体现出企业经营的目标。从企业财务活动和经营活动的相互关系上看,净资产收益率的变动取决于企业资本经营、资产经营和商品经营。所以净资产收益率是企业财务活动效率和经营活动效率的综合体现。

(二)总资产周转率

总资产周转率是反映企业营运能力最重要的指标,是企业资产经营的结果,是实现净资产收益率最大化的基础。企业总资产由流动资产和非流动资产组成,流动资产体现企业的偿债能力和变现能力,非流动资产则体现企业的经营规模、发展潜力和盈利能力。各类资产的收益性又有较大区别,如现金、应收账款几乎没有收益。所以,资产结构是否合理、营运效率的高低是企业资产经营的核心,并最终影响到企业的经营业绩。

(三)销售净利率

销售净利率是反映企业商品经营能力最重要的指标,是企业商品经营的结果,是实现净资产收益率最大化的保证。企业从事商品经营,目的在于获利,其途径只有两条:一是扩大营业收入;二是降低成本费用。

(四)权益乘数

权益乘数既是反映企业资本结构的指标,也是反映企业偿债能力的指标,是企业资本经营即筹资活动的结果,它对提高净资产收益率起到杠杆作用。适度开展负债经营,合理安排企业资本结构,可以提高净资产收益率。

 **技能实战**

基于杜邦财务分析法对某公司财务状况进行评估并提出改进策略。

要求:

1. 选取一家上市公司,收集其近五年的财务报表数据,包括资产负债表、利润表和现金流量表等。

2. 利用杜邦财务分析法,计算并分析该公司的净资产收益率、总资产周转率、销售净利润率和权益乘数等关键指标,并绘制相应的图表展示其变化趋势。

3. 结合图表,分析该公司财务状况的变化原因,包括盈利能力、资产管理效率和财务杠杆效应等方面的变化。

4. 根据分析结果,提出针对该公司的改进策略和建议,包括优化销售策略、提高资产管理效率、合理控制财务杠杆等方面的措施。

 经营业绩综合评价分析

经营业绩综合评价分析

 **任务描述**

通过本任务的学习,我们能够掌握企业经营业绩综合指数的计算方法,并能够利用综合指数结果对企业总体经营水平进行评价分析。

 **知识储备**

进行经营业绩评价的首要步骤是正确选择评价指标,指标选择要根据分析的目的和要求,考虑分析的全面性和综合性。财政部颁布的企业经济效益评价指标体系中选择的经济效益指标可以归纳为五个方面的十项指标。

一、选择经营业绩评价指标

(一) 反映盈利能力的指标

(1) 销售利润率,反映企业销售收入的获利水平,其计算公式为:

$$销售利润率 = \frac{营业收入 - 营业成本 - 税金及附加}{营业收入} \times 100\%$$

(2) 总资产报酬率,用于衡量企业运用全部资产的获利能力,其计算公式为:

$$总资产报酬率 = \frac{利润总额 + 利息支出}{平均资产总额} \times 100\%$$

(3) 资本收益率,指企业运用投资者投入资本获得收益的能力,其计算公式为:

$$资本收益率 = \frac{净利润}{实收资本} \times 100\%$$

(二) 反映资本保值增值能力的指标

资本保值增值率,主要反映企业投资者投入企业资本的完整性和保全性,其计算公式为:

$$资本保值增值率 = \frac{期末所有者权益总额}{期初所有者权益总额} \times 100\%$$

(三) 反映偿债能力的指标

(1) 资产负债率,可用于衡量企业的负债水平,其计算公式为:

$$资产负债率 = \frac{负债总额}{资产总额} \times 100\%$$

(2) 流动比率,用于衡量企业在某一时点偿付即将到期债务的能力,其计算公式为:

$$流动比率 = \frac{流动资产}{流动负债} \times 100\%$$

(四) 反映营运能力的指标

(1) 应收账款周转率,是用于衡量企业应收账款周转速度快慢的指标,其计算公式为:

$$应收账款周转率 = \frac{赊销收入净额}{应收账款平均余额} \times 100\%$$

（2）存货周转率，用于衡量企业在一定时期内存货资产的周转速度，是反映企业购、产、销平衡效率的一种尺度，其计算公式为：

$$总资产增长率 = \frac{营业成本}{平均存货成本} \times 100\%$$

（五）反映企业对国家或社会贡献水平的指标

（1）社会贡献率，可用于衡量企业运用全部资产为国家或社会创造或支付价值的能力，其计算公式为：

$$社会贡献率 = \frac{企业社会贡献总额}{企业平均资产总额} \times 100\%$$

其中，企业社会贡献总额包括工资（含奖金、津贴等工资性收入）、劳保退休统筹及其他社会福利支出、利息支出净额、应交增值税、税金及附加、应交所得税、其他税收和净利润等。

（2）社会积累率，可用于衡量企业社会贡献总额中多少用于上缴国家财政，其计算公式为：

$$社会积累率 = \frac{上缴国家财政总额}{企业社会贡献总额} \times 100\%$$

其中，上缴国家财政总额包括应交增值税、税金及附加、应交所得税和其他税收等。

二、确定各项业绩指标的标准值

业绩评价指标标准值可根据分析的目的和要求确定，可用某企业某年的实际数，也可用同类企业、同行业或部门平均数，还可用国际标准数。一般来说，当评价企业经营计划完成情况时，可选企业计划水平为标准值；当评价企业经营业绩水平变动情况时，可选取行业标准值、国家标准值或国际标准值。

三、计算各项业绩指标的单项指数

单项指数是指各项经济指标的实际值与标准值之间的比值，其计算公式为：

$$单项指数 = \frac{某指标实际值}{该指标标准值}$$

这一单项指数计算公式适用于经济指标为纯正指标或纯逆指标，如果为纯正指标，则单项指数越高越好；如果为纯逆指标，则单项指数越低越好。如果某经济指标既不是纯正指标，也不是纯逆指标，如资产负债率、流动比率、速动比率等就属于这种指标，对于这种指标，其单项指数可以按下式计算：

$$单项指数 = \frac{标准值 - 实际值与标准值差额的绝对值}{标准值} \times 100\%$$

四、确定各项业绩指标的权重

综合经济指数不是单项指数的简单算术平均数,而是一个加权平均数。因此,要计算综合经济指数,应在计算单项指数的基础上,确定各项指标的权重。各项经济指标权数的确定应依据各指标的重要程度而定,一般来说,某项指标越重要,其权重就越大;反之,则权重就越小。

五、计算综合经济指数

综合经济指数是以各单项指数为基础,乘以各指标权数所得到的一个加权平均数。综合经济指数的计算有两种方法。

第一种是按各项指标实际指数计算,其计算公式是:

$$综合经济指数 = \sum (某指标单项指数 \times 该指标权重)$$

第二种是按扣除超过 100% 部分后计算,在全部指标没有逆指标时,如果某项指标指数超过 100%,则扣除超出部分,按 100% 计算,如果某项指标指数低于 100%,则按该指标实际指数计算。其计算公式是:

$$综合经济指数 = \sum [某指标单项指数(扣除超出部分) \times 该指标权数]$$

 技能实战

根据表 11-1 的格力电器 2023 年各类财务指标数据内容,利用经营业绩综合评价分析方法,计算各项指标的单项指数和综合经济指数。

表 11-1　格力电器 2023 年经营业绩综合评价分析表

指标类别	经济指标	标准值	实际值	单项指数	权数	综合经济指数
盈利能力	销售利润率	18.00%	29.35%		15.00%	
	总资产报酬率	20.00%	13.87%		15.00%	
	资本收益率	25.00%	438.50%		15.00%	
资本保值增值能力	资本保值增值率	105.00%	138.72%		10.00%	
偿债能力	资产负债率	50.00%	63.10%		5.00%	
	流动比率	200.00%	126.65%		5.00%	
营运能力	应收账款周转率	12.00%	29.32%		5.00%	
	存货周转率	10.00%	7.56%		5.00%	

（续表）

指标类别	经济指标	标准值	实际值	单项指数	权数	综合经济指数
贡献能力	社会贡献率	35.00%	35.00%		10.00%	
	社会积累率	30.00%	30.00%		15.00%	
	综合经济指数	—	—	—	100%	

任务三 综合分析可视化设计

任务描述

综合分析可视化分析驾驶舱实战

通过本任务"综合分析能力可视化分析看板设计"的学习,学生能够围绕一家上市企业进行综合分析驾驶舱分析和可视化看板制作,更好地利用大数据和可视化图形进行综合分析能力的解读。

任务实施

一、综合分析能力可视化分析看板设计

从平台大数据中心获取"家电行业"美的集团(股票代码:000333)2017年至2021年的资产负债表、利润表数据,利用Power BI对数据进行可视化设计,效果如图11-2所示。下面通过11个子任务详细介绍美的集团综合分析能力分析的可视化看板。

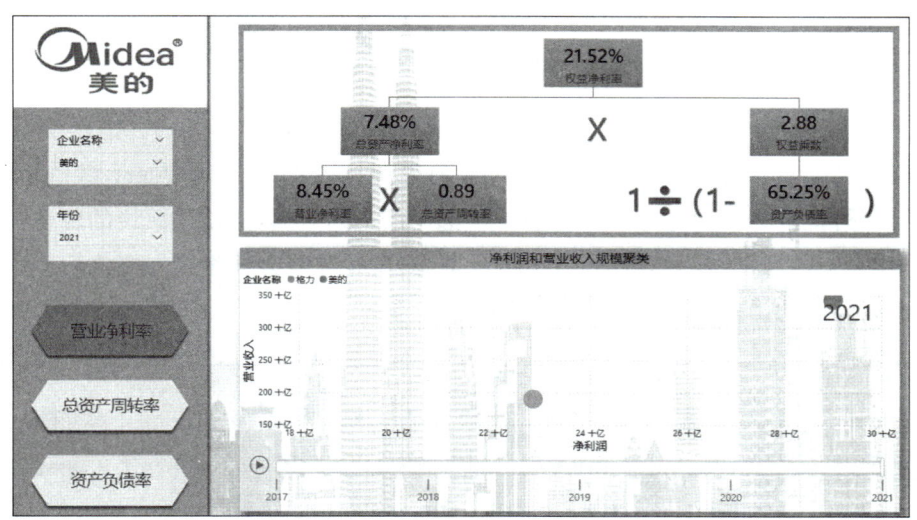

图11-2 美的集团综合分析能力可视化分析看板

（一）下载资料

登录网中网大数据财务分析平台，进入"美的集团综合分析可视化设计"项目，在"附加资料"中将资料下载，保存备用。

（二）导入数据

从项目平台的附加资料中下载"美的集团资产负债表"和"美的集团利润表"并新建"综合分析实验数据集"文件夹，如图 11-3 所示。

证券代码	简称	报告期	20211231	20201231
000333	美的集团	流动资产:		
000333	美的集团	货币资金	71875556000	81210482000
000333	美的集团	结算备付金	0	0
000333	美的集团	拆出资金	0	0
000333	美的集团	交易性金融资产	5879202000	28239601000
000333	美的集团	融出资金	0	0
000333	美的集团	以公允价值计量且其变动计入当期损益的金融资产	0	0
000333	美的集团	其中: 交易性金融资产	0	0
000333	美的集团	指定以公允价值计量且其变动计入当期损益的金融资产	0	0
000333	美的集团	衍生金融资产	545865000	420494000
000333	美的集团	应收票据及应收账款	29421354000	28282873000
000333	美的集团	其中: 应收票据	4784914000	5304510000
000333	美的集团	应收账款	24636440000	22978363000
000333	美的集团	应收款项融资	10273552000	13901856000
000333	美的集团	预付款项	4352807000	2763710000
000333	美的集团	应收保费	0	0
000333	美的集团	应收分保账款	0	0

图 11-3　美的集团实验数据表

打开 Power BI，在功能区中选择"主页—从 Microsoft Excel 工作簿导入数据"命令，在弹出的窗口中选择"综合分析实验数据表"文件所在的路径，点击"打开"按钮，如图 11-4所示。

图 11-4　导入实验数据表

在弹出的"导航器"窗口中选中"Sheet1"。打开弹出来的 Power Query 窗口，将第一列删除，将第一行提升为标题，如图 11-5 所示。选中前三列数据，点击菜单栏的转化，选择"逆透视列"中的逆透视其他列。对各列数据进行重命名，并调整数据格式。完成后，点击"关闭并应用"。以同样的操作，导入"美的集团"利润表。

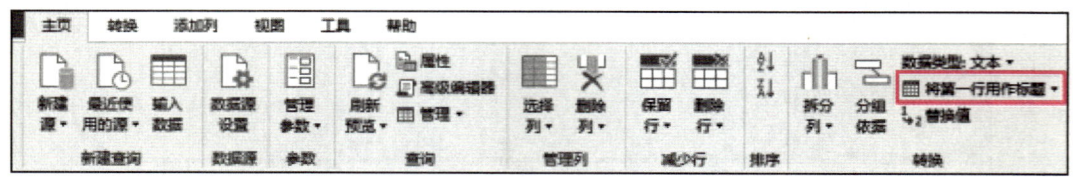

图 11-5　将第一行用作标题

（三）数据建模

点击度量值表，在功能区中点击"表工具"—"新建度量值"，在编辑框中输入公式创建度量值。依次新建"净利润""营业收入""总资产""总负债""总股东权益""营业净利率""总资产周转率""资产负债率""权益乘数""总资产净利率"和"权益净利率"的公式，如表11-2所示。

表 11-2 新建度量值公式

度量值	公式
净利润	净利润＝CALCULATE(SUM(利润表[值]),利润表[科目]＝"六、净利润")
总资产	总资产＝CALCULATE(SUM(资产负债表[值]),资产负债表[科目]＝"资产总计")
总负债	总负债＝CALCULATE(SUM(资产负债表[值]),资产负债表[科目]＝"负债合计")
总股东权益	总股东权益＝CALCULATE(SUM(资产负债表[值]),资产负债表[科目]＝"股东权益合计")
营业净利率	营业净利率＝[净利润]/[营业收入]
总资产周转率	总资产周转率＝[营业收入]/[总资产]
资产负债率	资产负债率＝[总负债]/[总资产]
权益乘数	权益乘数＝[总资产]/[总股东权益]
总资产净利率	总资产净利率＝[营业净利率]*[总资产周转率]
权益净利率	权益净利率＝[总资产净利率]*[权益乘数]

点击"输入数据"，分别命名为"年度表"和"企业表"，如图11-6和图11-7所示。

报告期	年份
2017年12月31日	2017
2018年12月31日	2018
2019年12月31日	2019
2020年12月31日	2020
2021年12月31日	2021

图 11-6 建立"年度表"

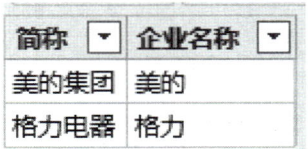

简称	企业名称
美的集团	美的
格力电器	格力

图 11-7 建立"企业表"

进入模型视图，创建表间关系操作。将"企业表"的简称与"利润表""资产负债表"的简称建立一对多关系。将"年度表"的报告期与"利润表""资产负债表"的报告期建立一对多关系，如图11-8所示。

（四）设计画布

设计报表画布，在右侧可视化区域，点击画布背景，在图像栏选择做好的背景，图像匹配度改为"匹配度"，透明度调整为0。再创建两张画布，同样导入背景模板，如图11-9所示。

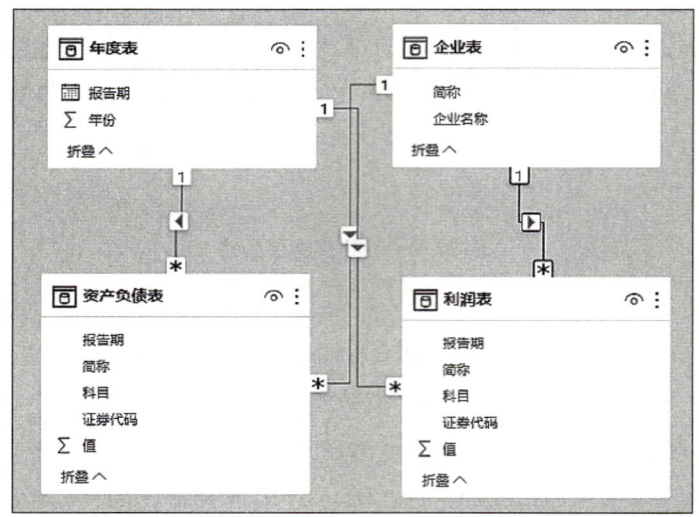

图 11-8　数据建模

（五）设置切片器

在可视化区域,插入切片器,调整大小,嵌入背景框中,将企业名称放入字段。在切片器右上角将形式改为"下拉"。在可视化区域点击切片器设置,点击"单项选择",在常规中,选择"效果""背景",将透明度调整为 100%。然后复制一个切片器,粘贴,将"年份"放入字段。将这两个筛选器选中,复制到第二页和第三页中,弹出提示框时,点击同步,如图 11-10所示。

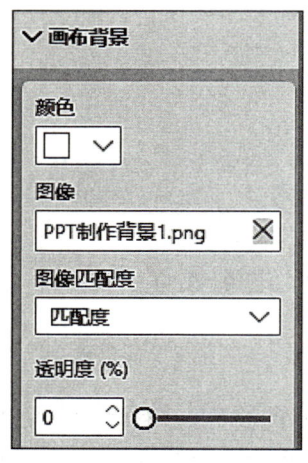

图 11-9　设置画布背景

图 11-10　切片器

（六）设置卡片图

将大小和位置调整到嵌入背景模板中,将权益净利率度量值拖入字段,在可视化区域,点击标注值,调整字体和大小,选择加粗,在常规中,点击"效果""背景",将透明度调为

100%。然后复制卡片图,嵌入对应方框中,再将对应的度量值放入字段。选中要加百分号的度量值,点击菜单栏的百分号。将所有卡片图复制到另外两页画布中,如图 11-11 所示。

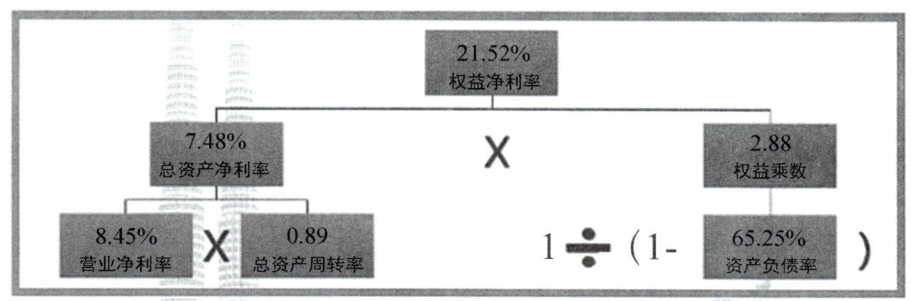

图 11-11　权益净利率卡片图

(七) 散点图

将净利润拖入 X 轴,营业收入拖入 Y 轴,年份拖入播放轴,企业名称拖入图例。选中筛选器,点击菜单栏格式,编辑交互,点击散点图右上角的小圆圈,关闭与两个筛选器之间的交互。选中散点图,在可视化区域点击常规,修改标题,在文本处输入净利润和营业收入规模聚类。修改字体和大小,点击"居中",设置背景颜色,颜色编码为"151,204,212"。修改背景设置,将透明度调整为"60%",打开阴影。在可视化区域,点击视觉对象,选择标记,数据系列改为"所有",大小改为"40"。修改颜色,将格力公司的图例改为薄荷绿,将美的公司的颜色改为灰色,颜色编码为"164,171,183",最终呈现净利润和营业收入规模规模类散点图,如图 11-12 所示。

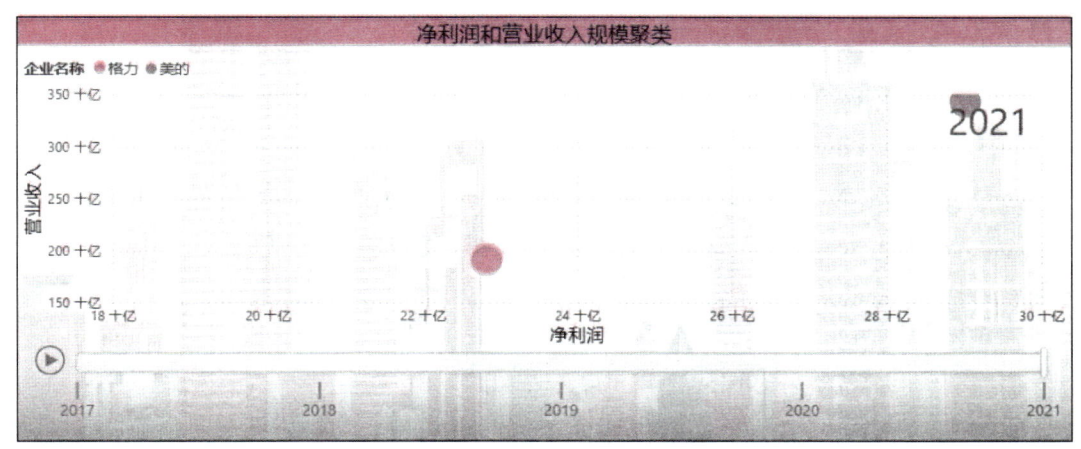

图 11-12　净利润和营业收入规模类散点图

(八) 折线和簇状柱形图

将年份拖入 X 轴,将营业收入和总资产拖入列 Y 轴,将总资产周转率拖入行 Y 轴。点击年份筛选器,点击菜单栏的编辑交互,关闭与簇状柱形图的编辑交互。选中柱形图,点击设置视觉对象,点击"行",将颜色改为"黑色"。点击"列",将营业收入的图例改为"灰色",总资产的图例改为"绿色"。打开数据标签。将标题改为"营业收入、总资产和总资产周转率"。修改字体,选择"居中对齐",将背景色改为"薄荷绿色"。点击"效果",将背景透明度调整为60%,打开阴影,如图 11-13 所示。

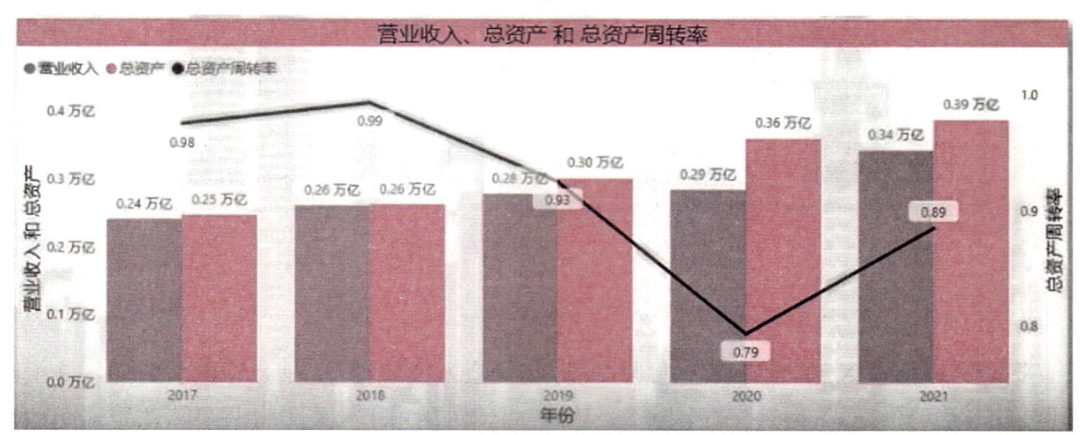

图 11-13　营业收入、总资产和总资产周转率折线和簇状柱形图

(九) 饼图

将总负债和总股东权益拖入值,点击设置视觉对象格式,在扇区中,修改图例颜色。打开详细信息标签,将值的小数位改为 0。常规中修改标题的字体,选择"居中对齐",将背景色改为"薄荷绿色"。点击"效果",将背景透明度调整为 60%,打开阴影,如图 11-14 所示。

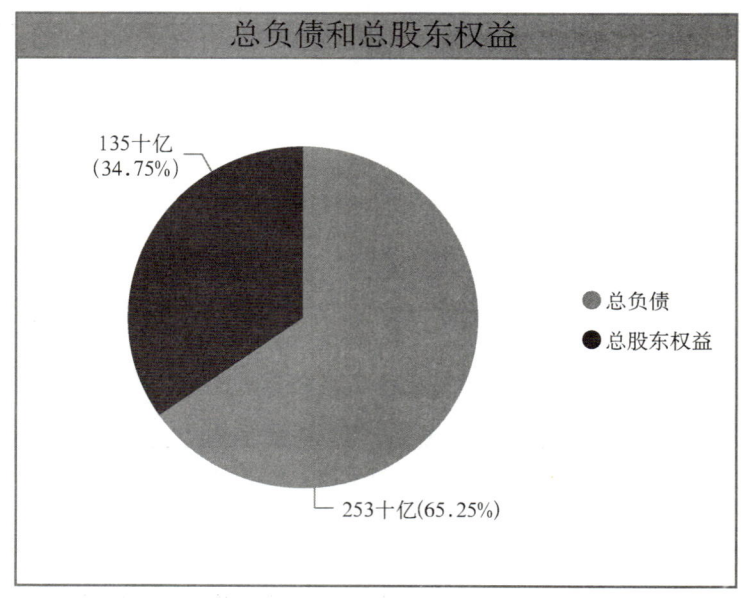

图 11-14　总负债和总股东权益饼图

（十）折线图

插入折线图,将年份拖入 X 轴,资产负债率拖入 Y 轴,企业名称拖入图例。关闭折线图和两个筛选器之间的编辑交互。在可视化区域,点击设置视觉对象,将图例颜色改为绿色和灰色。打开数据标签,常规中将标题改为资产负债率。修改字体,选择居中对齐,将背景色改为薄荷绿色。点击效果,将背景透明度调整为 60%,打开阴影,如图 11-15 所示。

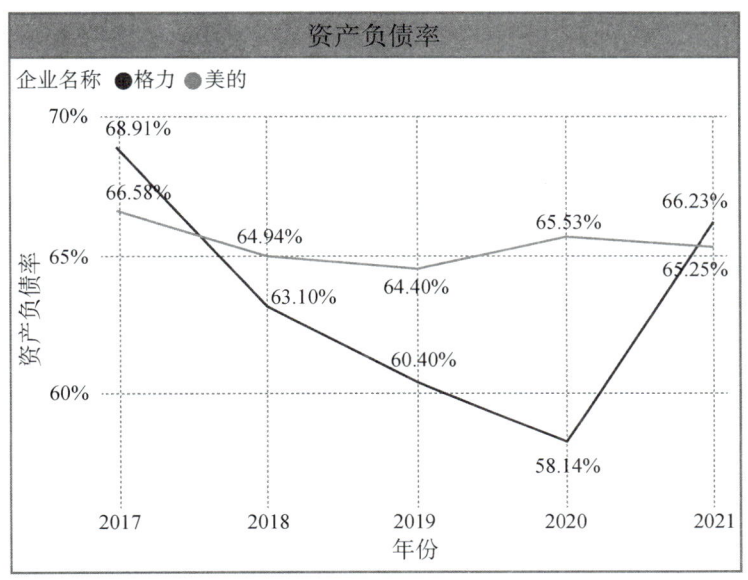

图 11-15 折线图

（十一）导航按钮

点击菜单栏的"插入",点击按钮,选择"空白",将按钮框拖入事先设置好的方框中,调整大小,在可视化区域,点击样式,打开文本,在文本框中输入营业净利率,修改字体和大小,将边框关闭。然后复制按钮,粘贴到下面的两个方框中,将文本分别修改为"总资产周转率"和"资产负债率",如图 11-16 所示。按钮添加完之后,开始设置按钮和画布之间的链接。先将三个按钮一起选中,剪切,新建一个画布,粘贴。选中"营业净利率"按钮,在菜单栏点击格式,在右侧可视化区域,打开操作按钮,下拉,如果没有出现这个格式编辑区就先点击菜单栏的格式。类型选择页导航,目标选择第一页。总资产周转率按钮,在右侧可视化区域,打开操作按钮,下拉,类型选择页导航,目标选择第二页。选中"资产负债率"按钮,同样打开操作按钮,下拉,类型选择页导航,目标选择第三页。设置完以后,再将三个按钮全部选中,复制,然后粘贴回前三页画布中。最后把第四页画布删除。按住"Ctrl",点击按钮,即可跳转到对应界面。

图 11-16 导航按钮

 技能实战

　　点击"大数据财务分析"教学平台,选择"古井贡酒综合分析可视化设计",利用 Power BI 软件,完成对应的可视化看板的制作。

项目十二

大数据财务分析报告撰写

◇ 知识目标

1. 了解财务分析报告的概念。
2. 了解大数据技术对财务分析的影响。
3. 熟悉大数据财务分析报告的撰写要求。

◇ 能力目标

1. 能分析具体上市公司财务分析报告。
2. 会运用大数据技术进行财务分析。
3. 能撰写大数据财务分析报告。

◇ 素养目标

1. 培养大数据思维能力,提升财务综合分析能力。
2. 了解财务分析岗位职能,坚守职业道德。

 知识导图

大数据财务分析报告撰写
- 认知大数据财务分析报告
  - 大数据财务分析报告的概述
  - 大数据财务分析报告的一般结构
- 大数据财务分析报告的撰写步骤和要求
  - 大数据财务分析报告的撰写步骤
  - 大数据财务分析报告的撰写要求
  - 报告撰写与呈现
  - 报告质量与审核

 思政园地

织密数据网络　净化营商环境

2022 年初,宁夏将大数据监管模式拓展至国有产权交易、土地和矿业权交易、医药耗材

采购这 3 个领域。"我们不但增加了分析师,还聘请了两家软件公司的工程师帮忙。"宁夏回族自治区审计厅计算机服务中心副科长邱正阳介绍,通过多次对接各领域主管部门,反复分析交易流程,最终明确了这 3 个新领域的大数据分析思路,在这些领域新建 37 个数据模型。

某国企将连续亏损的子公司股权出售,交易前,子公司连续 3 年账面平均亏损 30 万元,不得不低价卖出股权。而交易后,当年便扭亏为盈,账面利润达 3 000 多万元——在国有产权交易领域,此类涉嫌贱卖国有资产的问题线索被数据模型大量挖出。

"数据模型会将市场监管和税务部门的财务数据,以及股权交易数据进行比对,从而发现交易前后企业利润大幅变化的异常情况。"邱正阳介绍,这类情况的原因,很可能是在股权交易评估前,人为粉饰企业财务数据,影响评估价格,从而让国企在股权交易中低价贱卖或者高价接盘。

目前,宁夏已建立数据定期报送机制,出台了深化应用大数据的意见,计划在每年都发布新的电子数据报送目录,规定各部门必须按目录指定的内容、方式和标准,每年在指定时间向审计厅报送业务大数据。"数据收集将更加规范、全面,大数据将能更好地为'经济体检'服务。"莫德敏说。

资料来源:节选自《人民日报》2023 年 03 月 29 日第 11 版的新闻《织密数据网络　净化营商环境》。

 案例导读

大数据背景下企业集团财务管理创新

在当下市场竞争中,假若决策只靠旧企业内部项目投资预测表与财务报表,便会出现不完整性。基于大数据下,采集大批量企业项目有关的高效数据需要可用网络信息进行收集,例如:不同种类商品的市场容量、竞争企业间方案战略、详细消费等,由此财务管理决策提升得到明显体现。在大数据中财务管理成本下降,企业内财务管理专员用不同的方式整理采集财务数据资料,提升了采集数据效率,减少了财务管理专员的作业压力,降低了财务收集与管理成本。财务信息的发掘得到加强,在旧企业财务管理下,单单透过财务部展现的报表得到的财务数据,其真实性不容易用其他方式去辨别。但采用大数据之后,企业便能直接透过有关信息台,寻找本企业财务所需的全部数据。企业财务信息化管理要想得到实现,就必须靠大数据来创建本身的财务信息台。在大数据下,财务人员不单是简单地转换角色,更能使其技能得到提升,从而提升地位。例如,企业财务人员不只简单地让旧记账人员过渡成能进行财务数据分析的专业性人才,且企业决策也可能参与。对企业而言,专业性人员能给企业提出较为准确的财务数据,让企业投资跟决策也能更准确。

资料来源:节选自彭加双发表于 2019 年第 10 期《财经界》的《大数据时代下企业财务管理的创新》。

 认知大数据财务分析报告

 任务描述

通过本任务的学习,学生能够了解大数据财务分析报告的概念,熟悉分析报告的内容要求。同时熟悉大数据财务分析报告的结构,及其各部分内容要求。

知识储备

一、大数据财务分析报告的概述

大数据财务分析报告是一种利用大数据技术对企业财务数据进行深入分析和挖掘的报告。它通过对海量的财务数据进行收集、整理、处理和分析,以揭示企业的财务状况、经营成果、现金流量等关键指标,并识别潜在的风险和机会。这种报告综合运用统计学、数据挖掘、机器学习等技术手段,对财务数据进行多维度、深层次的探索,为企业提供决策支持、风险预警和业务优化等方面的指导。

大数据财务分析报告的价值在于,它能够将海量的财务数据转化为有价值的信息,帮助企业更好地了解自身的财务状况和经营成果,及时发现潜在的风险和机会,为企业的战略规划和决策提供有力的支持。同时,通过不断挖掘财务数据的潜在价值,企业可以不断优化自身的运营和管理,提升竞争力,实现可持续发展。大数据财务分析报告通常包含以下五个方面的内容。

(一)财务概况

这一部分概述企业的资产、负债、权益等基本情况,以及收入、成本、利润等经营指标的变化趋势。人们通过综合分析资产、负债和所有者权益的规模和结构,可以评估企业的经济实力、偿债能力以及抵御风险的能力。良好的财务状况意味着企业具备足够的资源来支持其运营活动,能够按时偿还债务,并具备进一步发展的潜力。相反,财务状况不佳可能意味着企业面临资金短缺、偿债压力增大等风险,需要采取相应的措施加以改善。因此,了解和分析企业的财务状况对于投资者、债权人、管理层等都至关重要,它有助于制定合理的经营策略、投资决策和风险管理措施。

(二)经营效率分析

经营效率分析是评估企业运营管理能力的重要方法,主要通过考察企业在一定时期内

各种资产的周转速度来反映其内部经营管理水平。这种分析不仅关注资源的有效利用,还重视价值创造的能力。具体来说,经营效率分析涵盖了资源利用效率和价值创造效率两个核心要素。资源利用效率侧重于企业如何在使用有限资源时避免浪费,实现资源的合理配置和利用,包括物质资源、人力资源、财务资源等方面的有效运用。价值创造效率则关注企业在市场竞争和经营活动中,如何通过提高产品或服务的质量和创新性,降低生产成本,提高销售效率等方式来创造更多的经济价值。

(三)风险识别与评估

这一部分利用大数据模型预测潜在的市场风险、信用风险、流动性风险等,并对其进行量化和评估。在进行财务风险评估时,人们通常会从资产负债状况和收益状况两个方面入手。分析这些状况可以帮助企业了解自身的资金结构、偿债能力、盈利能力以及经营效率等方面的信息,进而判断企业是否存在财务风险,以及风险的大小和性质。

评估财务风险的方法包括定量评估和定性评估。定量评估主要通过运用数学模型和财务指标来量化风险的大小和可能性;而定性评估则更多地依赖于专家的经验和判断,对风险进行描述和分析。通过有效的财务风险评估,企业可以更好地管理风险,保障自身的稳健运营和可持续发展。

(四)预测与决策支持

财务预测是根据财务活动的历史资料,结合现实的要求和条件,对未来的财务活动和财务成果进行科学的预计和测算。它的主要任务在于测算各项生产经营方案的经济效益,为决策提供可靠的依据,预计财务收支的发展变化情况,以确定经营目标,测定各项定额和标准,为编制计划、分解计划指标服务。

财务决策则是对财务方案进行比较选择,并作出决定的过程。财务决策的目的在于确定合理可行的财务方案,它是对财务预测结果的分析与选择。财务决策是一种多标准的综合决策和复杂过程,决策方案往往是多种因素综合平衡的结果。只有确定了效果好并切实可行的方案,财务活动才能取得好的效益,完成企业价值最大化的财务管理目标。

总之,财务预测为财务决策提供信息和依据,财务决策则是对财务预测结果的具体实施。二者相辅相成,共同确保企业财务活动的顺利进行,实现企业的长期稳定发展。

(五)业务优化建议

这一部分是指根据分析结果,提出针对性的优化建议,如改进成本控制、优化产品定价、调整市场策略等。它可以实现财务与业务的深度融合,加强财务部门与其他业务部门之间的沟通与协作,确保财务信息能够准确反映业务实际,同时促进业务决策与财务目标的协同;引入智能化技术,利用大数据、云计算、人工智能等先进技术,实现财务业务的自动化、智能化处理,降低人为错误,提高工作效率;建立财务风险管理机制,对财务风险进行定期评估和预警,制定风险应对措施,确保企业财务风险可控;推动财务数字化转型,通过数字化转型,实现财务数据的实时共享和高效利用,提升财务管理水平。财务业务优化需要从多个方面入手,包括系统、流程、人员、技术等多个维度。通过持续优化,企业可以不断提升财务管理水平,为企业的发展提供有力支持。

二、大数据财务分析报告的一般结构

财务分析报告的一般结构通常包括以下七个部分。

(一) 报告概述

这一部分简要介绍报告的目的、范围和背景,概述分析的主要内容和结论。

(二) 公司概况

这一部分对公司进行简要介绍,包括公司历史、业务结构、主要产品或服务、市场竞争地位等。

(三) 财务状况分析

资产负债表分析,分析公司的资产、负债和所有者权益结构,关注资产的质量、负债的构成和偿债能力;利润表分析,分析公司的收入、成本和利润情况,评估盈利能力、成本控制和市场竞争力;现金流量表分析,分析公司的现金流入和流出情况,评估现金流量的稳定性和可持续性。

(四) 财务指标分析

比率分析,包括偿债能力比率、运营效率比率、盈利能力比率等,通过计算和分析这些比率,评估公司的财务状况和经营绩效;趋势分析,对比不同时期的财务指标,分析公司的财务状况和经营成果的变化趋势;同行业对比分析,将公司的财务指标与同行业其他公司进行比较,评估公司在行业中的竞争地位。

(五) 风险与机遇分析

这一部分识别和分析公司面临的市场风险、财务风险、运营风险等,同时评估潜在的机遇和发展空间。

(六) 结论与建议

这一部分基于以上分析,得出对公司财务状况的总体评价,提出针对性的改进建议和优化措施。

(七) 附录

这一部分包括重要的财务数据、图表、计算公式等,作为报告的补充材料。

以上是一般财务分析报告的结构,具体的内容可以根据公司的实际情况和报告的需求进行调整和补充。重要的是确保报告内容准确、清晰、有条理,能够为公司管理层和投资者提供有价值的参考信息。

 **技能实战**

登录"证券之星"等网站,收集兖州煤业上市企业(股票代码:600188)的信息,并按照财务报表结构,装订整理成册。

1. 公司概况
2. 股票发行情况
3. 股份构成
4. 公司主要股东
5. 近三年每股收益及分红配股方案
6. 近三年主要财务指标
7. 下载最近一年的资产负债表
8. 下载最近一年的利润表
9. 下载最近一年的现金流量表
10. 下载最近一年的所有者权益变动表

任务二　大数据财务分析报告的撰写步骤和要求

任务描述

通过本任务的学习，学生可以通过实际案例的学习，掌握大数据财务分析报告的撰写步骤和具体要求。

知识储备

一、大数据财务分析报告的撰写步骤

大数据财务分析报告的撰写步骤可以分为以下七个步骤。

（一）收集与整理财务数据

从公司的财务数据库或相关系统中获取大量的财务数据。对数据进行清洗、整合，确保数据的准确性和完整性。按照报告的需求，将数据分类、组织，便于后续的分析。

（二）确定分析目标和范围

明确报告的目标，例如评估公司的财务状况、识别风险点、发现市场趋势等。根据目标确定分析的范围，包括时间跨度、涉及的业务部门或产品线等。

（三）运用大数据分析工具进行深度分析

利用大数据分析软件或平台，对数据进行深入挖掘和分析。通过数据可视化工具，绘制图表，直观展示数据之间的关联和趋势。进行多维度的数据对比，例如同比、环比、与行业标准对比等。

（四）撰写报告主体内容

编写报告概述,简要介绍分析的背景、目的和方法。详细描述分析过程,包括数据来源、分析方法、分析结果等。使用图表、表格等形式直观地展示分析结果,便于读者理解。针对分析中发现的问题或趋势,给出专业的解释和判断。

（五）提出结论与建议

基于大数据分析的结果,提出对公司财务状况的总体评价。针对存在的问题或风险点,给出具体的改进建议或优化措施。如果可能的话,量化建议的潜在影响,以便管理层做出决策。

（六）报告审核与修订

邀请财务专家或相关领导对报告进行审核,根据审核意见对报告进行必要的修订和完善。

（七）报告发布与分享

将报告以适当的形式(如 PDF、PPT 等)进行发布。通过公司内部会议、邮件等方式将报告分享给相关人员。

请注意,大数据财务分析报告的撰写是一个复杂且需要专业技能的过程。报告的质量和准确性高度依赖于数据的完整性和分析方法的科学性。因此,在撰写报告时务必严谨、细致,确保报告的可靠性和实用性。

二、大数据财务分析报告的撰写要求

大数据财务分析报告的撰写是一项复杂且重要的工作,它要求分析人员具备深厚的财务知识、数据分析能力,以及对大数据技术的熟练掌握。以下是一些关于大数据财务分析报告撰写的主要要求。

（一）数据收集与预处理

1. 数据来源的可靠性

确保收集的数据来源于可靠的财务报表、数据库或第三方机构,避免使用不准确或存在偏见的数据。财务数据应主要来自官方渠道和权威机构,如政府部门发布的财务报告、证券交易所的公开信息、行业协会的统计数据等。这些机构通常有严格的监管和审核机制,可以确保数据的真实性和准确性。对于非上市企业或特定项目,财务数据可能来源于企业内部记录。在这种情况下,企业应建立健全的内部控制体系,确保财务数据的准确性和可靠性。这包括制定明确的会计政策和程序、分离财务职能、建立审计制度等。财务数据的收集和使用应遵循相关的法律法规和道德标准。任何违反规定的行为都可能导致数据的可靠性受到质疑。因此,企业和个人在获取和使用财务数据时,应严格遵守相关规定,确保数据的合法性和合规性。

2. 数据的完整性

收集到的数据应涵盖所有必要的财务信息和相关指标,以确保分析的全面性和准确性。

财务数据的完整性是指财务数据在收集、处理、存储和报告过程中,必须保持其全面性和连贯性,确保没有遗漏或缺失任何重要信息。它是财务数据质量的一个重要方面,对于企业的决策制定、财务管理和风险控制具有重要意义。

要确保财务数据的完整性,先要建立一套完善的财务管理制度和流程,明确数据的收集、处理和报告标准。这包括确保所有相关的财务数据都被正确记录,并且按照规定的程序进行汇总和报告。同时,还需要建立有效的内部控制机制,对数据进行监督和审核,防止数据的丢失或篡改。此外,采用先进的技术手段也是确保财务数据完整性的重要途径。例如,可以利用信息技术手段,如数据库管理系统、云计算等,对数据进行集中存储和管理,确保数据的安全性和可访问性。同时,还可以采用数据备份和恢复机制,防止因系统故障或人为错误导致的数据丢失。最后,为了确保财务数据的完整性,还需要加强人员的培训和管理。财务人员需要具备高度的责任感和职业道德,严格按照规定进行数据处理和报告。企业还需要建立完善的审计和监管机制,定期对财务数据进行核查和审计,确保数据的完整性和真实性。

3. 数据清洗与预处理

财务数据的清理和预处理是数据分析中至关重要的步骤,它们有助于提高数据的质量和可靠性,从而为后续的决策制定和财务管理提供准确、有效的信息。

(1)删除重复数据。检查数据集中是否存在重复记录,并删除这些重复项,以减少数据冗余并提高数据质量。

(2)处理缺失值。根据具体情况对缺失值进行处理。例如,如果某个财务数据字段的缺失值较多,可以考虑使用平均值、中值或差值法来填充这些缺失值。

(3)纠正错误数据。检查数据中的错误或异常值,并进行必要的纠正。例如,如果发现负数金额或超出合理范围的数值,需要进行核对和修正。

(4)格式统一化。确保所有数据都按照统一的格式进行存储,如日期格式、货币格式等,提高数据的一致性和可读性。

(5)清除不相关数据。删除与财务数据分析和报告不相关的数据,只保留与特定分析目标相关的数据,从而提高数据的可用性和分析的准确性。

(二)数据分析与解读

1. 数据分析方法

根据分析目的和数据特点,选择合适的数据分析方法,如趋势分析、比率分析、关联规则挖掘等。这些方法可以帮助企业更深入地了解自身的财务状况,评估风险和机会,从而做出更明智的决策。随着技术的发展,数据挖掘方法在财务数据分析中的应用也越来越广泛。通过聚类分析、基于预测的数据挖掘、关联分析和异常检测等方法,可以进一步挖掘财务数据的潜在价值,为企业提供更全面、深入的决策支持。

财务数据分析方法是一个综合性的过程,需要结合多种方法和工具来确保分析的准确性和有效性。通过科学、系统地运用这些方法,企业可以更好地理解自身的财务状况和经营成果,为未来的发展制定合适的战略。

2．数据分析深度

对财务数据进行深入剖析，揭示数据背后的经济现象、规律和趋势，为决策提供有力支持。财务数据分析的深度是指对数据内在规律和趋势的挖掘程度，以及通过数据分析为企业提供的决策支持和洞察力的大小。一个有深度的财务数据分析不仅能够揭示企业的财务状况和经营成果，还能够洞察企业的竞争优势、风险点和潜在机会，为企业的战略规划和决策提供有力支持。

（1）业务逻辑理解。深度的财务数据分析需要分析人员对企业业务逻辑有深入的理解。这包括对行业趋势、市场竞争格局、企业运营模式等的全面了解，以便将数据与业务实际紧密结合，揭示数据背后的经济现象和规律。

（2）数据关联挖掘。通过关联规则挖掘等方法，分析财务数据与其他业务数据之间的关联关系，发现潜在的业务机会和风险点。例如，分析销售数据与财务数据之间的关联，可以揭示不同产品或市场的盈利能力和增长潜力。

（3）趋势预测与模型建立。基于历史财务数据，运用统计分析和预测模型，预测企业未来的财务状况和经营成果。这有助于企业提前识别潜在风险，制定应对措施，并规划未来的发展战略。

3．数据解读能力

财务数据的解读能力是指分析和理解财务数据的能力，这涉及对财务报表、财务指标、比率分析等方面的深入理解。一个具备良好财务数据解读能力的人，能够从中获取到关于企业财务状况、经营绩效、盈利能力、风险状况等关键信息，从而为企业的决策提供有力支持。

具体来说，财务数据的解读能力包括以下三个方面。

（1）财务报表分析能力。财务人员需要熟悉资产负债表、利润表和现金流量表等各种财务报表，并能够运用各种分析方法和技巧，如比较分析、趋势分析和比率分析等，对报表中的数据和信息进行综合分析和评价。这样，就能够了解企业的财务状况、经营绩效和财务风险等重要方面。

（2）比率指标分析能力。比率指标能够揭示各项目之间的对比关系，如流动比率、经营安全系数等。通过解读这些比率，可以进一步理解企业的财务状况和经营效率。

（3）结构分析能力。正确理解和把握财务报表的结构对于深入分析财务数据至关重要。比如，资产负债表展示了企业的经济实体性质和财务状况，利润表反映了企业的盈利能力，现金流量表则揭示了企业现金收入和支出的动态变化。

三、报告撰写与呈现

1．报告结构清晰

报告应具有明确的逻辑结构，包括引言、数据描述、分析过程、结论和建议等部分。财务报告应包含明确的标题和目录，以便读者能够快速定位所需信息。标题应简洁明了，能够准确反映报告的主题;目录则应详细列出报告的主要部分和章节,方便读者查阅。财务报告的主体部分应按照一定的逻辑顺序进行组织。通常,财务报告会先介绍企业的基本情况,包括企业简介、经营范围等;然后详细展示财务报表,如资产负债表、利润表、现金流量表等;接着进行财务分析,包括比率分析、趋势分析等;最后提供结论和建议,总结企业的财务状况和经营成果,并提出改进措施和建议。

2. 文字表述准确

报告中的文字表述应准确、简练,避免使用模糊或含糊不清的词语。同时,要注意报告的易读性和可理解性,便于读者快速把握报告的核心内容。

3. 图表辅助说明

适当使用图表、图像等辅助手段,直观地展示数据和分析结果,增强报告的可读性和说服力。

四、报告质量与审核

1. 报告质量把控

确保报告内容准确、完整、客观,避免出现错误或遗漏。同时,要注意报告的格式规范、排版美观等方面的问题。

2. 报告审核机制

建立完善的报告审核机制,由专业人员对报告进行审核和评估,确保报告的质量和可靠性。

大数据财务分析报告的撰写需要综合考虑数据收集与处理、数据分析与解读、报告撰写与呈现以及报告质量与审核等多个方面。只有在这些方面都做到位,才能撰写出一份高质量、有价值的大数据财务分析报告。

 **技能实战**

请自行到"深圳证券交易所"官网(http://www.szse.cn)查阅埃斯顿公司(股票代码:002747)披露的 2022 年上市企业公告,进行补充阅读。

分析要求:

(1)先阅读行业资料、年报资料及公告资料,然后在空白数据看板中,根据分析思路要求,对机器人行业及埃斯顿公司进行分析,排版成图文结合的分析报告。

(2)案例分析从以下三个角度去撰写大数据财务分析报告:①数据分析能力—学会制作可视化图表,制作可视化图表。②战略思维能力—透过数据及现象看透企业经营战略,学习战略思维。③知识整合能力—通过分析、判断、质疑、评估、提炼,总结自己观点。